高等职业教育汽车运用与维修专业教材

二手车鉴定及评估（第二版）

主　编　屠卫星

中国劳动社会保障出版社

图书在版编目（CIP）数据

二手车鉴定及评估/屠卫星主编. --2 版. --北京：中国劳动社会保障出版社，2019
高等职业教育汽车运用与维修专业教材
ISBN 978-7-5167-3907-5

Ⅰ. ①二…　Ⅱ. ①屠…　Ⅲ. ①汽车-鉴定-高等职业教育-教材②汽车-价格评估-高等职业教育-教材　Ⅳ. ①U472. 9②F766

中国版本图书馆 CIP 数据核字（2019）第 272681 号

中国劳动社会保障出版社出版发行
（北京市惠新东街 1 号　邮政编码：100029）
*
北京市艺辉印刷有限公司印刷装订　新华书店经销
787 毫米×1092 毫米　16 开本　11.25 印张　249 千字
2019 年 12 月第 2 版　2023 年 12 月第 7 次印刷
定价：35.00 元

营销中心电话：400-606-6496
出版社网址：http://www.class.com.cn

内容简介

本书是在第一版的基础上，根据二手车行业形势变化、市场的变化以及汽车职业院校教学需求变化进行改版的，不但更新了相关法律、法规、技术标准等内容，还增加了一些从汽车企业获得的重要的一手技术资料，使图书更加实用。另外，图书也十分重视网络资源的使用，增加了网络链接、手机 App 资源等内容，方便师生获得信息及查找资料。

本书内容包括汽车概述、资产评估基本原理、二手车的鉴定、二手车的评估、二手车鉴定与评估案例、二手车交易等。本书坚持理论与实操相统一的原则，不但讲述二手车鉴定的基本理论和依据，还提供了一些实用的案例，既可作为高职院校相关汽车专业的教材，也可供二手车鉴定和交易从业人员阅读。

本书由屠卫星主编，黄秋平编写第一章、第二章、第六章；屠卫星编写第三章、第四章、第五章。本书编写过程中得到了江苏雨田广州本田二手车部经理何进文、南京苏奥汽车销售服务有限公司置换顾问张陆林、南京中升丰田汽车服务有限公司二手车主管张兴旺的帮助，他们为本书提供了相关资料，并对本书提出了宝贵的建议，在此特别感谢！

前　言

“高等职业教育汽车运用与维修专业教材”为国家级职业教育规划教材，自出版以来，受到了广大相关职业院校师生的好评。为了更好地服务社会，为广大师生提供实用、好用的教材，中国劳动社会保障出版社适时地对这套教材进行了改版。改版教材是在充分考虑我国汽车运用与维修职业教育特点的基础上，依据最新的法规、标准和技术发展成果，由学术水平高、教学经验丰富的教师编写而成。教材在以下方面进行了尝试和创新：

一、在品种上进行了优化。教材在上一版次的基础上，保留了反响较好的品种，去掉了适用性差的品种，增加了一些学校急需品种。改版后的教材共有25个品种，分别为《汽车营销（第三版）》《汽车文化》《新能源汽车概论》《无人驾驶汽车概论》《汽车电气设备构造与维修（第二版）》《汽车车身电气设备系统及附属电气设备检修（第二版）》《汽车总线技术》《汽车销售实务》《汽车售后服务管理》《汽车专业英语（第三版）》《商用车电气系统检修》《柴油发动机构造与控制系统检修》《汽车底盘构造与维修（第二版）》《汽车构造（第三版）》《汽车机械基础（第二版）》《汽车车身修复技术（第二版）》《汽车机械识图》《汽车机械识图习题册》《汽车故障诊断技术（第二版）》《二手车鉴定及评估（第二版）》《汽车发动机构造与维修（第三版）》《汽车检测技术（第三版）》《汽车维修技术（第二版）》《汽车维修质量检验（第二版）》《汽车自动变速器原理与维修（第三版）》。

二、在内容上作了更新。改版教材参考了现行的法律法规、技术标准等规范性文件，吸收了最新的维修技术和方法，在车型的选择上，既着眼于主流车型，又兼顾院校的教学实际，因此，教材能够满足大多数院校的教学使用。为了给教师提供更多的教学便利，每一套教材还配有精心制作的PPT课件，尽量采用多媒体的元素来展现教学内容，从而使教学更直观，更轻松。

三、在理念上选择了坚持。同上一版教材一样，改版教材仍然坚持以职业为导向，以能力培养为目标，以适用、够用为原则，实现知识和技能的合理统一。

四、在编写风格上进行了继承和发展。改版教材继承了上一版的编写风格，对图片的质量进行了大幅的提升，强调尽量以表格的形式对内容进行总结、归纳，增加了“技术提示”“安全提示”“环保提示”等模块，以利于学生在学习专业知识的同时，也了解一些紧密相关的其他知识。

五、在服务上进行了大胆的创新。选用教材的教师可以加入教材交流 QQ 群，通过这个平台教师可以下载资源、浏览样张、分享经验、反馈意见、与主编和出版者交流，享受一对一、面对面的贴心服务。教材 QQ 交流群号：577237654。

编者

2019 年 8 月

目　录

第一章　汽车概述

学习目标

1. 掌握汽车的分类与主要性能指标。
2. 掌握汽车识别码的含义。
3. 掌握影响汽车使用寿命的因素和变化规律。

第一节　汽车的分类

汽车的分类对于二手车的评估非常重要。汽车的分类方法有许多种，这里选择几种常用的分类方法进行介绍。

一、按汽车的动力装置进行分类

（1）内燃机汽车（Internal Combustion Engine Automobile）。内燃机汽车是用内燃机作为动力装置的汽车。通常内燃机汽车包括以下几种类型：

1）汽油发动机汽车（Gasoline Automobile，Petrol Automobile）汽油发动机汽车是用汽油发动机作为动力装置的汽车。

2）柴油发动机汽车（Diesel Automobile）。柴油发动机汽车是用柴油发动机作为动力装置的汽车。

3）气体燃料发动机汽车（Gaseous Fuel Automobile）。气体燃料发动机汽车是用天然气、煤气等气体作为燃料的汽车。

4）旋转活塞发动机汽车（Rotary Piston Engine Automobile）。旋转活塞发动机汽车是用旋转活塞发动机作为动力装置的汽车。

（2）电动汽车（Electric Automobile）电动汽车是以车载电源为动力，用电动机驱动车轮行驶，符合道路交通、安全法规各项要求的车辆。包括纯电动汽车（Blade Electric Vehicles，BEV，包括太阳能汽车）、混合动力汽车（Hybrid Electric Vehicle，HEV）、燃料电池电动汽车（Fuel Cell Electric Vehicle，FCEV）。

（3）燃气涡轮机汽车（Gas Turbine Automobile）燃气涡轮机汽车是用燃气涡轮机作为动

力装置的汽车。

技术提示
纯电动汽车：完全由可充电电池（如铅酸电池、镍镉电池、镍氢电池或锂离子电池）提供动力源的汽车。 燃料电池电动汽车：利用氢气和空气中的氧气在催化剂的作用下，在燃料电池中经电化学反应产生的电能作为主要动力源驱动的汽车。 三纵三横技术车型："三纵"是指燃料电池汽车、混合动力电动汽车和纯电动汽车三种车型；"三横"是指多能源动力总成控制系统、驱动电动机及其控制系统和动力蓄电池及其管理系统三种共性技术。

二、按发动机位置和驱动方式进行分类

汽车传动系的布置形式取决于发动机的形式和性能、汽车的总体结构形式、汽车行驶系等因素。根据不同的使用要求，汽车有下列几种布置形式，见表1—1。

表1—1　　　　汽车布置形式

图　式	布置形式		特　点
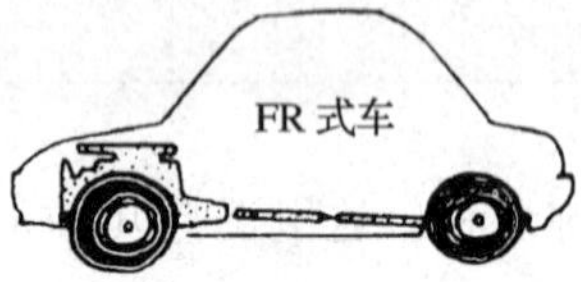	发动机前置后轮驱动	（FR 方式）Front engine rear drive	传统布置方式，货车、部分中高级乘用车、客车大都采用这种布置形式
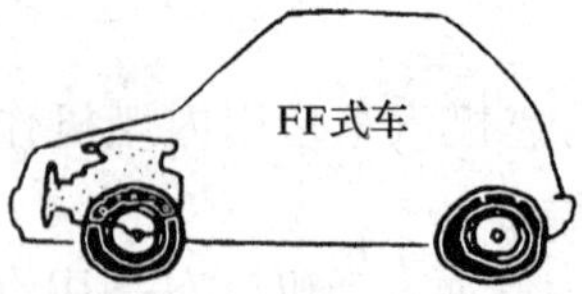	发动机前置前轮驱动	（FF 方式）Front engine front drive	结构紧凑，整车质量轻，底盘低，高速时操纵稳定性好，越来越多的乘用车采用这种结构形式
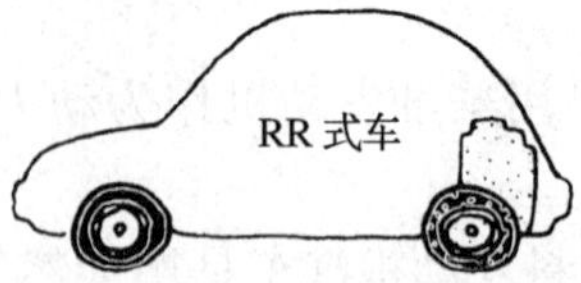	发动机后置后轮驱动	（RR 方式）Rear engine rear drive	大、中型客车常采用的布置形式。发动机的振动、噪声、燃油气味对乘员影响小，空间利用率高
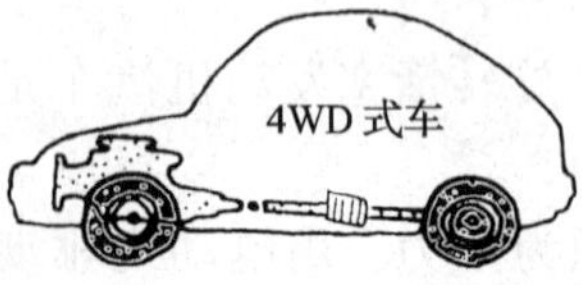	发动机前置四轮驱动	（4WD 方式）Four-wheel drive	越野车、高性能跑车上应用得最多。4个车轮均有动力，地面附着力较大，通过性和动力性好
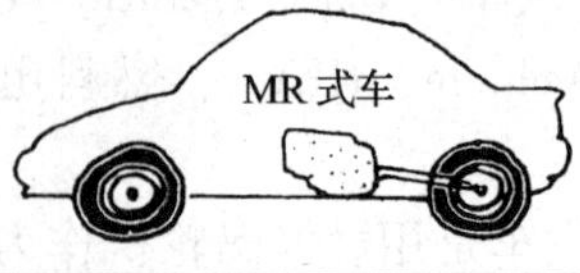	发动机放置在前轴和后轴之间，后轮驱动	（MR 方式）Middle engine rear drive	F1赛车、跑车的布置形式。轴荷分配均匀，具有很中性的操控特性。但是发动机占去了座舱的空间，降低了空间利用率和实用性

三、按汽车的用途分类

汽车按用途不同分为乘用车和商用车两大类。私人作为代步工具的车辆称为乘用车；用于公务及商业经营的运输车辆称为商用车。根据国家标准《汽车和挂车类型的术语和定义》（GB/T 3730. 1—2001）和《机动车辆及挂车分类》（GB/T 15089—2001），汽车按用途分类如图 1—1 所示。

- 汽车
  - 乘用车（不超过 9 座）
    - 普通乘用车 Saloon（Sedan）
    - 活动顶篷轿车 Convertible Saloon
    - 高级加长豪华礼车 Pullman Saloon（Limousine）
    - 小型乘用车 Coupe
    - 敞篷车 Convertible（Open Tourer）（Roadster）（Spider）
    - 舱背乘用车 Hatchback
    - 旅行车 Station Wagon
    - 多用途乘用车 Multipurpose Passenger Car
    - 短头乘用车 Forward Control Passenger Car
    - 越野乘用车 Off-road Passenger Car
    - 专用乘用车 Special Purpose Passenger Car
  - 商用车
    - 客车 Bus
    - 小型客车 Minibus
    - 城市客车 City Bus
    - 长途客车 Interurban Coach
    - 旅游客车 Touring Coach
    - 铰接客车 Articulated Bus
    - 无轨电车 Trolley Bus
    - 越野客车 Off-road Bus
    - 专用客车 Special Bus
    - 半挂牵引车 Semi-trailer Towing Vehicle
    - 货车 Goods Vehicle
    - 普通货车 General Purpose Goods Vehicle
    - 多用途货车 Multipurpose Goods Vehicle
    - 全挂牵引车 Trailer Towing Vehicle
    - 越野货车 Off-road Goods Vehicle
    - 专用作业车 Special Goods Vehicle
    - 专用货车 Specialized Goods Vehicle

图 1—1　汽车按用途分类

四、按机动车辆及挂车分类

在汽车性能和维修检测中，往往根据国家标准《机动车辆及挂车分类》（GB/T 15089—2001）对汽车进行分类，分为 L 类、M 类、N 类、O 类和 G 类五种类型，见表 1—2。

表 1—2　　汽车按国家标准 GB/T 15089—2001 分类

<table>
<tr><th>字母代号</th><th>种类</th><th colspan="2">细类</th><th colspan="2">内容</th></tr>
<tr><td>L 类车辆</td><td>两轮或三轮机动车辆</td><td colspan="2">L_1、L_2、L_3、L_4、L_5</td><td colspan="2">根据排量、驱动方式、车速和车轮数分类</td></tr>
<tr><td rowspan="11">M 类车辆</td><td rowspan="11">四个车轮的载客机动车辆</td><td colspan="2">M_1</td><td colspan="2">座位数（包括驾驶员）≤9 座</td></tr>
<tr><td rowspan="5">M_2</td><td>A</td><td rowspan="2">最大设计总质量≤5 000 kg
可载乘员数（不包括驾驶员）≤22 人</td><td>允许站立</td></tr>
<tr><td>B</td><td>不允许站立</td></tr>
<tr><td>Ⅰ</td><td rowspan="3">最大设计总质量≤5 000 kg
可载乘员数（不包括驾驶员）>22 人</td><td>①</td></tr>
<tr><td>Ⅱ</td><td>②</td></tr>
<tr><td>Ⅲ</td><td>不允许站立</td></tr>
<tr><td rowspan="5">M_3</td><td>A</td><td rowspan="2">最大设计总质量>5 000 kg
可载乘员数（不包括驾驶员）≤22 人</td><td>允许站立</td></tr>
<tr><td>B</td><td>不允许站立</td></tr>
<tr><td>Ⅰ</td><td rowspan="3">最大设计总质量>5 000 kg
可载乘员数（不包括驾驶员）>22 人</td><td>①</td></tr>
<tr><td>Ⅱ</td><td>②</td></tr>
<tr><td>Ⅲ</td><td>不允许站立</td></tr>
<tr><td rowspan="3">N 类车辆</td><td rowspan="3">四个车轮的载货机动车辆</td><td colspan="2">N_1</td><td colspan="2">最大设计总质量≤3 500 kg</td></tr>
<tr><td colspan="2">N_2</td><td colspan="2">3 500 kg<最大设计总质量≤12 000 kg</td></tr>
<tr><td colspan="2">N_3</td><td colspan="2">最大设计总质量>12 000 kg</td></tr>
<tr><td>O 类车辆</td><td>挂车（包括半挂车）</td><td colspan="2">O_1、O_2、O_3、O_4</td><td colspan="2">根据最大设计总质量分类</td></tr>
<tr><td>G 类车辆</td><td>越野车</td><td colspan="2"></td><td colspan="2">满足要求的 M 类、N 类</td></tr>
</table>

①允许乘员站立，并且乘员可以自由走动

②只允许乘员站立在过道或提供不超过相当于两个人座位的站立面积

五、乘用车（轿车）的分类

我国轿车分类（级）是以发动机总排量为依据的。发动机活塞从上止点移到下止点所通过的空间容积称为气缸排量，如果发动机有若干个气缸，所有气缸工作容积之和称为发动机总排量，单位是升。轿车发动机的总排量可以作为区分轿车级别的标志。排量越大的轿车，功率越大，动力性能越好，车的内装饰也越高级，其档次划分也就越高。乘用车（轿车）的分类见表 1—3。

表 1—3　　乘用车（轿车）的分类

分类级别	依据（发动机排量）
微型轿车	发动机排量≤1 L
普通级轿车	1 L<发动机排量≤1.6 L
中级轿车	1.6 L<发动机排量≤2.5 L
中高级轿车	2.5 L<发动机排量≤4 L
高级轿车	发动机排量>4 L

技术提示

小排量汽车的优点

所谓小排量汽车，通常是指排量在1.0 L左右的“微型汽车”。其优点如下：

1. 节能

小排量汽车油耗量基本上在每百千米5 L以下，与一般排量在1.4 L以下的家庭经济型轿车相比，每百千米可省3 ~4 L油，能源消耗少。

2. 环保

我国城市环境空气质量检测表明，70%的城市环境空气质量不达标，随着城市机动车保有量的急剧增加，机动车污染排放已成为很多城市空气污染的主要来源。小排量汽车可以减少污染。

3. 经济

小排量汽车价格低廉，一般在8万元以下，普通工薪家庭均可承受。同时，可降低制造汽车的材料成本。

六、德国汽车分类

汽车工业是德国国民经济的强大支柱，德国汽车业对世界影响较大。按照德国汽车分类标准，A级车包括A00、A0、A级车，一般指小型轿车；B级车是中档轿车；C级车是高档轿车；而D级车则是指豪华轿车。其等级划分主要依据轴距、排量、质量等参数，字母顺序越靠后，该级别车的轴距越长，排量和质量越大，轿车的豪华程度也不断提高。德国汽车分类标准见表1—4。

表1—4　德国汽车分类标准

车辆类别	代码	轴距	发动机排量	车型举例
小型轿车	A00级	2 ~2.2 m	小于1 L	比亚迪F0、奇瑞QQ、smart forfour
	A0级	2.2 ~2.3 m	1 ~1.3 L	长安—奔奔、奇瑞QQ6、宝骏310
	A级	2.3 ~2.45 m	1.3 ~1.6L	别克英朗、奔腾B30、上汽大众—凌渡
中档轿车	B级	2.45 ~2.6 m	1.6 ~2.4 L	帕萨特、本田雅阁、丰田凯美瑞
高档轿车	C级	2.6 ~2.8 m	2.3 ~3.0 L	奥迪A6、宝马5系、红旗H7
豪华轿车	D级	>2.8 m	3.0 L以上	宝马7系、红旗L7、奥迪A8、大众辉腾

七、常见车型型号分类

1. 奥迪汽车型号

A是大部分奥迪汽车型号的开头字母，奥迪汽车的型号是用公司英文名称（Audi）的第一个字母（A）打头，数字越大表示价格越高：A1系列是紧凑型掀背车（A1有三种，分别是五门掀背、三门掀背和敞篷车）；A2系列是小型旅行车；A3系列是小型旅行车；A4系列是运动轿车；A4 Avant 系列是中型旅行车；A4 Cabriolet 系列是敞篷车；A5 系列是奥迪于2008 年推出的 Coupe 跑车；A6 和 A6L 系列是公务轿车；A6 Avant 系列是大型旅行车；A6 Allroad Quattro 系列是全地形旅行车；A8 和 A8L 系列是大型公务轿车。

S 开头的运动车有 S3、S4、S4 Avant、S4 Cabriolet、S6、S6 Avant、S8 等车型。RS 开头的高性能运动车有 RS4、RS4 Avant、RS4 Cabriolet、RS6、RS6 Avant、RS6 Plus 等车型。

Q 开头的越野车有 Q3、Q5、Q7；TT 开头的跑车有 TT Coupe、TT Roadster。

R 开头的 GT 跑车有 R8，这是 Le Mans Quattro Concept 的量产版本，也是奥迪的第一辆超级跑车；R 开头的赛车 R10。

2. 奔驰汽车型号

奔驰汽车型号前面的字母表示类型和级别：A 级是小型单厢车，C 级为小型轿车，E 级为中级轿车，S 级为高级轿车，M 级为 SUV，G 级为越野车，V 级为多功能厢式车，SLK 为小型跑车，CLK 为中型跑车，SL 为高级跑车，CL 为高级轿跑车，SLR 为超级跑车。

型号中间的数字，如 280、300、500 代表发动机排量，分别表示发动机排量为 2.8 L、3 L、5 L。

型号尾部的字母 L 表示加长车型，Diesel 表示柴油，如 S600L 表示高级、排量为 6 L 的加长型轿车。

3. 宝马汽车型号

宝马（BMW）汽车公司主要有轿车、跑车、越野车三大车种。

轿车有 3、5、7 和 8 四个系列，轿车型号的第一个数字为系列号，第二个和第三个数字表示排量，最后的字母 i 表示燃油喷射，A 表示自动挡，C 表示双座位，S 表示超级豪华。例如，318iA 表示 3 系列轿车，排量为 1.8 L，燃油喷射，自动挡；850Si 表示 8 系列轿车，排量为 5 L，超级豪华型，燃油喷射。

跑车型号用 Z 打头，主打车型有 Z3、Z4、Z8 等，后面的数字越大表示越高级。

越野车用 X 打头，代表车型是 X5。

八、汽车业界公认的分类

实际上目前在汽车业界比较公认的分类如下：

（1）微型车：主要包括比亚迪 F0、宝骏 E100、长安－奔奔、东风风神 E30、长安铃木奥拓、荣威 e50、众泰云 100、众泰 E200、知豆 D1 等。

（2）小型车：主要包括奥迪 A1、本田飞度、宝骏 310、长安悦翔 V3、铃木雨燕、广汽本田理念 S1、长安福特嘉年华 1.0T、长安铃木利亚纳 A6、MINI CLUBMAN、上汽名爵 3、广汽丰田－YARiS L 致炫等。

（3）准中级车（或紧凑级车）：主要包括上汽通用五菱宝骏 310W、一汽奔腾 B30、长安逸动、东风风神 A60、广汽传祺 GA3、奇瑞艾瑞泽 5、东风启辰 D50、大众朗逸、日产轩逸、一汽丰田花冠、一汽大众速腾、长安福特福克斯、东风本田杰德等。

（4）中级车：主要包括奥迪 A4、别克君越、BMW3、比亚迪 G6、福特蒙迪欧、现代索纳塔、东风标致 508、广汽本田雅阁、一汽丰田锐志、上汽荣威 750、丰田凯美瑞、大众帕萨特、沃尔沃 S40、一汽－大众迈腾、北京现代名图、一汽奔腾 B70、北汽绅宝、长安睿骋等。

（5）中大型车（行政级车）：主要包括一汽红旗 H7、奥迪 A6、BMW5、通用别克林荫大道、凯迪拉克 SLS 赛威、凯迪拉克 CTS、奔驰 E、丰田皇冠、雷克萨斯 ES、雷克萨斯 GS、标志 607、长安沃尔沃 S80L、克莱斯勒新 300S 等。

（6）豪华级车：主要包括奥迪 A8、奥迪 A7、BMW7、宾利雅致、捷豹 XJ、雷克萨斯 LS、大众进口辉腾、劳斯莱斯幻影、玛莎拉蒂总裁、阿斯顿·马丁 Rapide 等。

（7）跑车：主要包括比亚迪 S8、吉利美人豹、蔚来 EP9、宝马 Z4、雪佛兰科迈罗 Camaro、阿斯顿·马丁 ONE－77、奥迪 R8、奥迪 TT、宾利大陆、玛莎拉蒂、捷豹 XK、法拉利 F430、兰博基尼、马自达 RX8、奔驰 CLK、奔驰 CLS、保时捷 911、丰田 86 等。

（8）越野车和 SUV 车：主要包括比亚迪 S7、比亚迪宋、长城哈弗 H5/H6、北京现代 ix35、长安福特翼搏、长安福特翼虎、大众途观、大众途锐、一汽丰田荣放（RAV4）、一汽丰田奕泽（IZOA）、广汽丰田 C－HR、丰田普拉多、丰田兰德酷路泽、雪佛兰科帕奇、传祺 GS5、大切诺基、吉普指挥官、吉普牧马人、吉普指南者、本田 CRV、奇瑞瑞虎、三菱欧蓝德、讴歌 MDX、奥迪 Q7/Q5、宝马 X3/X5/X6、卡迪拉克 SRX/凯雷德、英菲尼迪 EX/FX、奔驰 GL/M、保时捷卡宴、沃尔沃 XC90 等。

（9）多功能厢式 MPV 车：主要包括上汽通用别克 GL8、上汽通用别克 GL6、比亚迪 e6、上汽通用五菱宝骏 360、本田奥德赛、大众途安、大众夏朗、长安凌轩、雪铁龙毕加索、东风风行 CM7、东风景逸、江铃福特途睿欧、江淮瑞风 M3、东风裕隆大 7、上汽大通 G10、克莱斯勒大捷龙、丰田普瑞维亚、欧宝赛飞利、雷诺风景、三菱菱绅等。

九、二手车的分类

二手车（used automobile）是指从办理完注册登记手续到国家强制报废前进行交易并转移所有权的汽车。

二手车主要涉及的还是汽车，所以二手车分类完全符合汽车分类的特点，如按功能用途和生产厂商分类等。还有另外一些分类特点，如按使用年限、车辆来源及品质分类等。

不同来源、不同功能用途、不同使用年限的车都有着自己的定位，也就是说这些因素都直接或间接地影响着车辆的性能和市场定价。

1. 按使用年限分类

目前，二手车价格主要根据使用年限和车况品质综合判定，一般二手车按使用年限分为 3 年以内、3～10 年和 10 年以上三类。

（1）3 年以内二手车。使用 3 年以内的二手车有很强的吸引力，但是受新车价格的影响比较大，消费者购买时最好与新车价格多做比较，特别要参考购置新车的全部费用和三包期剩余期限。

（2）3～10 年二手车。使用 3～10 年的二手车可选择性比较多，特别是 6 年左右的车。由于近年来人们生活水平不断提高，而且国内车型迅速丰富，很多人换车的速度也相应变快，二手车市场上各种品牌、各种档次的半新车比比皆是。其中有 BBA（奔驰、宝马、奥迪）等中高档车，也有大众捷达、福特福克斯、别克凯越、雪佛兰科鲁兹、大众宝来、大众朗逸、大众速腾、丰田卡罗拉、日产轩逸、大众高尔夫等紧凑型轿车，如此丰富的车型给了消费者巨大的选择余地。

（3）10年以上二手车。使用10年以上的二手车折旧已经比较稳定，价格相对较低，不会有太大的讨价还价余地，主要是挑选车辆状况，同时注意车辆手续是否齐全。消费者还要根据各地的排放法规，注意车辆的环保标准，看车辆是否是绿标车，入手以后为恢复性能所需的维修费用等问题。

2. 按车辆来源及品质分类

每一位想买二手车的消费者都希望买到一辆性能好、价格又便宜的车，但是前提是要搞清楚二手车的来源。因为旧机动车的来源很大程度上决定了车辆的品质，所以，一般消费者在买二手车时最好先摸清车辆的来龙去脉，二手车交易市场车辆的来源大体有以下6种：

（1）私家车。私家车（Private Cars）。主要指家庭自用的车辆，是私人自己买的并拥有使用支配权，在不违法的情况下可以自由使用、支配的车辆。车主换新车后，原有的车辆没有继续使用的需要，通常会选择将车出售。这类车一般是车主自己使用，车辆维护及保养相对较好。车况应该也不错，也是买二手车的首选，只是出售价格通常不会太低。

（2）单位更新车辆。因为公车私改或单位更新车辆，一般会成批出售或拍卖原来的旧车，这也是二手车市场的一大来源。这类车由于定期维修及保养，车况较好，只要不是因为事故提前出售，价格有商量余地。

（3）抵债车辆。由于个人或单位急需资金或还债，将汽车抵押出去，在这种情况下出售的车辆价格一般较低，车况也会不错。但要避免购买债权不明的车辆。

（4）玩车族换下的车辆。这类车的车主只要有新车和性能优异的车就会产生买车的欲望，同时会把以前的车卖掉。这种车一般开的时间不长，换下来的车辆品质应该没有多大问题。

（5）事故车辆。这类车的车主通常会因为车辆发生过交通事故而产生将车出售的念头。事故车修复后的安全使用性能会大大降低，因此，购买事故车时要有充分的心理准备。

（6）故障车辆。有的车辆本身在设计和生产上存在缺陷，上市后不断有问题出现，车主在保养期内就已经频繁修理过，更不用说过了保修期。另外一种故障车与使用人有很大关系，许多车主没有很好的使用习惯，又不愿意定期维修及保养，导致车况很差。购买二手车的消费者，除非对维修及保养相当有经验，否则最好不买故障车辆。

第二节　汽车型号、车辆识别代号编制规则

一、汽车产品型号

在汽车上使用汽车产品型号是各国政府为管理机动车辆而实施的一项强制性规定。有了产品型号，就可以利用计算机对车辆进行检索管理，在处理交通事故、开展交通事故保险赔偿、破获被盗车辆等方面发挥重要作用。各国政府都专门制定了这方面的技术法规，强制要

求汽车生产厂家在汽车上使用汽车产品型号。

产品型号是指汽车上安装的一块标牌上的一组罗马字母和阿拉伯数字组成，每一个符号代表着某一方面的信息。各国对汽车产品型号的制定方法既有相同之处又有不同之处。

我国汽车产品型号由企业名称代号、车辆类别代号、主参数代号、产品序号组成（必要时可附加企业自定代号）。我国汽车代号排列顺序如图 1—2 所示。

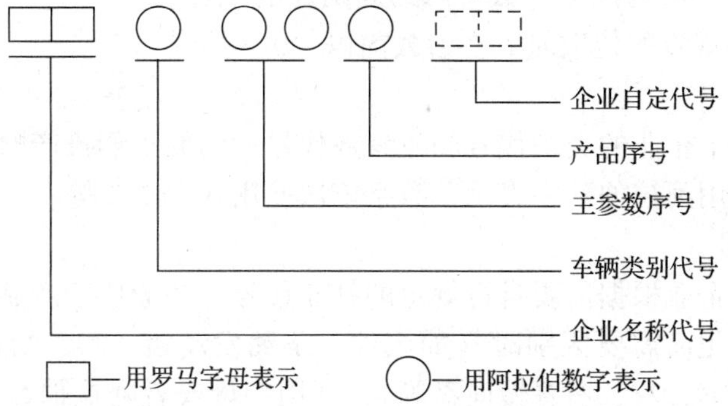

图 1—2 我国汽车代号排列顺序

注：为了避免与数字混淆，不采用汉语拼音字母中的“I”和“O”。

1. 企业名称代号

企业名称代号是识别车辆制造企业的代号，位于产品型号的第一部分，用代表企业名称的 2 个或 3 个字母表示。例如，CA：长春一汽；EQ：第二汽车制造厂；FV：一汽大众；SGM：上海通用；SVW：上海大众；DC：东风雪铁龙；HG：广州本田；CAF：长安福特；XMQ：厦门汽车（金龙）。

2. 车辆类别代号

车辆类别代号是表明车辆附属分类的代号。各类汽车的类别代号位于产品型号的第二部分，按表 1—5 的规定用一位阿拉伯数字表示。

表 1—5 **车辆类别代号**

车辆类别代号	车辆种类	车辆类别代号	车辆种类	车辆类别代号	车辆种类
1	载货汽车	4	牵引汽车	7	轿车
2	越野汽车	5	专用汽车	8	
3	自卸汽车	6	客车	9	半挂车及专用半挂车

3. 主参数代号

主参数代号是表明车辆主要特性的代号，各类汽车的主参数代号位于产品型号的第三部分，按下列规定用两位阿拉伯数字表示：

（1）载货汽车、越野汽车、自卸汽车、牵引汽车、专用汽车与半挂车的主参数代号为车辆的总质量（t）。当总质量在 100 t 以上时，允许用三位数字表示。

（2）客车的主参数代号为车辆长度（m）。当车辆长度小于 10 m 时，应精确到小数点后一位，并以长度（m）值的 10 倍数值表示。

（3）轿车的主参数代号为发动机排量（L）。应精确到小数点后一位，并以其值的 10 倍数值表示。

（4）专用汽车及专用半挂车的主参数代号在采用定型汽车底盘或定型半挂车底盘改装时，若其主参数与定型底盘原车的主参数之差不大于原车的 10%，则应沿用原车的主参数代号。

（5）主参数的数字修约执行《数字修约规则》的规定。

（6）主参数不是规定的位数时，在参数前以“0”补位。

4. 产品序号

产品序号表示一个企业的类别代号和主参数代号相同的车辆投产顺序，产品序号位于产品型号的第四部分，用阿拉伯数字表示，数字依次使用 0、1、2 等。

5. 企业自定代号

企业自定代号是企业根据需要自行规定的补充代号，一般位于产品型号的最后部分。同一种汽车结构略有变化而需要区别时（如汽油、柴油发动机，长、短轴距，单、双排座驾驶室，平、凸头驾驶室，左、右置转向盘等），可用字母或者阿拉伯数字表示，位数也由企业自定。供用户选择的零部件（如暖风装置、收音机、地毯、绞盘等）不属于结构特征变化，不由企业自定代号。

编制型号举例：

例 1：CA1091 是中国第一汽车制造厂生产的第二代载货汽车，总质量为 9 310 kg。

例 2：EQ2080 是中国第二汽车制造厂生产的越野汽车，总质量为 7 720 kg。

例 3：SH3600 是中国上海重型汽车厂生产的第一代自卸汽车，总质量为 59 538 kg。

例 4：HY4300 是中国汉阳特种汽车制造厂生产的第一代公路上行驶总质量为 30 000 kg 的牵引汽车。

例 5：TJ6481 是中国天津客车厂生产的第二代车长为 4 750 mm 的客车。

例 6：SC7081C 是中国长安铃木汽车制造厂生产的第二代奥拓快乐王子，发动机排量为 0. 796 L 到 0. 8 L。

了解了我国汽车产品型号的编制方法后，还应知道产品型号在汽车上的位置，我国汽车的型号标识一般就印在汽车的尾部或侧面。现在汽车型号大多印在汽车铭牌上，如图 1—3 所示。

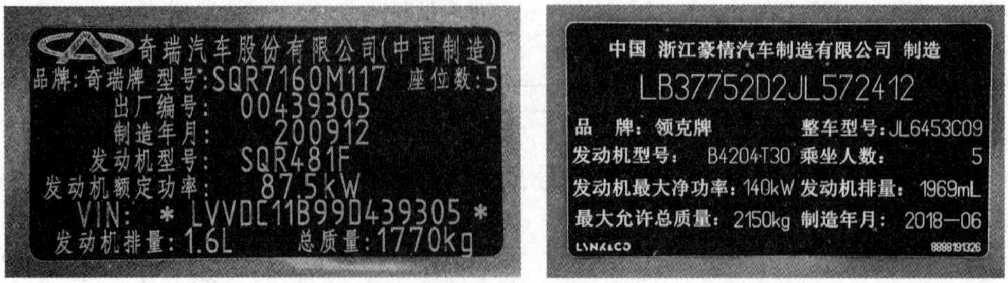

图 1—3 汽车铭牌上的型号

二、车辆识别代号（VIN）编码

1. 车辆识别代号（VIN）编码的意义和作用

目前，世界各国汽车公司生产的汽车大部分都使用了车辆识别代号（Vehicle Identification Number，VIN）编码。VIN 编码由一组字母和阿拉伯数字组成，共 17 位，又称 17 位识别代号编码。VIN 编码分为三部分，即世界制造商识别代号 WMI（World Manufacturer Identifier）、车辆说明部分 VDS（Vehicle Descriptor Section）、车辆指示部分 VIS（Vehicle Indicator Section），其顺序如图 1—4 所示。

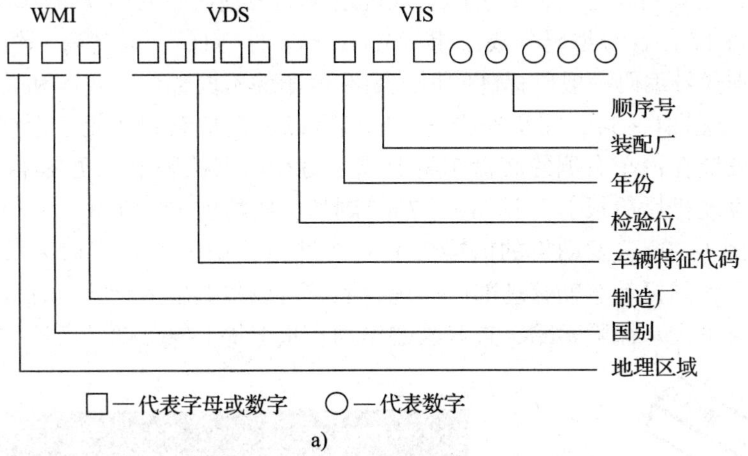

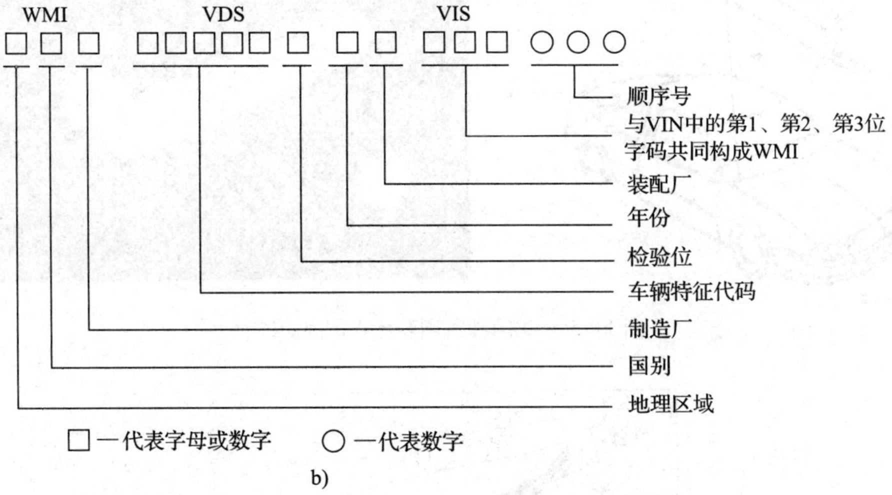

图 1—4　车辆识别代号（VIN）编码顺序

a）年产量大于 500 辆汽车的 VIN 码　b）年产量小于 500 辆汽车的 VIN 码

VIN 的每位代码代表着汽车某一方面的信息参数，它是识别一辆汽车所不可缺少的工具。按照识别代号编码顺序，可以识别出该车的生产国家、制造公司或生产厂家、车辆类型、品牌名称、车型系列、车身形式、发动机型号、车型年款（属哪年生产的款型）、安全防护装置型号、检验数字、装配工厂名称和出厂顺序号码等。

17 位代号编码经过排列组合的结果可以使生产的车型 30 年内不会发生重号现象，被称为“汽车身份证”。因为现在生产的汽车车型使用年限在逐渐缩短，一般 8 ~ 12 年就淘汰，不再生产，所以 17 位识别代号编码已足够使用。

各国政府及各汽车公司对本国或本公司生产的汽车 17 位识别代号编码都有具体规定。各国的技术法规一般只规定车辆识别代号的基本要求，如其应由 17 位代号编码组成，字母和数字的尺寸、书写形式、排列位置和安装位置都有相应规定。除对个别符号的含义有硬性规定外，其他不作硬性规定，而由生产厂家自行规定其代表的含义。各国有关车辆识别代号的技术法规各有差异，也有共同之处，如美国法规规定车辆识别代号的第 9 位必须是企业检查数字，而欧盟指令将 17 位代号编码分成三组（WMI、VDS、VIS），只对每一组的含义范围作了规定。VIN 识别代号编码一般以标牌的形式装在汽车的不同部位。我国和美国规定其应安装在仪表板左侧（见图1—5），在车外透过风玻璃可以清楚地看到而便于检查，而欧盟规定识别代号编码应安装在汽车右侧的底盘车架上或标写在厂家铭牌上（见图 1—6）。VIN 编码的位置还可设在发动机后舱板上（见图 1—7）、副驾驶座椅前方（见图 1—8）、发动机舱内的悬架塔上（见图 1—9）、发动机的前梁支架上（见图 1—10）。汽车研究及管理部门也有相应规定的标准，各国机动车辆管理部门办理牌照时可以将其输入计算机存储，以备需要时调用，如处理交通事故、保险索赔、查获被盗车辆、报案等。

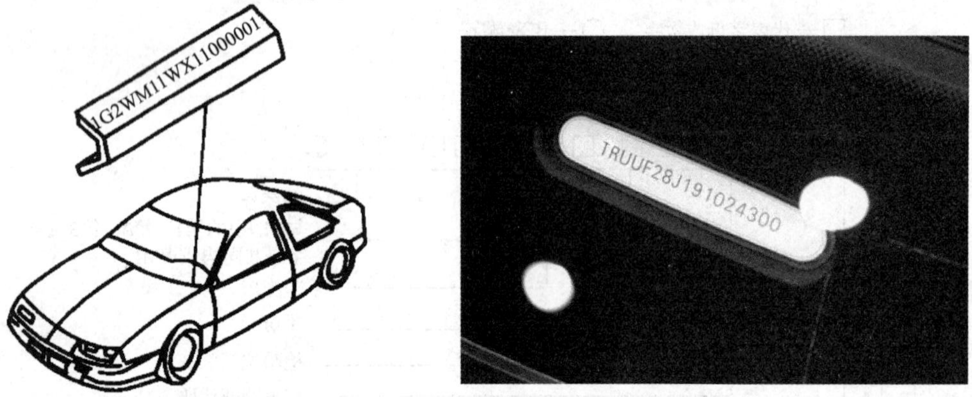

图 1—5　我国和美国轿车 VIN 码位置

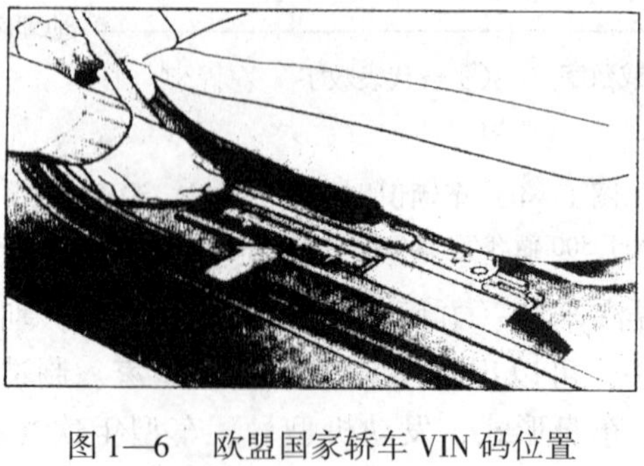

图 1—6　欧盟国家轿车 VIN 码位置

图 1—7 发动机后舱板上的 VIN 码

图 1—8 副驾驶座椅前方的 VIN 码

图 1—9 发动机舱内的悬架塔上 VIN 码

图 1—10 发动机的前梁支架上 VIN 码

由于汽车修理逐步实行计算机管理和故障分析诊断，在各种测试仪表和维修设备中都存储有 17 位 VIN 编码数据，以作为修理的依据。17 位识别代号编码在汽车配件经营管理上也起着重要作用，在查找零件目录中汽车零件号之前，首先要确认 17 位识别代号编码的车型年款，否则会产生误购、错装等现象。

利用 VIN 数据还可以鉴别出拼装车、走私车。

随着车型年款的不同和汽车发往国家的不同，VIN 编码规定会有所不同。有的按公司各车分部进行规定（如美国的 GM）；有的直接按系列车型或车名进行规定（如日本雷克萨斯）。在使用中，一般要由两种 VIN 规定才可验证出一辆车的型号和车型参数，因此，大量积累这方面的资料具有重要意义。

2. 二手车 VIN 编码的识别

二手车的 VIN 编码见表 1—6。

表 1—6　　二手车的 VIN 编码

1～3 位	4～8 位	第 9 位	第 10 位	第 11 位	12～17 位
WMI	VDS	检验码	年份	装配厂	顺序号

（1）第 1～3 位（WMI）。第 1 位字码是标明一个地理区域的字母或数字；第 2 位字码是标明一个特定地区内的一个国家的字母或数字，第 1、第 2 位字码的组合将能保证国家识别标志的唯一性；第 3 位字码是标明某个特定的制造厂的字母或数字。第 1、第 2、第 3 位字码的组合能保证制造厂识别标志的唯一性，例如，TRU/WAU（Audi）、1YV/JM1（Mazda）、4US/WBA/WBS（BMW）、WDB（Mercedes Benz）、YV1（Volvo）、KMH（韩国现代）。常见国内厂商车型的 VIN 码见表 1—7。

表 1—7　常见国内厂商车型的 VIN 码

WMI（前三位）	汽车厂商	VDS（4、5 位）
LFP	一汽轿车股份有限公司	F—丰田；X—夏利；H—红旗
LFV	一汽大众	
LSV	上海大众	A—桑塔纳；B—帕萨特
LSG	上海通用	WG—SGM7200（别克君威 2.0） WL—SGM7300GL（别克 GL） DC—SGM6510GL8（别克 GL8） SJ—SGM7160SL（赛欧）
LSJ	上汽集团	D—奇瑞；W—荣威
LDC	神龙汽车有限公司	11—RT—神龙·富康 ZX 型轿车 12—RL—神龙·富康 ZX1.4i 型轿车 13—RL—神龙·富康 ZX1.4i 型轿车 21—AL—神龙·富康 ZX1.6i 型轿车 22—AT—神龙·富康 ZX1.6i 型轿车 31—EL—神龙·富康 988 型轿车
LGB	东风汽车公司	C—风神蓝鸟
LHG	广州本田汽车有限公司	
LNB	北京现代汽车有限公司	S—索纳塔
LEN	北京吉普	
LHB	北汽福田	
LKD	哈飞汽车	
LS5	长安汽车	

（2）第 4～8 位（VDS）。VIN 编码 4～8 位表示车辆特征。

1）轿车。种类、系列、车身类型、发动机类型及约束系统类型。

2）MPV。种类、系列、车身类型、发动机类型及车辆额定总质量。

3）载货车。型号或种类、系列、底盘、驾驶室类型、发动机类型、制动系统及车辆额定总质量。

4）客车。型号或种类、系列、车身类型、发动机类型及制动系统。

（3）第 9 位。VIN 编码第 9 位为校验位，通过一定的算法防止输入错误。

（4）第 10 位。VIN 编码第 10 位表示车型年份，即厂家规定的型年（Model Year），不一定是实际生产的年份，但一般与实际生产的年份之差不超过 1 年。VIN 编码中的第 10 位就是 VIS 第一位字码，它表示车辆的出厂年份，是识别车辆的重要标志。年份字码使用规定见表 1—8。

表 1—8　　年份字码使用规定

年份	字码	年份	字码	年份	字码	年份	字码
1981	B	1991	M	2001	1	2011	B
1982	C	1992	N	2002	2	2012	C
1983	D	1993	P	2003	3	2013	D
1984	E	1994	R	2004	4	2014	E
1985	F	1995	S	2005	5	2015	F
1986	G	1996	T	2006	6	2016	G
1987	H	1997	V	2007	7	2017	H
1988	J	1998	W	2008	8	2018	J
1989	K	1999	X	2009	9	2019	K
1990	L	2000	Y	2010	A	2020	L

（5）第 11 位。VIN 编码第 11 位表示装配厂。

（6）第 12 ~ 17 位。VIN 编码第 12 ~ 17 位表示顺序号。一般情况下，汽车召回都针对的是某一顺序号范围内的车辆，即某一批次的车辆。

3. 车辆识别代号（VIN）编码举例说明

（1）日本日产汽车公司生产的乘用车无限（Infiniti）G45 系列 VIN 码为 JNKNG01C4LM-007927，如图 1—11 所示。该车装有 VH45DE—V8 4.5 L 发动机，G45 4 门轿车，配有安全气囊和 3 点式安全带，检验位为 4，1990 年型，在日本 Tochigi 装配厂总装。

（2）美国通用汽车公司（GM）Buick Century 别克世纪牌汽车 2003 年 VIN 码：

2	G	4	W	B	5	2	K	0	3	Z	4	0	0	0	0	1
[1]	[2]	[3]	[4]	[5]	[6]	[7]	[8]	[9]	[10]	[11]	[12]	[13]	[14]	[15]	[16]	[17]

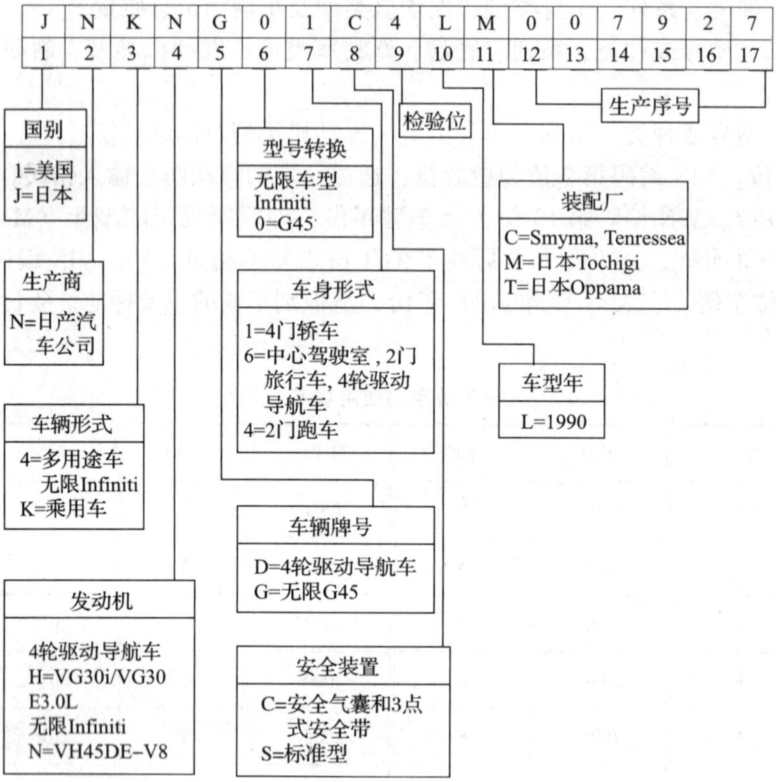

图 1—11　车辆识别代号（VIN）编码

具体说明如下：

第［1］位：汽车生产国家代码，2—加拿大。

第［2］位：生产厂家代码，G—通用汽车公司。

第［3］位：制造厂家代码，4—别克汽车分部。

第［4］、第［5］位：汽车品牌/系列代码，W/B—Regal（君威）；W/F—Regal LS（君威 LS）；W/S—Century Custom（世纪牌特制型）；W/Y—Century Limited（世纪牌顶级型）。

第［6］位：车身形式代码，5—4 门轿车（G69，通用 69 型车身）。

第［7］位：安全防护系统代码，2—主动式（手动）安全带，并带有驾驶员和乘客的安全气囊（前部）。

第［8］位：发动机型号代码，K—RPO，L36，3.8 L，V6 SFI（顺序燃油喷射）；1—RPO，L67，3.8 L，V6 SFI。

第［9］位：TF 检验数字代码，0～9 或 X。

第［10］位：汽车生产年型年款代码，3—2003 年。

第［11］位：总装生产企业代码。

第［12］～［17］位：生产顺序号数字。

(3) 中国第一汽车集团公司轿车 VIN 码:

L	F	P	H	5	A	B	A	2	W	8	0	0	4	3	2	1
[1]	[2]	[3]	[4]	[5]	[6]	[7]	[8]	[9]	[10]	[11]	[12]	[13]	[14]	[15]	[16]	[17]

具体说明如下:

第 [1] ~ [3] 位: 生产国别、制造厂商和车型类型。具体如下: LFW—载货汽车; LFD—备用; LFB—客车; LFS—特种车; LFV—轿车 (一汽大众公司生产); LFN—非完整车辆; LFT—挂车; LFP—轿车; LFM—多用途乘用车。其中, L—中国, F—First, P—Passenger, W—Works, B—Bus, N—Non-complete vehicle, M—M. P. V, S—Special, T—Trailer, V—V. W. (一汽大众轿车)。

第 [4] 位: 车辆品牌。具体如下: J—解放牌; H—红旗牌; A—环都; B—罗福; C—长白山; D—德力; E—凤凰; F—先锋; G—星光; K—远达; L—吉林; M—红塔; N—蓝箭; P—蓬翔; R—西南五十铃; S—四环; T—太湖; U—凌河; X—雄风; Y—远征; Z—中海。

第 [5] 位: 发动机排量。具体如下: 1—小于等于 1 L; 2—1.1 ~ 1.3 L; 3—1.4 ~ 1.6 L; 4—1.7 ~ 2.0 L; 5—2.1 ~ 2.5 L; 6—2.6 ~ 3.0 L; 7—3.1 ~ 3.5 L; 8—3.6 ~ 4.0 L; A—4.1 ~ 4.5 L; B—4.6 ~ 5.0 L; C—大于 5.0 L。

第 [6] 位: 发动机类型及驱动形式。具体如下: A—汽油发动机, 前置, 前轮驱动; B—汽油发动机, 前置, 后轮驱动; C—汽油发动机, 前置, 全轮驱动; D—汽油发动机, 后置, 前轮驱动; E—汽油发动机, 后置, 后轮驱动; F—汽油发动机, 后置, 全轮驱动; 1—柴油发动机, 前置, 前轮驱动; 2—柴油发动机, 前置, 后轮驱动; 3—柴油发动机, 前置, 全轮驱动; 4—柴油发动机, 后置, 前轮驱动; 5—柴油发动机, 后置, 后轮驱动; 6—柴油发动机, 后置, 全轮驱动。

第 [7] 位: 车身形式。具体如下: A—2 门折背式; J—6 门舱背式; B—4 门折背式; K—2 门短背式; C—6 门折背式; L—4 门短背式; D—2 门直背式; M—6 门短背式; E—4 门直背式; N—2 门敞篷车; F—6 门直背式; P—4 门敞篷车; G—2 门舱背式; R—6 门敞篷车; H—4 门舱背式; S—检阅车。

第 [8] 位: 安全保护装置。具体如下: A—手动安全带; B—手动安全带, 驾驶员气囊; C—手动安全, 带驾驶员气囊及乘员气囊; 1—自动安全带; 2—自动安全带, 驾驶员气囊; 3—自动安全带, 驾驶员气囊及乘员气囊。

第 [9] 位: 企业检验数字。用数字 0 ~ 9 或 X 表示。

第 [10] 位: 生产车款年型 (生产年份)。

第 [11] 位: 生产装配企业。具体如下: 1—总装配厂; 2—变型车厂; 3—专用车厂; 4—客车底盘厂; 5—汽研中试厂; 6—汽研中实改装车厂; 7—汽研联合改装车厂; 8—第一轿车厂; 9—第二轿车厂; 0—重型车厂; A—青岛汽车厂; B—顺德汽车厂; C—长春轻型车厂; D—大连客车厂; E—成都汽车厂; F—延边汽车厂; G—一汽三友汽车制造有限公司; H—哈尔滨轻型车厂; J—吉林轻型车厂; K—凌源汽车制造有限公司; L—柳州特种车厂; M—芜湖一汽扬子汽车厂; N—一汽北京汽车制造有限责任公司; P—四平专用车厂; R—山东汽车改装厂；S——一汽四环股份公司机动车厂；T—红塔云南汽车制造有限公司；W—无锡汽车厂；X—无锡柴油发动机厂；Z—四川专用车厂。

第［12］~［17］位：企业生产顺序号。

车辆 VIN 编码信息也可以通过计算机网络或手机应用进行查询。

第三节　汽车的主要技术参数和性能指标

一、汽车的主要技术参数

1. 质量参数

（1）汽车总质量。汽车总质量是指装备齐全时的汽车自身质量与按规定装满客（包括驾驶员）、货时的载质量之和，又称满载质量。

（2）载质量。载质量是指在硬质良好路面上行驶时所允许的额定载质量。轿车的装载量以座位数表示；城市客车的装载量等于座位数并包括站立乘客数；长途客车和旅游客车的装载质量等于座位数。

（3）轴荷。轴荷是指汽车满载时各车轴对地面的垂直载荷。

2. 尺寸参数

汽车外形尺寸如图 1—12 所示。

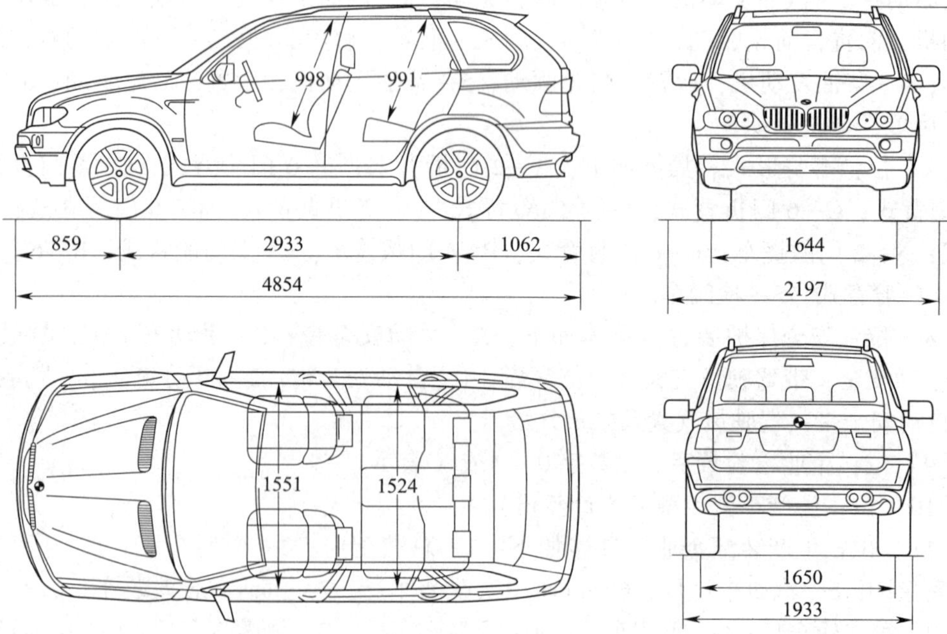

图 1—12　汽车外形尺寸

（1）汽车长。汽车长是指垂直于车辆纵向对称平面，并分别抵靠在汽车前、后最外端凸出部位的两垂面之间的距离。我国公路车辆的极限尺寸对汽车总长的规定如下：货车

(包括越野车)不大于12 m,一般客车不大于12 m,铰接式客车不大于18 m,牵引车拖带半挂车不大于16.5 m,汽车拖带挂车不大于20 m。

(2)车辆宽。车辆宽不大于2.5 m。

(3)车辆高。车辆高是指我国公路车辆的极限高度尺寸,不大于4 m。

(4)轴距。轴距是指通过车辆同一侧相邻两车轮的中点,并垂直于车辆纵向对称平面的两垂线之间的距离,对于三轴以上的车辆,其轴距由从最前面至最后面的相邻两车轮之间的轴距分别表示,总轴距则为各轴距之和。

(5)轮距。汽车车轴的两端为单车轮时,轮距为车轮在车辆支承平面上留下的轨迹中心线之间的距离。汽车车轴的两端为双车轮时,轮距为车轮中心平面(双轮车车轮中心平面为与外车轮轮辋内缘和内车轮轮辋外缘等距的平面)之间的距离。

(6)前悬。前悬是指通过两前轮中心的垂面与抵靠在车辆最前端(包括前拖钩、车牌及固定在车辆前部的任何刚性部件)并且垂直于车辆纵向对称平面的垂面之间距离。

(7)后悬。后悬是指通过车辆最后车轮轴线的垂面与抵靠在车辆最后端(包括车牌及固定在车辆后部的任何刚性部件)并且垂直于车辆纵向对称平面的垂面之间的距离。

(8)最小离地间隙。最小离地间隙是指汽车除车轮以外的最低点与路面之间的距离。它表征了汽车能无碰撞地越过石块、树桩等障碍物的能力。汽车的飞轮壳、前桥、变速器壳、消声器、驱动桥的外壳、车身地板等处一般有较小的离地间隙。

(9)接近角。接近角是指从汽车前端凸出点向前轮引切线,该切线与路面的夹角称为接近角。接近角越大,越过障碍物(如小丘、沟洼地等)时越不易发生"触头失效"。

(10)离去角。离去角是指从汽车后端凸出点向后轮引切线,该切线与路面的夹角称为离去角。离去角越大,越过障碍物时越不容易发生"托尾失效"。

(11)最小转弯半径。最小转弯半径是指转向盘转到极限位置作转弯行驶,前外轮印迹中心至转向中心的距离(左、右转弯取较大者)。

二、汽车的主要性能与评价指标

汽车的主要性能包括动力性、燃油经济性、制动性、操纵稳定性、行驶平顺性、环保性等。

1. 汽车的动力性

(1)汽车的最高速度。汽车的最高速度是指在水平良好的路面上(混凝土或沥青路面)汽车所能达到的最高行驶速度。

一般情况下,每款车都有自己的最高安全速度和超负荷运行下非安全的最高速度。在一些大排量的进口高档车中带有电子限速功能,像宝马的760 Li排量达到5.97 L,奔驰的S600排量达到6.12 L,但这两款车的最高速度同为250 km/h。

(2)汽车的加速能力。汽车的加速能力包括汽车的原地起步加速时间和超车加速时间。加速时间越短,汽车的加速性就越好,整车的动力性也越高。汽车的加速能力可用以下两种指标评价：

1）原地起步加速时间。原地起步加速时间又称原地换挡加速时间，它是指汽车从静止状态下由第一挡起步，并以最大的加速强度（节气门全开并选择最恰当的换挡时机）逐步换至高挡后，达到某一预定的车速或距离所需要的时间。

2）超车加速时间。超车加速时间是指汽车用最高挡或次高挡从某一中间车速全力加速至某一高速所需要的时间，用来表示汽车超车时的加速能力。目前常用48～112 km/h所需的时间（秒数）来评价。汽车加速时间对提高汽车的平均行驶速度有一定影响。特别是在行车途中常常要以最大的加速性来处理相关的紧急情况，例如，在交叉路口起步的瞬间，在高速公路超越车辆时都能体现出加速性的重要性。

（3）汽车的爬坡能力。汽车的最大爬坡度是指汽车满载时在良好路面上用第一挡克服的最大坡度，它表征汽车的爬坡能力。爬坡度用坡度的角度值（以度数表示）或坡度起止点的高度差与其水平距离比值（正切值）的百分数来表示。

对于经常在城市和良好公路上行驶的汽车，最大爬坡度在10°左右即可；对于载货汽车，最大爬坡度应在16.5°左右；越野汽车最大爬坡度应达30°以上。

2. 汽车的燃油经济性

我国燃油经济性指标的单位为L/100 km，即行驶100 km路程所消耗燃油的升数，常用完成单位货物周转量的平均燃油消耗量来衡量，其单位为L/（100 t·km）。

耗油量指标包括等速油耗和循环油耗。

（1）等速油耗（Constant-speed Fuel Economy）。等速油耗是指汽车在良好路面上作等速行驶时的燃油经济性指标。由于等速行驶是汽车在公路上运行的一种基本工况，加上这种油耗容易测定，因此得到广泛采用。例如，法国和德国就把90 km/h和120 km/h的等速油耗作为燃油经济性的主要评价指标，我国也采用这一指标。国产汽车说明书上标明的百千米油耗一般都是等速油耗。不过，由于汽车在实际行驶中经常出现加速、减速、制动和发动机怠速等多种工作情况，因此，等速油耗往往偏低，与实际油耗有较大差别。特别是对经常在城市中作短途行驶的汽车，差别更大。

（2）道路循环油耗（Fuel Economy of Chassis Dynamometer Test Cycles）。道路循环油耗是指汽车在道路上按照规定的车速和时间规范作反复循环行驶时所测定的燃油经济性指标，又称多工况道路循环油耗。在车速和时间规范中，规定每个循环包含各种行驶工况，并规定了每个循环中的换挡时刻、制动与停车时间、行驶速度、加速度及制动减速度的数值。因此，用这种方法测定的燃油经济性比较接近汽车实际的行驶情况。美国汽车工程师学会（SAE）制定了SAEJ10926道路循环试验规范，被广泛采用。这一规范包括4种不同的循环，即市区、郊区、洲际（55 mile/h）和洲际（70 mile/h）。在了解美国汽车的燃油经济性时，应分清所采用的是哪种循环，才能进行比较。

目前，汽车销售中使用的是市区工况油耗（L/100 km）、市郊工况油耗（L/100 km）、综合工况油耗（L/100 km）等指标，这些指标比较真实地反映了汽车的实际油耗情况。领克03汽车的燃料消耗量标识如图1—13所示。

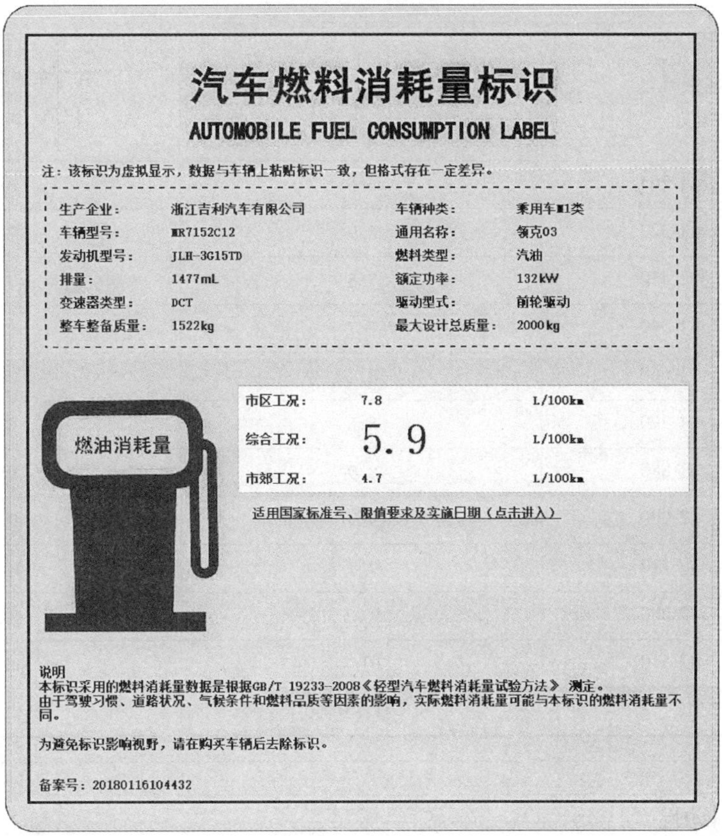

图 1—13 领克 03 汽车的燃料消耗量标识

技术提示

国家标准《乘用车燃料消耗量限值》（GB 19578—2014）是贯彻落实《节能与新能源汽车产业发展规划（2012—2020 年）》的重要措施，旨在推动我国先进节能技术发展和应用，持续降低我国乘用车燃料消耗量，使我国乘用车平均燃料消耗量水平在 2020 年下降至 5 L/100 km 左右，对应二氧化碳排放约为 120 g/km。乘用车车型燃料消耗量目标值见表 1—9。

表 1—9 乘用车车型燃料消耗量目标值

整车整备质量（kg）	装有手动挡变速器且具有三排以下座椅的车辆燃料消耗量限值（L/100 km）	其他车辆燃料消耗量限值（L/100 km）
$C_M \leqslant 750$	5.2	5.6
$750 < C_M \leqslant 865$	5.5	5.9
$865 < C_M \leqslant 980$	5.8	6.2
$980 < C_M \leqslant 1\,090$	6.1	6.5

续表

整车整备质量（kg）	装有手动挡变速器且具有三排以下座椅的车辆燃料消耗量限值（L/100 km）	其他车辆燃料消耗量限值（L/100 km）
1 090 < C_M ≤1 205	6.5	6.8
1 205 < C_M ≤1 320	6.9	7.2
1 320 < C_M ≤1 430	7.3	7.6
1 430 < C_M ≤1 540	7.7	8.0
1 540 < C_M ≤1 660	8.1	8.4
1 660 < C_M ≤1 770	8.5	8.8
1 770 < C_M ≤1 880	8.9	9.2
1 880 < C_M ≤2 000	9.3	9.6
2 000 < C_M ≤2 110	9.7	10.1
2 110 < C_M ≤2 280	10.1	10.6
2 280 < C_M ≤2 510	10.8	11.2
C_M >2 510	11.5	11.9

3. 汽车的制动性

（1）制动效能。制动效能是指汽车迅速降低行驶速度直至停车的能力，是制动性能最基本的评价指标。它是由制动力、制动减速度、制动距离和制动时间来评价的。《机动车制动检验规范》规定：制动距离是指汽车从驾驶员踩住制动踏板开始到停住为止所驶过的距离。

（2）制动抗热衰退性能。制动抗热衰退性能是指汽车高速制动、短时间内重复制动或下长坡连续制动时制动效能的热稳定性。因为制动过程的实质是把汽车的动能通过制动器吸收转化为热能，制动过程中制动器温度不断升高，制动器摩擦系数下降，制动器摩擦阻力矩减小，从而使制动能力降低，这种现象称为热衰退现象。

（3）制动时汽车的方向稳定性。制动时汽车的方向稳定性是指汽车在制动时不发生跑偏、侧滑或丧失转向能力，而按驾驶员给定方向行驶的性能。

4. 汽车的操纵稳定性

（1）操纵性。操纵性是指汽车能够及时而准确地执行驾驶员转向指令的能力。

（2）稳定性。稳定性是指汽车受到外界扰动（路面扰动或突然阵风扰动）后，能自行尽快地恢复正常行驶状态和方向而不失控，以及抵抗倾覆、侧滑的能力。

5. 汽车的行驶平顺性

汽车行驶时对路面不平度的隔振特性，称为汽车的行驶平顺性。由于平顺性主要反映为乘坐者的舒适程度，因此有时又称为乘坐舒适性。

汽车行驶时，路面的不平度会引起汽车的振动，当这种振动达到一定程度时，将使乘客感到不舒适和疲劳，或将运载的货物损坏。振动引起的附加动载荷将加速有关零件的磨损，缩短汽车的使用寿命。车轮载荷的波动会影响车轮与地面之间的附着性能，因此关系到汽车的操纵稳定性。

汽车的振动随行驶速度的提高而加剧。在汽车的使用过程中，常因车身的强烈振动而限制了行驶速度的发挥。

6. 汽车排放

汽车排放是指从排气管中排出的 CO（一氧化碳）、HC + NO_x（碳氢化合物和氮氧化物）、PM（微粒，炭烟）等有害气体。它们都是发动机在燃烧做功过程中产生的有害气体。这些有害气体产生的原因各异，CO 是燃烧氧化不完全的中间产物，当氧气不充足时会产生 CO，混合气浓度大及混合气不均匀都会使排气中的 CO 增加。HC 是燃料中未燃烧的物质，由于混合气不均匀、燃烧室壁冷等原因造成部分燃油未来得及燃烧就被排放出去。NO_x 是燃料（汽油）在燃烧过程中产生的一种物质。PM 也是燃油燃烧时缺氧产生的一种物质，其中以柴油发动机最明显。因为柴油发动机采用压燃方式，柴油在高温、高压下裂解更容易产生大量肉眼看得见的炭烟。

近年来，我国机动车环保标准逐步提高，各标准名称见表 1—10。2001 年国家开始实施国Ⅰ排放标准，经过 17 年的发展，目前全国实施国Ⅳ排放标准，重点地区实施国Ⅴ标准。为进一步强化机动车污染防治工作，从源头减少排放，落实《国民经济和社会发展第十三个五年计划纲要》中有关“实施国Ⅵ排放标准和相应油品标准”的要求，国家出台了轻型车国Ⅵ排放标准。国Ⅵ标准采用分步实施的方式，设置国Ⅵa 和国Ⅵb 两个排放限值方案，分别于 2020 年和 2030 年实施。广州市拟于 2019 年 1 月 1 日起对新车和外地转入车辆实施国Ⅵ标准。因此，在选择二手车时，应尽量购买符合国Ⅳ和国Ⅴ标准以上的汽车。

表 1—10　　新生产机动车环保要求

车辆（发动机）类型	标准名称
轻型汽车	《轻型汽车污染物排放限值及测量方法（中国第六阶段）》（GB 18352. 6—2016）
	《轻型汽车污染物排放限值及测量方法（中国第五阶段）》（GB 18352. 5—2013）
	《轻型混合动力电动汽车污染物排放控制要求及测量方法》（GB 19755—2016）
	《汽车加速行驶车外噪声限值及测量方法》（GB 1495—2002）
	《柴油车污染物排放限值及测量方法（自由加速法及加载减速法）》（GB 3847—2018）
	《汽油车污染物排放限值及测量方法（双怠速法及简易工况法）》（GB 18285—2018）

技术提示

国Ⅴ标准中的指标含义

PM是英文Particulate Matter（颗粒物）的首字母缩写，PM10和PM2.5分别是指空气动力学直径小于等于10 μm和2.5 μm的颗粒物（人类纤细头发的直径为50～70 μm）。PM10又称可吸入颗粒物，PM2.5又称可入肺颗粒物或细颗粒物，是表征环境空气质量的两个主要污染物指标。

PN是英文Particle Number（粒子数量）的首字母缩写，指在去除了挥发性物质的稀释排气中所有粒径超过0.023 μm的粒子总量。

NMHC是非甲烷烃（Non－Methane Hydrocarbon），是指除甲烷以外的所有碳氢化合物（烃类）。NMHC与甲烷不同，有较大的光化学活性，是形成光化学烟雾的前体物。其种类很多，其中排放量最大的是由自然界植物释放的萜烯类化合物，约占NMHC总量的65%，而其中最主要的是异戊二烯和单萜烯，它们会在城市和乡村大气中因光化学反应而形成光化学氧化剂和气溶胶粒子。NHMC的人为源主要有汽油燃烧、焚烧、溶剂蒸发、石油蒸发和运输损耗及废物提炼，这5类约占碳氢化合物人为排放量的96%。

THC是Total Hydrocarbons的简称，是指排放的气体中含有碳氢化合物的总量。

7．汽车的噪声

汽车噪声的大小是衡量汽车质量水平的一个重要指标，因此，汽车噪声的防治也是世界汽车工业的一个重要课题。

汽车的噪声源有多种，如发动机、变速器、驱动桥、传动轴、车厢、玻璃窗、轮胎、继电器、喇叭、音响等都会产生噪声。这些噪声有些是被动产生的，有些是主动发生的（如人为按喇叭）。但是，主要来源只有两个方面，一是发动机；二是轮胎。它们都是被动发生的，只要汽车行驶就会产生噪声。

轮胎在路面滚动产生的噪声是很大的。有关研究表明，在干燥路面上，当汽车速度达到100 km/h时，轮胎噪声成为整车噪声的重要噪声源。而在湿路面上，即使车速较低，轮胎噪声也会盖过其他噪声成为最主要的噪声源。轮胎噪声来自泵气效应和轮胎振动。所谓泵气效应是指轮胎高速滚动时引起轮胎变形，使得轮胎花纹与路面之间的空气受挤压，随着轮胎滚动，空气又在轮胎离开接触面时被释放，经过这样连续的挤压和释放，空气就迸发出噪声，而且车速越高噪声越大，车辆越重噪声越大。轮胎振动与轮胎的刚度和阻尼有关，刚度增大（如轮胎帘布层数目增加），阻尼减小，轮胎的振动就会增大，噪声也就加大了。为了降低轮胎表面的噪声，轮胎厂家通过改变节距及采用静音细沟槽花纹或高阻尼橡胶材料，调整轮胎的负载平衡，以减少自激振动等。

为了防止发动机噪声和轮胎噪声窜入乘员厢，工程师除了尽量减少噪声源外，也在车厢的密封上下功夫，尤其是前围板和地板的密封隔声性能。

从以上所述可知，解决汽车的噪声问题是一项涉及整车方方面面的技术问题，包括发动机的结构、材料质量分布、工艺水平、装配密封性等。实际上，汽车噪声的大小已经反映出这辆车的质量和技术性能的高低了。因此，选购二手车时要特别注意汽车运行时的噪声。

第四节　汽车的使用寿命

一、汽车使用寿命的定义与分类

汽车在使用过程中由于磨损、老化等原因，其性能随着使用年限（或行驶里程）的增加而逐渐下降，到了一定期限就应报废，这是一种自然规律。

汽车使用寿命是指从技术和经济上达到的汽车使用极限，它可以用累计使用年数或累计行驶里程数表示。汽车使用寿命到期后就应报废。非营运载客汽车和旅游载客汽车报废条件：9 座（含 9 座）以下非营运载客汽车（包括轿车，含越野车）使用 15 年；旅游载客汽车和 9 座以上非营运载客汽车使用 10 年，但旅游载客汽车和 9 座以上非营运载客汽车可延长使用年限最长不超过 10 年。

汽车使用寿命可分为技术使用寿命、经济使用寿命和合理使用寿命等。

1．汽车技术使用寿命（自然使用寿命）

（1）概念。汽车技术使用寿命是指汽车从开始使用，直至其主要机件到达技术极限状态而不能再继续修理时为止的总工作时间或总行驶里程。

（2）特点。在结构上是零部件的工作尺寸、工作间隙极度超出标准范围；在性能上常表现为车辆总体的动力状态或燃料、润滑材料的极度消耗。

（3）影响因素。主要取决于各部分总成的设计水平、制造质量、合理使用与维修。

2．汽车经济使用寿命

（1）概念。汽车经济使用寿命是指汽车使用到相当里程和使用年限，对其进行全面经济分析后发现汽车已达到经济不合理、使用成本较高的寿命时刻。

（2）影响因素。从汽车使用总成本出发，分析车辆制造成本、使用与维修费用、使用者管理开支、车辆当前的折旧，以及市场价格可能变化等一系列因素。

3．汽车合理使用寿命

汽车合理使用寿命是以汽车经济使用寿命为基础，考虑整个国民经济的发展和能源节约等因素，制定出符合我国实际情况的使用期限。

汽车技术使用寿命、经济使用寿命和合理使用寿命三者的关系可用下式表达：

$$技术使用寿命 > 合理使用寿命 \geqslant 经济使用寿命$$

二、汽车经济使用寿命

1．汽车经济使用寿命的意义

汽车经济使用寿命是汽车经济效益最佳时期，要合理使用、及时更新。使用者在更新车辆时要在国家政策允许的情况下以经济使用寿命为依据。因此，研究汽车的使用寿命，主要是研究汽车的经济使用寿命。

2．汽车经济使用寿命常用的评价指标

（1）年限：

1）概念。汽车从开始投入运行到报废的年数作为使用寿命的量标。

2）特点。这种方法除考虑运行时间外，还考虑车辆停驶期间的自然损耗。这种计量方法比较简单，不能真实反映汽车的使用强度和使用条件，造成同年限的车辆差异很大。

（2）行驶里程：

1）概念。汽车从开始投入运行到报废期间总的累计行驶里程数作为使用寿命的量标。

2）特点。反映了汽车的真实使用强度，但不能反映出运行条件和停驶期间的自然损耗。虽然使用年限大致相同，但累计行驶里程可能相差悬殊，因而大多数汽车运输企业以行驶里程作为考核车辆各项指标的基数。但在二手车交易中，汽车的里程表时有损坏，甚至故意被毁坏，因此，行驶里程数的可信度不高，鉴定估价人员只能将其作为参考。

（3）使用年限：

1）概念。将汽车总的行驶里程与年平均行驶里程之比所得的年限作为使用年限的量标，即：

$$T_{折} = \frac{L_{总}}{L_{年均}} \qquad (1—1)$$

2）特点。它与车辆的技术状态、完好率、平均技术速度和道路条件等因素有关。汽车在使用过程中，由于车辆的技术状况、平均技术速度和道路条件等因素的不同，年平均行驶里程的差异较大，但车辆的年平均使用强度基本相同。采用使用年限这个量标比采用行驶里程更为合理些，因为我国地域辽阔，地理、气候、道路条件差异较大，企业管理水平也有高有低，所以，采用使用年限作为主要考核指标更为确切。

在二手车鉴定估价工作中，确定成新率最有用的量标是使用年限，而使用年限的获得又比较困难，这是因为：一是车辆实际行驶千米数难以取得；二是年平均行驶里程是一个统计数据。

3. 影响汽车经济使用寿命的因素

（1）汽车的损耗。汽车的损耗包括无形损耗和有形损耗两个方面。

1）无形损耗。是指由于技术进步、生产的发展，出现了性能好、生产效率高的新车型，或原车型价格下降等情况，促使在用车辆提前更新。

2）有形损耗。是指车辆在使用过程中本身的消耗。有形损耗主要与车辆使用成本有关，汽车使用成本可用公式表示为：

$$C = C_1 + C_2 + C_3 + C_4 + C_5 + C_6 + C_7 + C_8 + C_9 \qquad (1—2)$$

式中 C_1——燃料费用；

C_2——维护、小修费用；

C_3——大修费用；

C_4——基本折旧费用；

C_5——轮胎费用；

C_6——驾驶员工资费用；

C_7——管理费用；

C_8——养路费；

C_9——其他费用。

其中，$C_5 \sim C_9$ 是与汽车经济使用寿命无关的因素；当使用寿命确定后，C_4 基本是一个定值；C_1、C_2、C_3 随行驶里程（或使用年限）的增长、车况的下降而增加。因此，对 C_1、C_2、C_3 与汽车经济寿命有关的因素进一步分析，从而可按最佳经济效益确定其经济使用寿命。

①汽车的燃料费用。汽车随行驶里程的增加，技术状况逐渐变差，其主要性能不断地下降，燃料和润滑材料消耗不断增加。

②汽车的维修费用。维修费用是指汽车在使用过程中各级维护费用及日常小修费用的总和，它主要由维修过程中的实际消耗工时费和材料费用来确定。随车辆行驶里程的增加，各级维护作业中的附加小修项目和日常小修作业项目的费用也随之增加，其变化关系基本上是线性关系。用公式表示为：

$$维修费用\ C = 维修费用初始值\ a + 维修费用增长强度\ b \times 累计行驶里程\ L \quad (1—3)$$

③汽车的大修费用。根据国内初步统计表明，新车到第二次大修的费用一般为车辆原值的10%左右。以后随里程（或年限）的增加，大修费用也逐渐增加。另外，大修间隔里程在逐渐缩短。在计算大修费用时，要把某次的大修费用均摊在此次大修至下次大修的间隔里程段内，即相当于对大修后间隔里程段的投资。

（2）车辆的来源与使用强度：

1）交通专业运输车辆。交通专业运输车辆是指专门从事运输生产的营运车辆。这些车辆是为整个社会服务的，使用条件复杂，使用强度比较大。一般客车年平均行驶里程为50 000 km左右，货车为45 000 km左右。货车拖挂率、实载率均比较高，管理、使用和维修水平也比较高，车辆基础资料齐全。

2）社会专业运输车辆。社会专业运输车辆是指各行各业专门从事运输的车辆，主要是为本行业的运输生产服务的，如商业、粮食、冶金、林业等部门的运输车辆。

3）社会零散运输车辆。社会零散运输车辆是指机关、企事业单位和个人的非营运车辆，主要是为一般零散运输和生活服务的公务、商务用车。这些车辆一般没有专门的管理机构和维修基地，使用情况差异很大。

4）城市公共交通车辆。城市公共交通车辆是指城市公共汽车。一般这些车辆从“生”到“死”不参与二手车市场的交易活动。

5）私家车。私家车是指个人拥有的家庭自用车辆。主要用于上班、旅游等家庭事务活动，通常使用强度不大，维护情况也不错，是二手车的主要来源。

6）网约车。网约车是指通过网络预约的出租汽车。出租车分为巡游出租汽车（出租车或者TAXI）和网络预约出租汽车。网约车中又分为专车和私家车加盟经营，专车的使用强度基本等同于出租车，而加盟车辆应该依据使用强度来区别判断。

7）城市出租汽车。城市出租汽车是城市与乡镇为客运和货运服务的车辆，多集中在大中城市，多以轿车、轻型客车从事客运出租经营，以微型、轻型货车从事货运出租经营。客运出租车辆使用强度很大，对于轿车一般年平均行驶里程在1 000 000 km左右。货运出租车辆使用强度受货运市场影响较大。由于出租车车主受利益驱动，车辆经常超载运行，致使车辆机件磨损迅速上升，大大影响车辆使用寿命。另外，这些车辆管理、使用、维修水平情况差异很大。

8）租赁汽车。租赁汽车是指在约定时间内，租赁经营人将租赁汽车（包括载货汽车和载客汽车）交付承租人使用，不提供驾驶劳务。汽车租赁的实质是在将汽车的产权与使用权分开的基础上，通过出租汽车的使用权而获取收益的一种经营行为，其出租标的除了实物汽车以外，还包含保证该车辆正常、合法上路行驶的所有手续与相关价值。不同于一般汽车出租业务的是，在租赁期间承租人自行承担驾驶职责。汽车租赁业的核心思想是资源共享，服务社会。

共享汽车也是汽车租赁的一种，一般通过某个公司来协调车辆，并负责车辆的保险和停放等问题。这种方式不仅可以省钱，而且有助于缓解交通堵塞以及公路的磨损，减少空气污染，降低对能量的依赖性，发展前景极为广阔。此类汽车使用强度参差不齐，应该区别对待。

（3）汽车的使用条件：

1）道路条件。道路对车辆使用寿命的影响主要是道路等级和路面情况两种因素。道路条件可分为两类：第一类为汽车专用公路、高速公路、一级公路、二级汽车专用公路；第二类为一般二级公路、三级公路、四级公路。其中，高速公路具有特别的政治、经济意义，是专供汽车分道高速行驶并全部控制出入的公路；一级公路为连接重要政治、经济中心，通往重点工矿区、港口、机场，专供汽车分道行驶并部分控制出入、部分立体交叉的公路；二级汽车专用公路为连接政治、经济中心或大工矿区、港口、机场等地的专供汽车行驶的公路；一般二级公路为连接政治、经济中心或大矿区、港口、机场等地的城郊公路；三级公路为沟通县或县以上城市的干线公路；四级公路为沟通县、乡（镇）、村等的支线公路。

由于历史的原因，我国道路数量、质量与车辆和人口增长的速度不相适应，从而构成了我国道路混合交通的特殊性，即快、慢车同道而行，机动车、非机动车和行人同道混行；平原地区地势平坦，道路宽阔，路面质量好；北方地区年降雨量比较小，对道路尤其是土路影响不大，只是冬天出现冰雪时会影响车辆运行；南方地区年降雨量大，尤其在雨季，道路泥泞、湿滑，乡村土路则地面松软、凹陷、泥泞，无法行车；城市或城郊道路四通八达，但由于人口稠密，车辆多、行人多，交通拥挤。

2）特殊使用条件。特殊使用条件主要指一些特殊自然条件和地理环境，如寒冷、沿海、风沙、高原、山区等地区。在这些特殊使用条件下工作的汽车，都将缩短汽车的经济使用寿命。

三、汽车技术状况变化的一般规律

1. 汽车的技术状况

（1）概念。汽车的技术状况是指定量测得的、表征某一时刻汽车外观和性能的参数值的总和。

（2）技术状况变化。随着汽车行驶里程的增加，汽车的技术状况将逐渐变差，致使汽车的动力性下降，经济性变差，使用方便性下降，行驶安全性和使用可靠性变差，直至最后达到使用极限。

（3）主要外观症状。汽车最高行驶速度降低；加速时间与加速距离增加；燃料与润滑油消耗量增加；制动迟缓、失灵；转向沉重；行驶中出现振抖、摇摆或异常声响；排黑烟或有异常气味；运行中因技术故障而停歇的时间增多。

2. 汽车技术状况的评价指标

汽车技术状况可用汽车的运用性能或工作能力来评价。汽车的运用性能包括动力性、使用经济性、使用方便性、行驶安全性、使用可靠性。

（1）动力性。包括最高行驶车速、加速时间与加速距离、最大爬坡能力、平均技术速度、低挡使用时间。

（2）使用经济性。包括燃料消耗量、润滑油消耗量、维修费用。

（3）使用方便性。包括每 100 km 平均操纵作业次数，操作力，灯光、信号的完好程度，起动暖车时间，最大续驶里程。

（4）行驶安全性。包括制动距离、制动力、制动减速度、制动时的方向稳定性、侧滑量。

（5）使用可靠性。包括故障率和小修频率、维修工作量、因技术故障停歇的时间。

3. 汽车技术状况变化的原因

汽车技术状况变化的原因主要包括零件之间相互摩擦而产生的磨损，零件与有害物质接触而产生的腐蚀，零件在交变载荷作用下产生疲劳，零件在外载、温度和残余内应力作用下发生变形，橡胶及塑料等非金属零件和电气元件因长时间使用而老化，由于偶然事件造成零件损伤等。

（1）磨损。磨损是零件的主要损坏形式，磨损现象只发生在零件表面，其磨损速度的快慢既与零件的材料、加工方法有关，又受汽车使用中装载、润滑、车速等条件的影响。疲劳损坏是由于零件承受超过材料的疲劳极限的循环应力时而产生的损坏。

（2）腐蚀。腐蚀是指损坏产生于与腐蚀性物质接触的零件表面。易产生腐蚀的主要部件有燃料供给系统和冷却系统的管道、车身、车架等。

（3）老化。老化是由于零件材料在物理、化学和温度变化的影响下而逐渐变质或损坏的故障形式，例如橡胶、塑料等非金属零件因老化而失去弹性，强度下降等。

4. 影响汽车技术状况变化的因素

汽车在使用过程中，其技术状况变化的快慢不仅取决于结构设计和制造工艺水平，还受各种使用因素的影响。影响汽车技术状况变化的使用因素有运行条件、燃料和润滑油的品质、汽车运用的合理性等。

5. 汽车技术状况变化的规律

汽车技术状况的变化规律是指汽车技术状况与汽车行驶里程或行驶时间的关系。汽车在使用过程中受到外部环境和内部条件多种因素的作用，其结构强度和使用条件的变化都有平稳变化的一面，同时又有不确定的一面，反映在汽车技术状况变化规律上，表现为渐发性和突发性两种变化规律。

（1）渐发性变化规律。渐发性变化规律是指汽车技术状况的变化随行驶时间或行驶里程单调变化，从而可用函数式表示其变化规律。渐发性变化规律又称汽车技术状况随行驶里程的变化规律。

（2）突发性变化规律。突发性变化规律表示汽车或总成出现故障或达到极限状态的时间是随机的、偶发的，没有必然的变化规律，对其变化过程独立地进行观察所得结果呈现不确定性，但在大量重复观察中又具有一定的统计规律。突发性变化规律又称汽车技术状况的随机变化规律。

复　习　题

一、简答题

1. 最常见的汽车分为哪几种？目前我国汽车是如何分类的？
2. 评价汽车性能有哪些指标？
3. 如何合理评价汽车的燃料经济性？
4. 汽车的外观尺寸参数有哪些？对于消费者来说，哪些指标对使用性能影响较大？
5. 汽车 17 位 VIN 编码的含义是什么？哪些因素会影响二手车的销售？
6. 我国汽车产品型号有什么编制规定？
7. 影响汽车使用寿命的因素有哪些？
8. 列表说明两种汽车的评价指标与性能参数。
9. 汽车技术状况变化的原因有哪些？

二、选择题

1. 某轿车 VIN 编码是 L S 7 D D D 1 4 2 X B 0 0 2 9 6 4，其年份代码表示的年份是（　　）年。

A. 2000　　B. 1999

C. 1998　　D. 2001

2. 下列车辆识别代号中，（　　）是上海大众 2002 年生产的汽车代号。

A. 1Y1SK5141JZ086901　　B. LDC131D2020020808

C. LSVCD49F622127341　　D. LHBSCCHKX2X000140

3. 汽车经济使用寿命的主要指标有（　　）。

A. 使用时间、行驶里程、耗油量　　B. 大修次数、年限、维修费用

C. 行驶里程、材料费用　　D. 年限、行驶里程、使用年限

4. VIN 编码可在（　　）年内不会发生重号。

A. 20　　B. 30

C. 40　　D. 50

5. 在汽车使用寿命中，技术使用寿命、合理使用寿命、经济使用寿命三者的关系是（　　）。

A. 技术使用寿命 = 合理使用寿命 = 经济使用寿命

B．合理使用寿命 > 经济使用寿命 ≥ 技术使用寿命

C．技术使用寿命 > 合理使用寿命 ≥ 经济使用寿命

D．技术寿命 = 合理使用寿命 = 经济使用寿命

6．汽车动力性的评价指标是（　　）。

A．最高速度、最高功率、最大扭矩　　B．最大扭矩、最高速度、加速时间

C．最高速度、加速时间、最高功率　　D．最高速度、加速能力、爬坡能力

7．在汽车的损耗中，（　　）是随着行驶里程的增加、车况下降而增加的。

A．燃料费用、维护小修费用、大修费用

B．燃料费用、管理费用

C．轮胎费用、折旧费用

D．轮胎费用、燃料费用

8．某汽车型号为 EQ1091，其车辆类别代号和主参数代号的含义是（　　）。

A．越野车自重为 9 t　　B．货车载质量为 9 t

C．货车总质量为 9 t　　D．客车车长为 9 m

第二章　资产评估基本原理

学习目标

1. 理解资产评估的基本概念。
2. 了解资产评估方法的基本原理。

第一节　资产评估基本概念

二手车作为一种特定的资产，对其进行鉴定估价从本质上说属于资产评估的范畴。

一、资产评估的产生和发展

资产评估是商品经济发展到一定阶段，随着资产交易的产生和发展而逐渐发展起来的，特别是在市场经济条件下，资产交易不断得到发展和扩大，为保证交易的公平性和合理性，对资产评估的要求也在不断提高。总体来看，资产评估大体经历了三个发展阶段，即原始评估阶段、经验评估阶段和科学评估阶段。

1. 原始评估阶段

在原始社会后期，随着生产力的发展、剩余财产的出现，私有制逐步形成，出现了商品生产和商品交易，而资产交易也随之产生并得到发展，这带来了资产评估的客观需要。

在原始的房屋、土地、牲畜及珠宝等贵重财产的交易过程中，由于财产的价值具有不确定性，买卖双方对价格难以达成一致的意见，这时，交易双方往往会寻找一个具有丰富经验并为双方都信得过的第三者对财产的价值进行评判，寻求一个双方都能接受的公平价格，使买卖成交。这个第三者实际上扮演了类似现在评估员的角色。

原始评估阶段的资产评估具有以下几个鲜明的特点：一是直观性，评估仅靠评估人员的直观感觉和主观偏好进行，没有测评设备可以借助；二是非专业性，评估人员并不具备专业评估手段和技能，没有受过专门训练，评估往往是由资产交易双方或一方指定的人来进行，甚至由那些并不懂多少评估知识但却在一定范围内德高望重的人员来进行；三是无偿性，资产交易双方无须支付评估人员报酬，评估人员也无须对评估结果负法律责任。

2. 经验评估阶段

随着生产力和资产交易的进一步发展，资产评估业务也逐步向专业化和经常化方向发展，一批具有丰富评估经验的评估人员随之产生。这些评估人员由于经验丰富，专业水平较高，具有一定的商业信誉，接受的委托评估业务也较频繁，他们实行有偿服务，逐步向职业化方向发展。

3. 科学评估阶段

工业革命以后，随着资本主义经济的飞速发展，生产要素市场和资产交易日益发达，社会对资产评估的需要越来越大，要求也越来越高，从而推动资产评估逐渐发展成为一种职业，资产评估的相关理论也得到了很大发展。

新古典经济学派的阿尔弗雷德·马歇尔率先将价值理论引入估价工作中，并对销售对比、成本、收益现值法这三种主要的评估技术进行研究。其后，美国颇有影响的经济学家伊尔文·弗雪对马歇尔提出的这三种评估技术做了进一步的探讨，并着重研究了收益的价值理论，发展并完善了收益法。

这一阶段产生了一大批具有丰富评估经验的评估人员和公司化的资产评估机构。这类评估机构依靠其强大的评估实力和现代化的管理方式为资产业务双方提供优质的评估服务，并通过这些业务使自身得到发展。通常，资产评估机构集中了许多具有专业化水平的评估人员，这些人员既可以是资产评估机构的员工，也可以是资产评估机构聘请的兼职人员。

科学评估阶段具有以下特点：

(1) 资产评估业务的范围极其广泛。包括有形资产和无形资产评估，甚至可以细分为机械设备评估、自然资源评估、房地产评估等。

(2) 资产评估工作规范化。各国资产评估管理机构或行业自律协会开始制定统一的评估准则，对评估师的职业道德规范和评估工作程序作出明确、具体的规定。由于准则明确、具体，使评估有章可循，因此对同一个项目即使由几家不同的公司评估，各自得出的评估值一般也不会有太大的差异。对于评估师的资格认定也有严格的规定，评估师须通过严格的资格考试才能执行业务。此外，资产评估的结果通常都要经过法律部门的公证，评估机构和评估人员对体现评估结果的资产评估报告负法律责任。

科学评估的主要特点是：评估机构公司化、评估手段与方法科学化、评估人员专业化、评估结果法律化、评估内容多元化。

二、资产评估的特点

从国外资产评估的发展来看，资产评估主要体现了以下 4 个特点：

1. 资产评估机构向多元化方向发展

资产评估通常由从事资产评估有关业务的机构进行，这些评估机构一般是以提供资产评估专业服务为主要内容的独立企业法人单位。由于资产评估具有业务领域广泛、涉及的知识面宽的特点，资产评估机构一般有两种类型：一种是专业化的资产评估公司，其专业化程度较高，为客户提供几乎所有的资产评估业务，如美国资产评估联合公司，至今已有 100 多年的历史，评估人员多达 2 000 余人，业务范围也遍及资产评估的各个领域；另一种是兼营资产评估业务的各类管理咨询公司、会计师事务所等，它们利用自身的人才优势，在从事其他有关业务如企业财务管理、市场营销管理、战略管理、生产作业管理、人力资源管理等方面的咨询服务的同时，也开展资产评估业务。资产评估机构向多元化方向发展是由资产评估业务的特点决定的。

2. 资产评估管理逐渐走向科学化

当资产评估由经验评估阶段转向科学评估阶段以后，资产评估的管理工作也向科学化方向迈进，这主要表现在评估管理机构健全、评估规则统一和监测评估结果三个方面。从评估管理机构健全来看，发达国家一般都设有全国性的资产评估协会，负责资产评估的行业管理。此外，各地区还设有分支机构，属于全国资产评估协会的派出机构，这些机构对资产评估工作的顺利进行发挥着重要作用。从评估规则统一来看，一般由全国性资产评估协会制定统一的资产评估规则，其主要内容涉及评估公司的组织、评估师的资格及晋升、评估师的职业道德规范以及资产评估应遵循的一般原则等方面。此外，为了防止评估人员在评估过程中违反职业道德规范，恶意损害一方利益情况的发生，一般由行业管理部门监测评估结果。在美国，评估人员必须在共同完成的评估报告上签字，作为追诉的法律依据，如果评估结果因恶意评估而出现法律纠纷，则评估人员必须为此承担法律责任。有些国家还采用评估人员之间互相负连带责任的制度来规范评估人员的行为。

3. 资产评估业务向综合化方向发展

传统的资产评估业务主要以不动产评估为主，特别是在英国及英联邦体系国家尤其明显，至今仍然保持着这种业务优势。然而，随着经济向全球化方向发展和资本市场的不断成熟，资本运营的大规模运用已从单个资产交易发展到社会大规模的资产运作，各类资产都活跃起来，大规模资产的流动为资产评估提供了广阔的发展空间。相应地，资产评估由不动产发展而来的资产评估业逐渐扩展到其他资产领域，如企业价值评估、无形资产评估、各种金融资产的评估等。

4. 资产评估行业的国际化发展趋势日益明显

随着世界经济一体化的加速，各国在资产评估领域内的合作也进一步加强。资产评估的国际化合作发展既是外部经济环境的客观需要，也是在新形势下资产评估行业发展的内在要求。各国评估界都在努力克服各国和地区在评估理论、实务和准则上的差别，为跨国投资者提供质量可靠、标准统一的评估服务。在各国资产评估行业普遍得到发展的基础上，许多国家的评估专业组织和管理部门加强了国际交流及区域性、国际性合作，成立了许多区域性和国际性专业组织，如国际评估准则委员会（IVSC）、欧洲评估师协会联合会（TEGOVA）、东南亚联盟评估师委员会（AVA）等，分别制定了国际评估准则、欧洲评估准则和东盟内部的评估准则，旨在会员范围内统一评估执业要求，制定共同遵守的评估准则，更好地为世界经济服务。

三、资产评估的有关概念

1. 资产评估的内涵

资产评估是商品经济发展到一定阶段的必然产物，其业务涉及产权转让、企业重组、破产清算、资产抵押、资产纳税等经济行为。准确把握资产评估定义和与之相关的若干概念和术语是对资产评估从业人员的基本要求。

（1）资产的概念。美国财务会计准则委员会（FASB）在 SFAC NO. 6 中对资产的定义是："资产是可能的未来经济利益，它是特定个体从已经发生的交易或事项所取得或加以控制的。"

国际评估准则委员会制定的《国际评估准则》中认为："在会计术语中，资产是指投资者所拥有或控制的、可以从中合理预计未来获取经济利益的资源。某项资产的所有权本身是无形资产，但所拥有的资产则既可能是有形的，也可能是无形的。"

（2）资产的特征。"资产是经济主体拥有或控制的，能以货币计量的，能够给经济主体带来经济效益的经济资源。"从这一定义来看，资产具有以下 3 个特征：

1）资产是由于过去的交易或事项所形成的。也就是说，资产必须是现实的资产，而不能是预期的资产，是企业在过去的一个时期里通过交易或事项所形成的结果。对于未来交易或事项以及未发生的交易或事项可能产生的结果，则不属于现在的资产，不得作为企业的资产。

2）资产是企业所拥有或者控制的。通常情况下，企业应当对其资产拥有所有权，企业可以按照自己的意愿使用或处置该项资产，其他企业或个人未经同意，不能擅自使用。但在某些情况下，对于一些特殊方式形成的资产，如融资租入固定资产，企业虽然对其不拥有所有权，但实际上能够对其实施控制，按照实质重于形式的原则，也应当视为企业的资产。

3）资产预期会给企业带来经济利益。这也是资产最重要的特征。所谓给企业带来未来经济利益，是指直接或间接地增加流入企业的现金或现金等价物的潜力，这种潜力可以单独或与其他资产结合起来产生净现金流入。预期不能带来经济利益的，就不能作为企业的资产。同样，对于企业已经取得的某项资产，如果其内涵的未来经济利益已经不复存在，就应该将其剔除。例如，库存已失效或已毁损的存货，它们已经不能给企业带来未来经济利益，就不应该再作为企业的资产，否则，将会虚增企业的资产。

（3）资产的分类：

1）按资产存在形态可以分为有形资产和无形资产。有形资产是指那些具有实体形态的资产，包括机器设备、房屋建筑物、流动资产等；无形资产是指那些没有实物形态，但在很大程度上制约着企业物质产品生产能力和生产质量，直接影响企业经济效益的资产，主要包括专利权、商标权、非专利技术、土地使用权、商誉等。

2）按资产是否具有综合获利能力可以分为单项资产和整体资产。单项资产是指单项获得的投资收益率高于一般正常投资收益率所形成的超额收益资本化的结果。整体资产是指由一组单项资产组成的具有获利能力的资产综合体。

3）按资产在生产经营过程中的作用可以分为经营性资产和非经营性资产。经营性资产是指处于生产经营过程中的资产，如企业中的机器设备、厂房、交通工具等。经营性资产又可按照是否对盈利产生贡献分为有效资产和无效资产。非经营性资产是指处于生产经营过程以外的资产，如政府机关用房、办公设备等。

2. 资产评估的分类

（1）按资产评估服务的对象及其对评估服务的要求分类，可分为评估、评估复核和评估咨询。

1）评估。指正常情况下或一般意义的资产评估。即按正常评估程序评估并主要以书面报告的形式提供资产评估服务。

2）评估复核。指受托评估机构及其评估师对其他评估机构及其评估师出具的资产评估报告进行评判鉴定的行为和过程，即对他人的资产评估过程和结果的再评估。

3）评估咨询。评估咨询是一个较为宽泛的术语，可以是对评估标的物价值的估计和判断，也可以是对评估标的物的利用价值、利用方式、利用效果的分析，以及与此相关的市场分析、可行性研究等。评估咨询的表现形式既可以采用书面形式，也可以采用口头方式。

（2）按资产评估是否受限以及是否运用了评估准则中的背离条款分类，可分为完整性评估和有限性评估。

1）完整性评估指完全按照评估准则及其规定的程序和要求进行的资产评估，在资产评估中没有受到限制或没有限制性条件。

2）有限性评估指在资产评估准则允许或规定允许的前提下，由于某些条件的限制不能完全按照评估准则及其规定的程序和要求进行的资产评估，评估结论是在受限制的条件下得出的。

（3）按资产评估对象及适用原则分类，可分为单项资产评估和整体资产评估。

1）单项资产评估。对以单项可确指的资产为对象的评估称为单项资产评估。单项资产评估的范围包括机器设备评估、土地使用权评估、建筑物评估、可确指无形资产评估等。单项资产评估可普遍适用预期原则、供求原则、替代原则等。

2）整体资产评估。对若干单项资产组成的资产综合体所具有的整体生产能力或获利能力的评估称为整体资产评估。最为典型的整体资产评估就是企业价值评估。整体资产评估主要适用于预期原则及贡献原则等。

（4）按资产评估时点分类。可分为现实性评估、追溯性评估和前瞻性评估。

1）现实性评估是以满足和服务于评估资产现实价值的评估活动。

2）追溯性评估是以满足和服务于评估资产过去某一时点价值的评估活动。

3）前瞻性评估是以满足和服务于评估资产预期价值的一种评估活动。

3．资产评估的特点

理解和把握资产评估的特点，有利于进一步认识资产评估的实质，对于搞好资产评估工作，提高资产评估质量具有重要意义。一般来说，资产评估具有以下特点：

（1）市场性。资产评估是适应市场经济要求的专业中介服务活动，其基本目标是根据资产业务的不同性质，通过模拟市场条件，对资产价值作出经得起市场检验的评定估算和报告。

（2）公正性。资产评估行为服务于资产业务的需要，而不是只服务于资产业务当事人的任何一方的需要。公正性表现在以下两个方面：

1）资产评估的公正性主要体现在，资产评估是由交易双方以外的独立第三者站在客观公正的立场上对被评估资产所做的价值判断，评估结果具有公正性。资产评估的结果密切关系着资产业务有关各方的经济利益，如果背离客观公正的基本要求，就会使得资产业务的一方或几方蒙受不必要的损失，资产评估就失去了其存在的意义。

2）资产评估的公正性要求评估人员必须站在公正的立场，采取独立、公正、客观、中立的态度，不屈服于任何外来的压力和任何一方的片面要求，客观、公正地作出价值判断。对于资产评估机构而言，资产评估的公正性也是十分重要的，只有以客观公正的评估结果为客户提供优质的服务，才能赢得客户的信任，逐步树立自己的品牌，评估机构才能不断得到发展，否则，评估机构将会逐步丧失信誉，丧失市场，最终走向破产。

（3）咨询性。指资产评估结论是为资产业务提供专业化估价意见，该意见本身并无强制执行的效力，评估师只对结论本身是否合乎职业规范要求负责，而不对资产业务定价决策负责。

技术提示

《国际会计准则第32号——金融工具：披露和列报》对公允价值的定义是：在公平交易中，熟悉情况的双方自愿交换一项资产或清偿一项债务所使用的金额。我国将公允价值定义为：在公平交易中，熟悉情况的交易双方，自愿进行资产交换或债务清偿的金额，是在公平交易中形成的实际交易价格，是当前供需条件下一种最接近均衡价格的交易价格，因而是资产价值最真实的表现。

评估价格是经过法定机构的专业人士按照规则评估的价格。因此，评估价格和公允价值是不一样的。

（4）专业性。资产评估是一种专业活动，从事资产评估业务的机构应由一定数量和不同类型的专家及专业人士组成。一方面，这些资产评估机构形成专业化分工，使得评估活动专业化；另一方面，评估机构及其评估人员对资产价值的估计判断都是建立在专业技术知识和经验的基础之上的，资产评估的结论是一种专家意见和专业判断。资产评估专业性不仅是资产评估的一个重要特性，而且也是正确理解资产评估的咨询性特点的重要方面。

第二节　资产评估的基本要素

资产评估的基本要素包含评估的主体、客体、评估的价值类型与方法、评估的工作原则和程序5个方面。

一、资产评估的主体

1. 从评估主体的执业范围角度划分

（1）专营资产评估机构。其特点是：专门从事资产评估；评估业务的范围比较广泛，评估人员比较固定，评估人员的素质相对较高。

（2）专项资产评估机构。大都是专门从事某一类或某一种资产的评估机构，如土地估价事务所、房地产估价事务所等。专项资产评估机构由于评估范围较窄，评估对象的性质、功能比较统一，专业性比较强。

（3）兼营性资产评估机构。指那些开展多种中介服务活动的会计师事务所、审计师事务所、财务咨询公司等。这些中介机构把资产评估作为机构咨询执业的一项业务内容，同时开展财务审计、查账验资等业务活动。

2. 从资产评估主体的企业组织形式角度划分

（1）合伙制资产评估机构。由发起人共同出资设立，共同经营，对合伙债务承担无限连带责任。

（2）有限责任制资产评估机构。由发起人共同出资设立，评估机构以其全部财产对其债务承担责任。

目前，我国的资产评估机构主体基本上还不是合伙制资产评估机构和有限责任制资产评估机构，绝大部分是具有挂靠单位或行政主管部门的具有企业法人资格的资产评估机构。

为了建立与市场经济相适应、与国际惯例相衔接的资产评估新体制，保证资产评估机构在执业中杜绝行政干预、行政垄断、地区垄断，强化资产评估机构风险意识，激励资产评估机构提高服务质量，必须使资产评估机构真正成为独立、客观公正的社会中介组织。

二、资产评估的客体

资产评估的客体是指资产评估的对象，即被评估的资产。

资产评估客体的常见分类方法如图 2—1 所示。

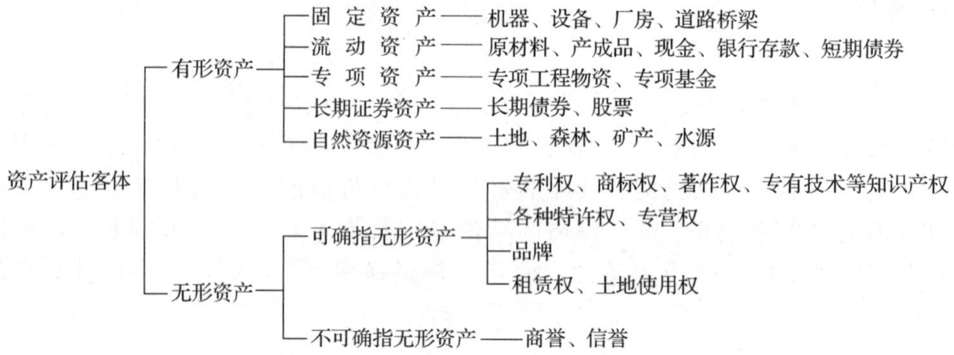

图 2—1　资产评估客体的常见分类方法

技术提示

二手车属于有形资产中固定资产中的机器设备，使用年限越长越不值钱。除非是名人使用过的车，或者是珍藏版、限量版的名贵车。

三、资产评估的价值类型与评估方法

资产评估中的价值类型是指资产评估结果的价值属性及其表现形式。不同的价值类型从不同的角度反映资产评估价值的属性和特征。不同属性的价值类型所代表的资产评估价值不仅在性质上是不同的，在数量上往往也存在着较大差异。必须根据资产业务的行为，即评估目的，弄清楚所要求的价值尺度的内涵，从而确定资产业务所适用的价值类型。

资产评估的估价标准形式表述的价值类型具体包括：重置成本、收益现值、现行市价（或变现价值）和清算价格4种。资产评估的主要方法有重置成本法、收益现值法、现行市价法和清算价格法。

1．重置成本法

重置成本法是指在评估资产时按被评估资产的现时重置成本扣减其各项损耗价值来确定被评估资产价值的方法。

2．收益现值法

收益现值法是指将评估资产的预期未来收益依一定折现率资本化或折成现值以确定其价值的评估方法。收益现值法以决定评估资产内在价值的根本依据——未来盈利能力为基础评价评估资产价值，反映了评估资产对于所有者具有价值的本质方面。但预测评估资产未来收益和选取折现率难度较大，采用收益现值法需要一定的市场基础及条件。

3．现行市价法

现行市价法又称市场法，是指将评估资产与市场上交易过的具有可比性的资产进行比较，以参考资产的交易价格为基础，加以调整修正后确定评估资产价值的评估方法。市场法以市场实际交易为参照来评价评估对象的现行公允市场价值，具有评估过程直观、评估数据取材于市场的特点。但运用市场法需要获得合适的市场交易参照物。

4．清算价格法

清算价格法是指企业由于破产、清算或其他原因，要求在一定的期限内将企业全部或部分资产出售变现，要求评估在企业清算之日预期出卖资产可收回的快速变现，这一价格就是清算价格。以清算价格为标准对资产进行评估的方法称为清算价格法。通常清算价格法的评估价格低于其他方法的评估价格。

资产评估的价值类型与评估方法是两个既相互联系又有区别的概念。资产评估价值类型说明的是资产评估价值的内涵，具有质的规定性，而评估方法则是评估价值的量化过程。前者对后者的运用具有约束性，在价值类型确定的前提下，尽管各种方法之间具有替代性，但不能以方法的可替代性模糊价值类型的唯一性，更不能以评估方法代替价值类型。此外，还应注意的是，价值类型与作为评估结果的评估价值不是相同的概念。评估价值是价值类型与评估方法即评估价值质的规定和量化过程共同作用的结果。影响评估价值的因素很多，诸如特定目的、市场条件及指标参数等，但决定价值类型的则是特定目的。在价值类型相同的情况下，在价值类型约束下的评估方法应用中，市场条件和指标参数等均会对其产生影响，并最终影响评估价值。进一步说，引起评估价值差异的因素，既有价值类型不同的原因，也有方法运用差异的原因。科学选择资产评估价值类型是资产评估具有科学性和有效性的根本前提。

四、资产评估的工作原则

1．真实性原则

真实性原则要求资产评估工作实事求是，尊重科学。一方面，资产评估机构在评估工作中必须以实际材料为基础，以确凿的事实为依据，以科学的态度为指针，实事求是地得出评估结果；另一方面，被评估单位必须实事求是地把被评估资产的情况提供给评估人员和评估机构，保证评估工作始终在具有真实资料的基础上进行。

2. 科学性原则

科学性原则要求资产评估机构和评估人员必须遵循科学的评估标准，以科学的态度制订评估方案，并采用科学的评估方法进行资产评估。在整个评估工作中必须把主观评价与客观测算、静态分析与动态分析、定性分析与定量分析有机结合起来，使评估工作做到科学合理，真实可信。

3. 公平性原则

公平性原则要求资产评估机构和评估人员必须坚持公平、公正的立场，不偏向任何一方，以中立的第三者身份客观地进行评估，必须坚决克服以大欺小、以上压下、以外侵内和以内排外等不公平倾向。

4. 可行性原则

可行性原则要求评估机构和评估人员根据评估对象的特点和性质，以及当时所具备的条件，制定切实可行的评估方案，并采用合适的评估方法进行评估。所谓切实可行，是指在现实条件下能够办得到的。

5. 简易性原则

简易性原则要求资产评估工作在达到相应准确度要求的前提下，尽量使评估工作简便易行，以节约人力、物力和财力，提高资产评估的效率。

6. 独立性原则

独立性原则就是要求资产评估人员摆脱资产业务当事人员利益的影响，评估工作始终坚持独立的第三者立场。

五、资产评估的程序

资产评估的程序是指资产评估机构和人员执行资产评估业务、形成资产评估结论所履行的系统性工作步骤，即进行评估工作所必须遵循的评估顺序。资产评估基本程序主要包括：明确资产评估业务基本事项；签订资产评估业务约定书；编制资产评估计划；资产勘查与现场调查；搜集资产评估资料；评定估算；编制和提交资产评估报告书；资产评估工作底稿归档。

1. 明确资产评估业务基本事项

（1）资产评估师在承接评估业务时，应当通过与委托方沟通、查阅资料或初步调查等方式，与委托方明确下列评估业务基本事项：委托方和资产占有方、评估报告使用者等相关当事方；评估目的；评估对象基本情况和评估范围；价值类型；评估基准日；评估假设和限制条件；其他需要明确的重要事项。

（2）资产评估师应当明确评估业务的委托方和资产占有方、评估报告使用者等相关当事方的基本情况及其相互关系。

（3）资产评估师应当与委托方进行沟通，了解与评估业务相关的经济行为，明确评估目的及评估报告使用方式。评估目的应当清晰、具体，评估报告使用方式应当明确清晰。

（4）资产评估师应当与委托方进行沟通，初步了解评估对象基本情况，明确评估范围。

（5）资产评估师应当与委托方进行沟通，确定恰当的价值类型，并确信所确定的价值类型适用于评估目的。

（6）资产评估师应当与委托方进行沟通，选取恰当的评估基准日。评估基准日应当有利于评估结论有效地服务于评估目的，有利于评估资料准备工作和评估业务的执行。

（7）资产评估师应当与委托方进行沟通，明确可能会影响评估业务和评估结论的评估假设和限制条件。

（8）资产评估师应当根据评估业务的具体情况，与委托方进行沟通，明确时间安排、费用安排、工作配合事项等其他相关重要事项。

（9）资产评估师在明确评估业务基本事项的基础上，应当根据评估业务具体情况，综合分析专业胜任能力和独立性，评价业务风险等，确定是否承接评估业务。

2. 签订资产评估业务约定书

（1）资产评估师应当在明确评估业务基本事项、确定承接评估业务后，由所在评估机构与委托方签订业务约定书。

（2）业务约定书应当明确评估机构和委托方的权利、义务和其他重要事项，并符合国家法律、法规和资产评估行业管理规范的规定。

3. 编制资产评估计划

（1）资产评估师应当在业务约定书签订后编制评估计划。

（2）资产评估师应当根据评估业务性质和复杂程度确定评估计划的繁简程度。

（3）资产评估师编制评估计划时应当涵盖评估业务全过程，并根据评估业务性质和复杂程度、委托方和相关当事方的要求合理考虑评估进度、人员安排和费用预算等。

（4）资产评估师编制评估计划时应当根据评估业务的具体情况，考虑是否需要专家或其他评估人员的帮助，并就有关事项同专家或其他评估人员提前沟通。

（5）资产评估师应当同委托方和资产占有方等相关当事方就评估计划的要点和重要环节进行沟通，协商评估计划的实施。

（6）资产评估师执行资产评估业务应当遵守评估计划，并根据执行业务过程中的情况变化对评估计划进行必要调整。

（7）资产评估师编制和调整评估计划应当报评估机构有关负责人审核和批准。

4. 资产勘查与现场调查

（1）资产评估师执行资产评估业务，应当根据评估业务的具体情况对评估对象进行必要的勘查，了解评估对象的基本情况。

（2）资产评估师应当与委托方和资产占有方等相关当事方进行沟通，根据评估对象的特点约定适当的勘查时间和方式。

5. 搜集资产评估资料

（1）资产评估师执行资产评估业务，应当充分搜集与评估业务相关的信息资料。

（2）资产评估师应当独立搜集评估资料，并确信资料内容的合理性、相关性和完整性，以及资料来源的可靠性。

（3）资产评估师可以根据评估业务的需要要求委托方或资产占有方等相关当事方提供

评估资料，指导资产占有方对评估对象进行清查，填报资产清查申报明细表。

资产评估师应当对委托方、资产占有方等相关当事方提供的评估资料进行必要的查验。

（4）资产评估师在执行资产评估业务过程中，应当根据评估业务的需要及时补充搜集评估资料。

6. 评定估算

（1）资产评估师执行资产评估业务，应当充分分析影响评估对象价值的因素，进行恰当的分析、计算和判断，形成可信的评估结论。

（2）资产评估师应当分析评估资料的合理性、相关性和完整性，并对评估资料进行必要的整理。

（3）资产评估师应当根据评估业务的具体情况，考虑三种资产评估基本方法的适用性，恰当选取评估方法。

（4）资产评估师应当根据所选取的评估方法，合理选取相应的计算公式和参数，正确进行分析、计算和判断。

（5）资产评估师对形成的初步评估结论应当进行综合分析，形成可信的评估结论。

（6）资产评估师对宜采用两种以上评估方法的评估项目，应当使用两种以上评估方法，并对各种方法得出的初步评估结论进行综合分析、比较和调整，形成可信的评估结论。

（7）资产评估师应当根据评估机构工作制度进行必要的内部审核。

7. 编制和提交资产评估报告书

（1）资产评估师应当在执行必要的评估程序后，根据国家法律、法规和资产评估准则的要求编制评估报告。

（2）资产评估师应当在评估报告中提供必要的信息，使评估报告使用者能够正确理解评估结论。

（3）资产评估师可以根据评估业务性质、委托方和评估报告使用者要求，恰当选择评估报告类型。

（4）资产评估师在提交正式评估报告前，应当与委托方和相关当事方就评估报告有关内容进行必要沟通。

（5）评估机构应当根据业务约定书的要求，以恰当的方式向委托方提交评估报告。

8. 资产评估工作底稿归档

资产评估师在提交评估报告后，应当按照国家法律、法规和资产评估准则的要求对评估工作底稿进行分类整理，形成评估档案并及时归档。

第三节　资产评估的假设与经济技术原则

一、资产评估的假设

资产评估是在资产交易发生之前通过模拟市场对准备交易的资产在某一时点的价格所进行的估算。

1．继续使用假设

继续使用假设是假定被评估资产将按现行用途继续使用或转换用途继续使用，从而可以考察它在未来时间能为其持有人带来的经济收益。这一假设要求一般情况下不能按照把资产拆零出售所得收益之和来评估资产价格，即应该把资产看成一种获利能力，而不是物的堆积。

（1）继续使用的分类：

1）在用续用。按照其现行正在使用的用途及方式继续使用下去。

2）转用续用。改变资产现在的用途，按照新的用途继续使用下去。

3）移地续用。改变资产现在的空间位置，转移到其他空间位置上继续使用。

（2）在确认继续使用的资产时必须充分考虑的条件：

1）资产能以其提供的服务或用途满足资产持有人经营上期望的收益。

2）资产尚有显著的剩余使用寿命。

3）资产的所有权明确，并保持完好。

4）资产从经济上、法律上允许转作他用。

5）资产的使用功能完好或较为完好。

2．公开市场假设

公开市场指一个有众多买者和卖者的充分竞争性的市场。市场上，买者和卖者地位平等，交易双方都有获取足够市场信息的机会和时间，买卖双方的交易行为都是自愿的、理智的，买卖双方都能对资产的功能、用途及其交易价格等作出理智的判断。

公开市场假设还假定资产用途可以随便选择，从而发挥其最大、最佳效用，即资产可以被用于法律和政策允许的最佳用途，从而为其持有人带来最大收益。当然，这种选择仅限于该项资产的可选择用途范围内。这种资产的最大、最佳效用可以是现时的，也可以是潜在的，在评估资产时，按照公开市场假设处理或作适当的调整，才有可能使资产效用最大。

3．清算（清偿）假设

清算（清偿）假设是指资产所有者在某种压力下，经协商或以拍卖方式将其资产强制在公开市场上出售。

此时，资产评估具有一定的特殊性。一般而言，清算（清偿）假设资产评估价值大大低于继续使用或公开市场条件下的评估值。

二、资产评估经济技术原则

1．预期原则

资产的现时价值必须依据该项资产所能带来的预期收益来评估，这就是预期原则的具体要求，也是运用收益现值法评估资产价值的基本思想。

根据预期原则，在进行资产评估时，评估师必须合理预测该资产未来的获利能力以及拥有获利能力的有效期限，以便科学合理地评估它的价值，资产的价值可以不按照过去的生产成本或销售价格决定，而是基于对未来收益的期望值决定。

2．贡献原则

从一定意义上讲，贡献原则是预期收益原则的一种具体化。

在经济学中，边际生产力越大，应该得到的报酬就越多。边际生产力是指在投入的其他生产要素的数量、质量、企业的技术水平保持不变的情况下，再增加或减少一个单位的某种生产要素所增加或减少的产量。

贡献原则主要适用于构成某整体资产的各组成要素资产的贡献，或者是当整体资产缺少该项要素资产将蒙受的损失。

3. 替代原则

作为一种市场规律，在同一市场上，具有相同使用价值和质量的商品，应有大致相同的交换价值。

如果面对具有相同使用价值和质量的商品具有不同的交换价值或价格，“理性”的购买者会选择价格较低者。而作为卖方，如果可以将商品卖到更高的价格水平上，他会在较高的价位上出售商品。因此，根据替代原则，假若不存在因延缓供应而引起的不适当的代价，则被评估资产的价格可以根据建造一项具有相似效用的资产的成本或取得一项同等效用的现存资产的价格来确定。

4. 变化原则

资产本身不仅由于使用性损耗和自然力的作用其价值会改变，而且受社会、经济、技术进步等因素的影响，资产也会发生升值或贬值。以汽车为例，其价值一方面会随着使用年限的延长因损耗而降低，另一方面，又受到汽车市场整体价格走势的影响而变化，还有可能因政府发布严格的环境保护或能源消耗法规而贬值。资产价值的形成正是这些因素综合作用的结果。

根据变化原则，评估人员应全面考虑市场可能影响资产价值现有和预期的种种变化。变化是持续不断的，所以，评估价值只有按评估基准日计算才能有效。

5. 竞争原则

竞争的效应和利润平均化的趋向，是评估人员采用收益现值法评估时正确预测资产未来收益要着重考虑的因素。评估人员要正确判断投资者所处的竞争地位，分析被评估的资产是处在能够获得超额利润的阶段，还是处在利润已经平均化的阶段。能够产生超额利润的资产，其评估值应适当升高；若竞争过度，则预期收益必定会降低，资产的评估价值应适当降低。

6. 最佳利用原则

在进行资产评估时，即使资产目前还未达到最佳利用状态，也应以其最佳利用状态为基础估价，这就是最佳利用原则。例如，一商业中心地处黄金地段，生意兴隆，因而其地价很高；而旁边一个待估的停车场的土地收益比商业中心则要少很多。在评估停车场土地价格时，评估人员就不能以停车场的收益为基础来确定。因为买主在买下这块地后最有可能在上面兴建商城，未来所获收益肯定要比现行收益高得多，卖主当然愿意按最佳利用的价格来成交。

7. 平衡原则

平衡原则是指当一切差别的、相对应的和相互作用的因素处于平衡的状态时，资产可以形成和维持最大价值。根据平衡原则，各种类型土地根据其位置将其用途适当地配置能创造并维持最大的价值。例如，在一个居住小区，若商业网点建设超过居民需要，则商业网点房地产的评估价值会降低；反之，若商业网点无法满足居民的需要，则商业网点房地产的评估价值会暂时升高，但会影响居民住房部分的资产评估价值，使得这部分资产的评估价值因生活服务设施的不配套而降低。只有当居住小区商业网点及其他生活服务设施与居民的生活需要达到平衡时，整个居住小区房地产的评估价值才会最高。

8. 供求原则

假定在其他条件不变的前提下，商品的价格随着需求的增长而上升，随着供给的增加而下降。尽管商品价格随供求变化并不成固定比例，但变化的方向有规律性。与商品和劳务一样，生产要素的交易也形成了生产要素市场，在这个市场上，供求双方通过竞价决定着生产要素的市场价格，这就是由市场决定的生产要素报酬。只要存在有效的竞争性，通过生产要素市场决定的资产价格是大量经济主体集体决策的结果，大量的经济主体各自主观决策就形成了最后的客观效果。这种客观效果往往比主观评价更加符合实际情况。既然资产评估是对资产的现时价格进行评定估算的过程，那么，按照供求原则就应该将被评估资产置于资产市场考察价格。即使某项资产没有现实的市场，在评估时也应模拟现实的市场条件来评估其现时价格。可见在进行资产评估时，应充分考虑资产本身的供求状况，正确评估资产的价格。

9. 一致性原则

一致性原则是指当资产性能与市场需求相吻合时，其价值就可以达到并维持在最高水平上；资产的性能与市场需求存在差异时，其价值的实现就会受到影响。以城市越野车为例，由于传统 SUV 车型过度强调越野性和动力性，这些都给 SUV 车型的舒适性和经济性打了不少折扣。随着消费者对 SUV 实用性和舒适性要求的逐步提高，传统的 SUV 逐渐失去市场，取而代之的是实用性强、驾乘舒适的城市 SUV。随着 SUV 市场趋于细化，SUV 车型因其帅气的外形和强劲的动力备受年轻消费者推崇。新上市的城市 SUV 被赋予了更多的都市元素，可彰显出城市越野一族张扬而又内敛的个性，填补了目前“城市 SUV”产品细分市场中的空白。因此，进行资产评估时，应充分考虑资产是否与市场需求相一致。

一致性原则还包括若被评估资产与其他资产配套一致，则其评估价值较高。例如，在商业中心区，往往有许多商店集中在一起，这种高度的集中通常会吸引大量的顾客光顾，大大增加各商店的收益。这种高度集中的资产使用上的一致性使得各商店的评估价值上升。

10. 外部性原则

外部性原则认为，资产外部的因素对资产评估价值的高低影响很大，评估人员应慎重考虑。例如，国家近期发布的《二手车流通管理办法》《汽车销售管理办法》《车辆购置税法》《机动车维修管理规定》等对于二手车销售有促进作用。

复　习　题

一、简答题

1. 什么是资产与资产评估？
2. 资产评估的特点有哪些？
3. 资产评估的要素有哪些？
4. 资产评估的程序是什么？
5. 举例说明继续使用假设与公开市场假设。
6. 资产评估经济技术原则有哪些？

二、选择题

1. 某资产鉴定估价师接受法院的委托，对一企业全部资产进行鉴定估价时，他拒绝了企业的招待与宴请。这位鉴定估价师遵守的工作原则是（　　）。

A. 科学性原则　　B. 专业性原则

C. 可行性原则　　D. 独立性原则

2. 资产评估大体经历了三个发展阶段，即原始评估阶段、（　　）。

A. 经验评估阶段和科学评估阶段　　B. 专业评估阶段和科学评估阶段

C. 现代评估阶段和将来评估阶段　　D. 个人评估阶段和机构评估阶段

3. 资产按存在形态分类，可以分为有形资产和无形资产。下列属于有形资产的是（　　）。

A. 机动车、土地使用权　　B. 专利权、商标权、商誉

C. 汽车、摩托车、房屋建筑物　　D. 机器设备、著作权

4. 按资产评估服务的对象及其对评估服务的要求分类，可分为评估、（　　）。

A. 评估鉴定和评估复核　　B. 评估复核和评估咨询

C. 评估复核和评定估价　　C. 评定估价和评估咨询

5. 按资产评估时点分类，资产评估可分为（　　）和前瞻性评估。

A. 原始性评估、现代性评估　　B. 现实性评估、将来性评估

C. 将来性评估、追溯性评估　　D. 现实性评估、追溯性评估

6. 资产评估是一种专业人员的活动，从事资产评估业务的机构应由一定数量的（　　）及专业人士组成。

A. 不同类型的专家　　B. 相同类型的专家

C. 资产评估专家　　D. 资产评估人士

7. 资产评估的客体是指资产评估的对象，下列属于评估客体的是（　　）。

A. 旧机动车　　B. 资产评估机构

C. 资产评估专家　　D. 资产评估人士

8. 继续使用假设有在用续用、(　　) 三种，从而可以考察它在未来时间能为其持有人带来的经济收益。

A. 原地继用、移地续用　　B. 转用续用、原地续用

C. 转用续用、移地续用　　D. 改作他用、移地他用

9. 传统 SUV 车型过度强调越野性和动力性，这些都给 SUV 车型的舒适性和经济性打了不少折扣。随着消费者对 SUV 实用性和舒适性要求的逐步提高，传统的 SUV 逐渐失去市场。取而代之的是实用性强、驾乘舒适的城市 SUV。随着 SUV 市场趋于细化，SUV 车型因其帅气的外形和强劲的动力备受年轻消费者推崇。新上市的城市 SUV 被赋予了更多的都市元素，可彰显出城市越野一族张扬而又内敛的个性，填补了目前“城市 SUV”产品细分市场中的空白。此例利用了（　　）。

A. 一致性原则　　B. 最佳利用原则

C. 贡献原则　　D. 供求原则

第三章　二手车的鉴定

学习目标

1. 掌握二手车合法手续与证件的检查。
2. 熟悉汽车技术状况的检测。
3. 掌握车辆技术状况鉴定与评分。
4. 学会使用千分法对二手车进行检查与鉴定。

第一节　二手车评估的手续检查

一、二手车的合法手续

二手车交易是在其可以继续使用的前提下进行的。二手车证件包括二手车的来历凭证，机动车行驶证，机动车登记证书，车辆号牌，车辆运输证，交易双方的身份证明，车辆购置税完税证明、机动车辆保险费、车船使用税的相关证明等。完整的手续检查如图 3—1 所示。

1. 二手车交易的基本条件

（1）使用时间、行驶里程和车辆种类符合国家或者本地规定的安全技术性能要求，经公安交通部门检测合格。

（2）二手车卖方应当拥有车辆的所有权或者处置权。

（3）卖方具有合法、完整的车辆法定证明、凭证。

（4）国家机关、国有企事业单位在出售与委托拍卖车辆时，应持有本单位或者上级单位出具的资产处理证明。

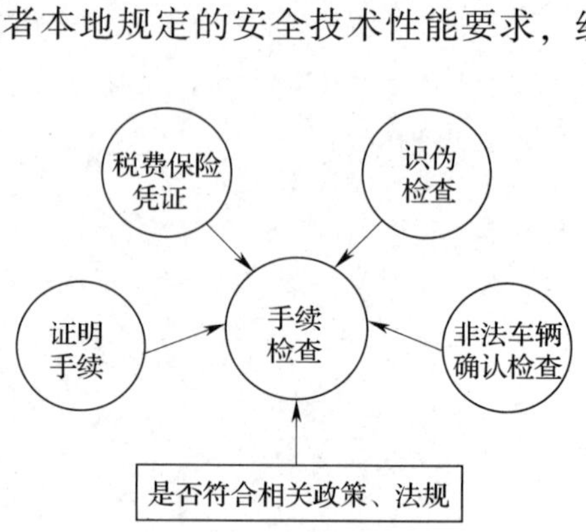

图 3—1　手续检查

2. 二手车应履行的合法手续

（1）进行二手车交易应当签订合同，合同示范文本由国家工商行政管理部门制定。卖方应当向买方提供车辆的使用、修理、事故、检验，以及是否办理抵押登记、缴纳税费、报废期等真实情况和信息。买方购买的车辆如因卖方隐瞒和欺诈不能办理转移登记，卖方应当无条件接受退车，并退还购车款等费用。

（2）委托二手车经纪机构购买二手车时，委托人应向二手车经纪机构提供合法身份证明；经纪机构依据委托人要求选择车辆，并及时向其通报市场信息；二手车经纪机构接受委托购买时，双方签订合同；二手车经纪机构根据委托人要求代为办理车辆鉴定评估，鉴定评估所发生的费用由委托人承担。

（3）二手车交易完成后，卖方应当及时向买方交付车辆、号牌、车辆法定证明和凭证等。

二、禁止交易的车辆

按照国家标准《二手车鉴定评估技术规范》（GB/T 30323—2013）规定查验机动车登记证书、行驶证、有效的机动车安全技术检验合格标志、车辆购置税完税证明、车船使用税缴付凭证、车辆保险单等法定证明和凭证是否齐全，并按照表 3—1 检查所列项目是否全部判定为“Y”。如发现上述法定证明和凭证不全，或表 3—1 检查项目中任何一项判别为“N”的车辆，应告知委托方，不能继续进行技术鉴定和价值评估（司法机关委托等特殊要求的除外）。

表 3—1　　可交易车辆判别表

序号	检查项目	判别
1	是否达到国家强制报废标准	Y 否　N 是
2	是否为抵押期间或海关监管期间	Y 否　N 是
3	是否为人民法院、检察院、行政执法等部门依法查封、扣押期间的车辆	Y 否　N 是
4	是否为通过盗窃、抢劫、诈骗等违法犯罪手段获得的车辆	Y 否　N 是
5	发动机号与机动车登记证书登记号码是否一致，且无凿改痕迹	Y 是　N 否
6	车辆识别代号或车架号码与机动车登记证书登记号码是否一致，且无凿改痕迹	Y 是　N 否
7	是否走私、非法拼（组）装车辆	Y 否　N 是
8	是否法律、法规禁止经营的车辆	Y 否　N 是

三、二手车交易需要的有关证件

1. 机动车登记证书

机动车登记证书是由公安机关交通管理部门核发和管理的，是机动车的“户口本”和所有权的凭证，具有产权证明的性质。车主信息、车辆信息、过户信息、用于变更行驶证的登记项目，或者转出、抵押及办理行驶登记等机动车的详细信息和资料都记载在上面。证书上所记载的原始信息发生变动时，机动车所有人应当及时到车辆管理所办理变更登记；当机动车所有权转移时，原机动车所有人应当将机动车登记证书作变更登记后随车交给现机动车所有人。

2. 机动车来历证明

机动车来历证明是二手车来源的合法证明。机动车来历证明主要包括以下几个方面：

（1）购买机动车的来历凭证。在国内购买机动车的来历凭证可分为新车来历证明和二手车来历证明。在国外购买的机动车，其来历凭证是该车销售单位开具的销售发票及其翻译文本。

1）新车来历证明。新车来历证明是指经国家工商行政管理机关验证（加盖工商验证章）的机动车销售发票（即原始购车发票）。通常在购买新车时，可在当地的工商行政管理局机动车市场管理分局办理工商验证手续。

2）二手车来历证明。二手车来历证明是指经国家工商行政管理机关验证（加盖工商验证章）的二手车交易发票。二手车交易发票反映了即将交易的车辆曾是一辆已经交易过的合法使用的二手车。2005 年 10 月《二手车流通管理办法》颁布施行，全国统一了二手车销售发票，目前国内大部分地区都使用了新版的“二手车销售统一发票”。而在统一发票之前，各地的二手车交易发票样式繁多，加大了管理上的难度。

（2）人民法院调解、裁定或者判决转移的机动车，其来历凭证是人民法院出具的已经生效的《调解书》《裁定书》或《判决书》以及相应的《协助执行通知书》。

（3）仲裁机构仲裁裁决转移的机动车，其来历凭证是《仲裁裁决书》和人民法院出具的《协助执行通知书》。

（4）继承、赠予、中奖和协议抵偿债务的机动车，其来历凭证是继承、赠予、中奖和协议抵偿债务的相关文书和公证机关出具的《公证书》。

（5）资产重组或者资产整体买卖中包含的机动车，其来历凭证是资产主管部门的批准文件。

（6）国家机关统一采购并调拨到下属单位未注册登记的机动车，其来历凭证是全国统一的机动车销售发票和该部门出具的调拨证明。

（7）国家机关已注册登记并调拨到下属单位的机动车，其来历凭证是该部门出具的调拨证明。

（8）经公安机关破案发还的被盗抢且已向原机动车所有人理赔完毕的机动车，其来历凭证是保险公司出具的“权益转让证明书”。

（9）更换发动机、车身、车架的来历凭证，是销售单位开具的发票或者修理单位开具的发票。

3. 机动车行驶证

机动车行驶证是由公安机关交通管理部门依法对车辆进行注册登记核发的证件。它是机动车取得合法行驶权的凭证，是机动车上路行驶必须携带的证件，也是二手车过户、转籍必不可少的证件。机动车行驶证一般载有该车车型、车主信息和车辆号牌、发动机号、车架号、车辆技术性能信息、检验记录等内容。

4. 机动车检验合格标志

（1）非营运机动车检验合格标志。机动车必须进行安全技术检验，检验合格后，公安机关发放合格标志，如图 3—2 所示。根据《中华人民共和国道路交通安全法实施条例》第十三条的规定，机动车检验合格标志应贴在机动车前

图 3—2　机动车检验合格标志

窗右上角。

(2) 营运车辆综合性能检测合格标志。凡在我国境内从事客、货运输的车辆，每年必须经汽车综合性能检测站检测，检测合格后由道路运输管理部门核发“综合性能检测合格”标志，并要求粘贴于前窗右上角。

技术提示
从2017年1月1日起，环保检测标志与机动车检验合格标志合二为一，环保部门不再核发机动车环保检验合格标志。机动车安全技术检验机构将排放检验合格报告拍照后，通过机动车安全技术检验监管系统上传至公安机关交通管理部门。对未经定期排放检验合格的机动车，不予出具检验合格证明。公安机关交通管理部门对无定期排放检验合格报告的机动车，不予核发检验合格标志。纯电动汽车免于尾气排放检验。

5. 机动车号牌

车辆牌照是指由公安车辆管理机关依法对车辆进行注册登记核发的金属号牌，在办理车辆注册登记时与机动车行驶证一同核发，其号牌字码与行驶证号牌字码一致。

6. 道路运输证

道路运输证是县级以上人民政府交通主管部门设置的道路运输管理机构对从事客货运输（包括城市出租客运）的单位和个人核发的随车携带的证件，用于证明该车能用于相应的客货运输。营运车辆转籍过户时，应到营运机构及相关部门办理营运过户有关手续。

7. 车辆购置税

二手车交易应该查看车辆购置税完税证明，确认车辆购置税的纳税情况。如果遇到减免征收的情况，应该及时向征税机关核实情况，并查明应该缴纳的税款金额。

(1) 车辆购置税。车辆购置税是国家向所有购置车辆的单位和个人，包括国家机关以纳税形式征收的一项费用，其目的是解决发展公路运输事业与国家财力紧张的突出矛盾，筹集交通基础建设资金。

车辆购置税按车辆计税价的10%计征，由车辆登记注册地的主管税务机关征收。

$$车辆购置税应纳税额 = 计税价格 \times 10\% \quad (3—1)$$

计税价格按照下列情况确定：

1) 纳税人购买自用应税车辆的计税价格为纳税人购买应税车辆而支付给销售商的全部价款和价外费用，不包括增值税税款。也就是说按取得的“机动车销售统一发票”上开具的价费合计金额除以 (1 + 17%) 作为计税依据，乘以10%即为应缴纳的车量购置税。

应注意国家对该项税收计税标准的调整政策，如2009年1月20日~12月31日，排气量在1.6 L及以下的小排量乘用车，车辆购置税税率减半征收 (5%)，而2010年又提高到7.5%。

2) 纳税人购买进口自用车辆的应税车辆计税价格计算公式为：

$$计税价格 = 关税完税价格 + 关税 + 消费税 \quad (3—2)$$

3）纳税人自产、受赠、获奖或者以其他方式取得并自用车辆，计税依据参照国家税务总局核定的应税车辆最低计税价格核定。

4）按特殊情况确定的计税依据。对于进口旧车、因不可抗力因素导致受损的车辆、库存超过 3 年的车辆、行驶 80 000 km 以上的试验车辆、国家税务总局规定的其他车辆，主管税务机关根据纳税人提供的“机动车销售统一发票”或有效凭证注明的价格确定计税价格。

（2）车辆购置税的免税、减税范围。车辆购置税的免税、减税范围按下列规定执行：

1）外国驻华使馆、领事馆和国际组织驻华机构及其外交人员自用的车辆免税。

2）中国人民解放军和中国人民武装警察部队列入军队武器装备订货计划的车辆免税。

3）设有固定装置的非运输车辆免税。

4）有国务院规定予以免税或者减税的其他情形的，按照规定免税或者减税。

5）对于挖掘机、平地机、叉车、装载车（铲车）、起重机（吊车）、推土机 6 种车辆免税。

8. 车船税

车船税征收依据是《中华人民共和国车船税法》。根据规定，凡在中华人民共和国境内，车辆、船舶（以下简称车船）的所有人或者管理人为车船税的纳税人，应当依照该法的规定缴纳车船税。车船税由地方税务机关负责征收。许多地方的车船税已由保险机构（含代办点）在销售“交强险”时，对应纳车船税的机动车辆同时代收代缴车船税。

9. 机动车保险费

（1）交强险。交强险全称为机动车交通事故责任强制保险，是我国第一个法定强制保险，《机动车交通事故责任强制保险条例》规定，所有上路行驶的机动车都必须投保交强险。由于交强险在我国是一项全新的保险制度，实施第一年先分 42 种车型执行全国统一价格，在实践中积累经营数据。以后实行保费与交通违法行为、交通事故挂钩的浮动费率机制，一辆车如果多次出险，来年的保费很快会上涨，而常年不出险保费会逐年降低，以此实现“奖优罚劣”。

（2）商业险：

1）车辆损失险。车辆损失险是指保险车辆遭受保险责任范围内的自然灾害（不包括地震）或意外事故，造成保险车辆本身损失，保险人依据保险合同的规定给予赔偿。

2）第三者责任险。被保险人或其允许的合格驾驶员在使用保险车辆过程中发生意外事故，致使第三者遭受人身伤亡和（或）财产的直接损毁，依法应当由被保险人支付的赔偿金额，保险人依照法律、法规和保险合同的规定给予赔偿。

3）附加险。附加险包括全车盗抢险、车上责任险、无过失责任险、车载货物掉落责任险、风窗玻璃单独破碎险、车辆停驶损失险、自燃损失险、新增加设备损失险、不计免赔特约险。

技术提示

车险电子保单

车险电子保单包括交强险、商业险电子保单和电子交强险标志。电子保单采用加盖电子签章的 PDF 格式文件，具有防篡改功能，与纸质保险单具有同等法律效力。车险保单电子化后，投保车险后无须前往保险公司领取保险单证，理赔时只要拿着身份证件就可办理，车辆风窗玻璃上也不用再贴交强险标志了。

同时，使用电子保单后驾驶车辆时，无须再随车携带纸质保单及粘贴保险标志，公安机关交通管理部门将通过移动警务终端等手段完成电子保单和电子交强险标志的查验工作，如图 3—3 所示。

图 3—3 查验电子保单和电子交强险标志

10. 交易双方的身份证明

买卖双方证明或居民身份证主要用于向注册登记机关证明机动车所有权转移的车主身份和住址。

四、二手车的识伪与辨别检查

二手车的识伪与辨别检查是指对交易车辆的有关手续文件和实际车况进行检查，以判断其是否具有合法的交易资格，目的是杜绝被盗车辆、走私车、拼装车混入二手车交易市场，损害消费者利益。

1. 相关凭证的识伪

（1）识伪检查应首先检查车辆的来历凭证及其行驶手续，新车要有销售发票，二次交易的二手车要有二手车交易发票。

（2）对于因经济赔偿、财产分割等引起的所有权转移，则需要有由法院出具的具有法律效力的判决书、裁决书或调解书。

（3）车辆行驶证所记录的车辆发动机号、车架号、厂牌型号和车辆外观要与实际相符。

（4）正规进口的车辆应贴有中国商检特有的CCIB标志，通常还附有中文使用手册和维护手册。

1）机动车号牌的识伪。违法者常以非法加工、偷牌、拼装等手段伪造机动车号牌。由于机动车号牌生产实行准产管理制度，并在号牌上加有防伪合格标记，因此，机动车号牌的识伪方法包括：看号牌的识伪标记；看号牌底漆颜色深浅；看白底色或白字体是否涂以反光材料；查看号牌是否按规格冲压边框，字迹是否模糊等。其实，只要细加观察，分辨真假也不是难事。一般伪造的“套牌”在正常阳光下存在颜色偏红或者偏黄、字体较瘦等现象，细加端详就能发现。假牌照由于并非一次性成形，“套牌”上的字体边缘会有棱角，即使打磨过也难以掩盖痕迹，拆下车牌，其背面会有敲打过的痕迹。也可以直接到车辆管理部门网站查询车辆登记档案，真假即见分晓。

2）VIN码的识别。厂家在车辆出厂前用专用的工业打标机将VIN编码打刻在车身不易损伤处，一般在车辆的发动机舱后舱板上（如东风日产蓝鸟、阳光系列车型，上海通用系列车型等），也有部分车型打刻在车辆翼子板上（如东风雪铁龙富康系列车型），另有部分车型由于发动机的安装位置影响检查VIN编码的视线等原因，将VIN编码打刻于其他地方（如东风日产天籁车型将VIN编码打刻于前座副驾驶席的地板上）。VIN编码不允许擅自改动，如果擅自改动，则会作为嫌疑车辆被公安交通管理部门予以查扣。因此，买家在查看VIN编码时一定要加以小心。工业打标机打出的字母、数字横平竖直，字迹清晰；组成字母或数字的微型圆坑个个直径相等，深度一致，间距均匀。若是人工篡改，由于手法、力度很难保持绝对一致，多多少少会造成圆坑或大或小、或深或浅的现象，买家只要稍加观察，就不难发现破绽。同时，在查看发动机号时也可参考上述方法。

3）机动车行驶证的识伪。为了防止伪造行驶证，规定制作行驶证时塑封套上有用紫光灯可识别的不规则的与行驶证卡片上图形相同的暗记，并粘贴车辆的彩色照片。因此，行驶证最好的识伪方法就是先查看识伪标记；再查看车辆彩色照片与实物是否相符；然后将行驶证上的印刷字体、字号、纸质、印刷质量与车辆管理机关核发的行驶证式样进行比较核定。一般来说，伪造的行驶证纸质差、印刷质量模糊。

4）准运证的识伪。购买持有准运证的车辆时，应当注意证件的真伪和有效性，一是请当地市以上道路运输管理机关或公安车辆管理部门帮助认定；二是寻找现行的准运证式样进行对比认定，要注意准运证的时效性，即有效准运时间。

2. 车辆外观和内饰识伪

一般来说，走私或拼装的旧车辆都会留下改装的痕迹，因此，在进行识伪检查时，可通过观察车辆外观和内饰进行初步判断。在外观上，主要查看是否有重新喷过漆的痕迹，特别注意顶部下沿曲线部分的接合部线条是否流畅，大面是否凹凸不平。尤其是小曲线接合部在目前手工技术条件下不可能处理得天衣无缝，留下再加工的痕迹特别明显。

另外，还可以用手从顶部开始向下触摸，如经过再加工处理，手感一定不那么平整、光滑。检查车门和发动机舱盖同车身的接合部口缝是否一致、整齐，间隙是否过大等。在车辆内装饰方面，查看装饰材料是否平整，表面是否干净，尤其是要特别仔细检查压条边沿部分。经过再装配的车辆，其内装饰压条边沿部分往往有手指印或其他工具压过后留下的痕迹印。

3. 事故车的识别

（1）首先查看全车线条是否流畅，因为汽车一旦发生剐蹭或碰撞，车身线条是最不易修复匀称的。

（2）查看车辆外观各部件间隙是否一致。

（3）检查漆面的光洁度是否均匀。

（4）查看车身各部位密封胶是否完整。

（5）查看原车焊接点是否完整。

目前，一些人换车的原因主要有汽车升级换代或是出了事故不想继续使用。购买二手车时首先应当仔细观察车门边框和车窗的密封条是否有喷漆的痕迹。如果在车门边框的喷漆痕迹上还有裂口，就可以更加确定车门是经过修复的。其次，应当检查发动机舱盖下的车架焊接点，原来的焊接点平滑、细小，修复过的焊接点一般比原来粗糙，如果存在这种现象，就说明该车曾经发生过比较严重的事故。最后，有条件的话可以用举升机把车辆抬高，检查车辆底盘，看看底盘部件的老化或损伤程度。

侧撞修复时，钣金师傅只能用手电钻将焊点钻穿，分别修复内、外两块钣金件，再用普通的电焊机将焊点补上（包括厂家的4S店在内都不会配备价值上百万元的碰焊机），最后再用手砂轮将凸出的焊渣打磨掉。采用这种做法时，一般情况下会留下明显的焊接痕迹。而且普通电焊与厂家的碰焊机相比，因为工作电流低，工作时间长，会造成焊点附近金属退火，硬度降低，留下安全隐患。这也是购买二手车时讨价还价的理由。

需要注意的是，有的车密封条很容易被扒下来，有的则比较紧，安装时有点困难。故检查时不要一次把密封条全扯下来，正确的方法是拉下一截后进行查看，看完安装好，再拉下一截查看。这一检查很重要，许多事故痕迹就隐藏在密封条下。更重要的是，即使二手车没有出现过什么重大事故，买方若有上述举动，卖方也会对买方刮目相看，不敢把其当作外行来看待。

第二节　二手车技术状况鉴定

汽车在使用过程中，随着行驶里程的增加，其运动部件正常磨损，自身的疲劳、变形、腐蚀等都会使汽车机械零件产生损伤，致使汽车技术状况逐渐变坏。具体表现为动力性下降、经济性变坏、安全性变差、可靠性下降等，而且还将伴随出现种种外部症状，如车体不正、车身开裂、涂层剥落、连接松动、配合松旷、泄漏严重和润滑不良等。尽管随着诊断技术的发展，检测仪器、设备的准确性、定量性和适用性有了很大进步，但影响汽车性能的很多外部症状尚难以用仪器、设备检测出来，仍需通过人工进行检查、观察，并辅以简单的检测器具进行直观、定性的检视，结合检测结果对汽车的真实技术状况做出准确判断。二手车的技术鉴定如图3—4所示。

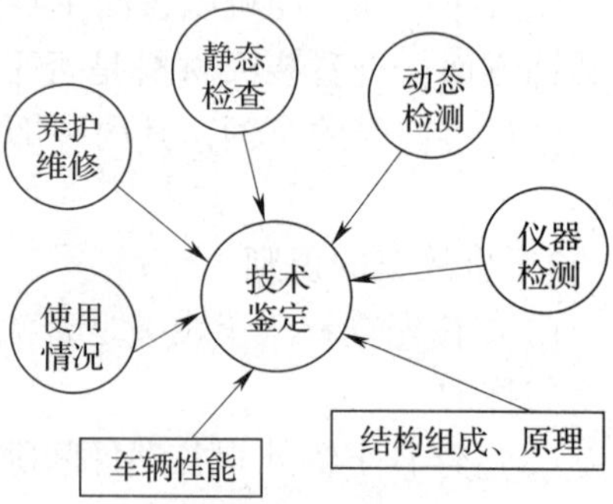

图3—4　二手车的技术鉴定

一、外观检查

1. 车漆部分

（1）漆色。新补的涂料色彩往往不同于原车漆色，如果二手车使用年头较长，补漆往往比较多，因而车身各部位颜色有差异。

（2）车身平整度。二手车若有大面积撞伤的部位，补腻子的面积比较大，在人工打磨腻子时往往磨不平，因而补过漆后，车身表面看上去有凹凸不平的现象。

（3）涂层质量。补过的涂层往往有以下质量问题：丰满度不如原车的涂层，涂层表面有流痕，表面有不规则的小麻坑，表面有小麻点。

通过检查上述质量问题，可以判断一辆车以前被撞面积的大小，车身可能受过多大的损伤。购车者假如发现涂层表面有龟裂现象，如果车未被撞过，那么该车至少已使用了大约10年。

2. 车身车门部分

（1）与车身成45°角看车顶与车门交合线。方法如下：站在车前照灯旁，半蹲身子观看车顶与车门交合处两条线和雨槽是否平直，如图3—5所示。如果有扭曲，这辆车一定被侧撞过。要注意不要只看一边，对车的两边都要观察。

图3—5　观察车顶与车门交合处两条线和雨槽

（2）观察横贯车辆首尾的“腰线”。如果腰线是凹凸不平或扭曲的，则车辆很可能发生过剐蹭。在汽车的钣金维修中，“面”的找平及修复相对来说比“线”的修复要简单一些。

（3）看车门。车门基本上是方形。如果车门被撞后没有换新门，很难将旧门复原。若将车门竖线对正了，上部与车顶的门框横线就会倾斜；反之，将上面的横线对正了，车门与车B柱和另一扇门的竖线又会有一定的偏差。这主要是碰撞造成的车门铰链变形的结果。车门与车B柱间的竖线如图3—6所示。

(4) 看门框。直接打开车门，扯下或拉下镶嵌在门框四周的橡胶密封条查看门框。原装门框的边沿都分布有均匀的凹陷点，形状、大小及各凹陷点之间的距离都是相同的。这些点是汽车制造厂的碰焊机器人产生的，修过的车门框会留下维修的痕迹。

(5) 看三柱。车辆都有 A、B、C 三柱，就像房屋四周的几根柱子一样。有些二手车是从国外走私或拼装的车辆，一般是把车顶拦腰切下来，去掉顶部，然后到达目的地后又将顶部焊接起来，可以将整车变成零部件而逃避整车税。但是，重新焊接后的车辆，在 A、B、C 三柱的根部一定会留下焊接及刮灰的痕迹。只要仔细观察就会发现。

图 3—6　车门与车 B 柱间的竖线

3. 行李厢部分

查看行李厢开口处左右两边的钣金件或与后保险杠的接合处，翻开行李厢下的地毯，检视该处有无烧焊过的痕迹。虽然现在的钣金技术已经非常先进，但只要细心观察，还是能够分辨出是否进行过钣金维修。如果车辆维修得比较粗糙，可能存在下雨天行李厢漏水的问题。

打开行李厢，观察里面的清洁程度，看是否有水印和油迹。同时，用鼻子嗅气味，看是否有霉味。如果以上情况都存在，说明车主平时不爱保养车，损害的程度一定很大。

技术提示

车身在外力作用下变形的特点

现代轿车广泛采用无骨架承载式车身，它没有车架，发动机和底盘各总成直接固定在车身相应部位上，汽车行驶中各种载荷均由车身承受。发生汽车碰撞、翻车等意外事故时，车身变形较严重。

承载式车身的损伤不仅是受到大的载荷作用而造成的，也可能因为车门等部件磨损，使各部件经常处于非正常工作状态而造成的。由于承载式车身没有车架，壳体主要是用薄板类构件组焊或装配起来的，当发生碰撞事故时，对整体变形的影响一般都比较大。碰撞冲击作用于车身的各构件上，使冲击能量不断被吸收、衰减，最终以弯曲、扭转、凹陷等变形损伤体现出来。

1. 前车身的变形特点

前车身的变形主要是由正面碰撞事故造成的，其变形倾向与冲击力的大小、方向和碰撞对象相关，如图 3—7 所示。当冲击力 F_0 作用于纵梁的前端部时，首先要造成 A 点和 B 点的损伤，表现为弯曲、折叠和上、下翼子板的变形等；冲击力通过 C 点时还会造成更大程度的变形；冲击力进一步波及、延伸，使纵梁后部的 D 点、E 点和 F 点形成微小的波折，并使与之连接的翼子板、底板受剪力作用，横梁的装配位置发生变化，影响前轮定位。如果冲击力的作用点偏高，将由翼子板内侧的支承板直接吸收冲击能量；该构件上预留的开口（卷皱区）首先发生变形，而与乘客室安全相关的底板等的变形却较小。

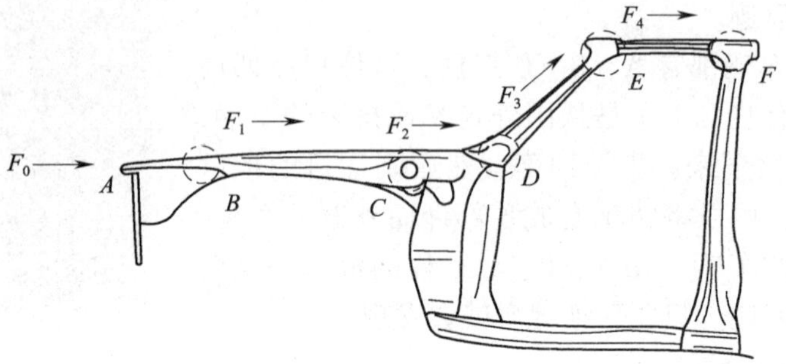

图 3—7　前车身碰撞的力传递与变形特点

2．后车身的变形特点

后车身的变形主要是由于倒车或追尾事故造成的，其变形规律和损伤倾向与前车身大致相同。追尾碰撞不仅会使保险杠、行李厢等发生严重损坏，也会使拱形梁弯曲、后悬架失准。当然，更大冲击力的波及作用同样也会导致车身壁板、底板、后围板乃至车顶、窗柱、门柱等的变形。

3．车身中部的变形特点

车身中部的变形是由于侧向碰撞而产生的。即使是较为轻度的侧向碰撞，也会使车身壁板受到损伤；较为严重的碰撞还有可能使车门、中柱、车顶等发生变形。尤其是前车身或后车身受到垂直方向上的重度碰撞时，所产生的冲击力还会转移到车身的另一侧。而且，如果前车身的中部（相当于横梁的位置）受到冲击时，将使车轮被推向内侧并诱发悬架横移，轮距、轴距、前轮定位参数等也随之改变，造成的危害更大。侧向碰撞有时还会影响到发动机、转向系统部件的正确装配。

对于中间车身发生的碰撞，其冲击力的转移也会殃及车顶，路径主要是中柱和前、后窗柱。然而，对车顶伤害最大的还是倾翻或落体的砸击。这种冲击不仅使顶盖、顶梁和边梁弯曲，而且还会使前、后窗柱与中柱变形。

4．底盘部分

仔细检查水箱罩和横梁等是否有拉直或烧焊的痕迹；底盘是否有锈蚀或漏洞；车身橡胶密封条是否有裂损或漏雨现象；底盘大梁是否有弯曲或烧焊的痕迹等。检查轮胎磨损程度，有条件时要实际试车，感觉一下行驶时转向的感觉，从而判断该车车轮定位及转向系统和悬架部分各球头的好坏。另外，通过简单的驾驶还能判断该车离合器及变速器或自动变速器的性能。通过目视检查减振器是否漏油；用手由上向下按压车身，体会减振器阻尼作用的好坏；检查驻车制动是否好用。

5. 内饰检查

汽车内饰检查如图 3—8 所示。

(1) 座椅及地毯。若座椅松动或严重磨损、凹陷，此时应该进行维修。从地毯磨痕可推断出汽车的使用频繁程度，若为新地毯，更要注意检查真实车况。

图 3—8　汽车内饰检查

(2) 打开空调，观察冷气和暖气是否良好，同时注意体会在压缩机运转时是否伴随异常噪声和车身的严重抖动。

(3) 一般来说，汽车每年行驶 20 000 ~ 30 000 km，累计里程过少不一定是好现象，很可能被更改过。

(4) 检查仪表板和汽车外部所有灯光及控制系统是否完好。

(5) 现代轿车配备多种电子设备，注意观察发动机故障灯、安全气囊灯、ABS 灯及其他报警灯是否在车辆起动后长时间内不熄灭，或在打开点火开关后根本不点亮，这些都表明存在故障。

(6) 检查驻车制动是否好用。

二、发动机检查

1. 发动机舱盖

(1) 外观。仔细查看翼子板与发动机舱盖留有的缝隙是否均匀，风窗玻璃之间的间隙是否均匀，是否留有原车的胶漆，这些都是检查的重点，如图 3—9 所示。

图 3—9　仔细查看翼子板的密合度与发动机舱盖留有的缝隙是否均匀

(2) 内部。如图 3—10 所示，发动机舱内的检查要更加重视，打开发动机舱盖时先检查一下其内侧，如果有烤过漆的痕迹，表示这片盖板发生过碰撞，因为一般不会在此处烤漆，因为不具有美观的价值。然后检查发动机前部的端框，该部件往往是固定水箱和冷凝器的，同时它还是前照灯定位和调整的基准，所以非常重要。

2. 发动机及附件

图 3—10　发动机舱内部的检查

（1）检查水箱。打开发动机舱盖，首先检查水箱部分。检查时应是冷车状态，否则很容易被溅出的冷却液烫伤。打开水箱盖后，注意观察冷却液面上是否有其他的异物漂浮，如锈蚀的粉屑、不明的油污等。如果发现有油污浮起，表示可能有机油渗入冷却液内；如果发现浮起的异物是锈蚀的粉屑，表示水箱内的锈蚀情况已经很严重。一旦发现有上述情况，都表示该车的发动机状况不是很好，需特别注意。

（2）检查变速器。如果变速器渗油比较严重，此时也应该特别注意。

（3）检查蓄电池。蓄电池的使用寿命大约是两年，因此在检查蓄电池时，可先注意蓄电池上的制造日期。如果表明已经超过两年，则表示这个蓄电池快要报废了。如果决定要购买这部车，可以要求卖车者更换新的蓄电池，也可以要求减价，否则用不了多久就会因为蓄电池没电而无法行驶。

（4）检查空气滤清器。打开空气滤清器的盒盖，查看里面的清洁程度。如果灰尘很多，滤芯很脏，则表示这部车的使用程度较高，而且该车的车主对车的保养也较差，没有定期更换滤芯。由此可设想，一部车的保养差，车况也不会太好。

（5）检视机油尺。检视机油尺前，先准备好白色的抹布或纸巾。在找到机油尺的位置后，先将机油尺拉起，用准备好的抹布或纸巾将机油尺擦干净，然后检查抹布或纸巾上留下的机油颜色。如果机油呈暗褐色，则表示该换机油了，而且车主的保养习惯很差；如果机油呈黏稠状，也表示保养较差，很少更换机油；如果机油含有水分就更严重了，这种发动机进水的情形会让水、机油混合而呈现乳白色的色泽，对发动机的伤害非常大。

另外，一般机油尺上都有高、低油位的标记，如果液位在标记之间，则表示正常。因此，可将擦干净的机油尺再次从油箱中拉出来，检查机油尺上的油位。如果油位过低，则表示这部车可能有漏机油的情况，车况欠佳。

总体来说，如果在挑选二手车时注意了以上几个方面，车辆整体性能方面就可以放心了。

三、汽车技术状况的动态检查

汽车技术状况的动态检查包括发动机运转状况检查和汽车路试检查。

1．发动机运转状况检查

在进行发动机运转状况检查前，首先检查发动机润滑油量及冷却液量。

（1）发动机起动性能检查。发动机应能正常起动。一般起动不应超过 2 次，每次起动时间不超过 10 s。起动时应无异常响声。

（2）发动机怠速运转检查。发动机起动后，使其怠速运转。对于电子燃油喷射式发动机，当冷却液温度较低时，发动机应以快怠速转速运转。发动机怠速运转应平稳，转速波动应小于 50 r/min。发动机怠速运转时，检查各仪表工作状况以及电源系统充电情况。

（3）加速踏板控制检查。待冷却液温度、油温正常后，通过改变节气门开度，检查发动机在各种转速下运转是否平稳，改变转速时过渡应圆滑。当加速踏板踩到底时，迅速释放加速踏板，观察发动机转速是否能迅速由高速到低速灵活反应，发动机不能怠速熄火。在发动机加速运转过程中，检查发动机有无“敲缸”现象和气门运动噪声。在规定转速下，发动机机油压力应符合有关规定。

（4）发动机窜油、窜气检查。打开润滑油加注口，缓缓踩下加速踏板，如果窜气严重，用肉眼可以观察到油雾。若窜气不严重，可用一张白纸放在离润滑油加注口 50 mm 左右处，然后加速，若发动机窜油、窜气，白纸上会有油迹，严重时油迹面积较大。

（5）检查排气颜色。汽油发动机正常工作时排出的气体应无色，柴油发动机带负荷工作时，排出的气体一般为淡灰色。当负荷较大时，可为深灰色。当排出的气体为蓝色时，表明润滑油窜入燃烧室燃烧，可能为活塞、活塞环与气缸之间配合间隙过大，气缸磨损严重造成。当排出的气体为黑色时，表明混合气过浓或点火时间过迟。

（6）发动机熄火检查。对于汽油发动机，关闭点火开关后，发动机应能正常熄火。对于柴油发动机，停机装置应灵活、有效。

2．汽车路试检查

汽车路试检查一般进行 15 ~ 30 min。汽车路试检查应在平坦、硬实、干燥、清洁的道路上进行。

（1）传动系工况检查。从起步连续换挡加速至最高挡，再由最高挡逐步减到低速挡，离合器应接合平稳，分离彻底，操作轻便，无异常响声。变速器应换挡轻便，准确可靠，无异常响声。传动轴及中间轴承应工作正常，无松旷、异响。差速器、主减速器应工作正常、无异响。

（2）转向操纵工况检查。在宽敞路段，汽车行驶过程中向左、向右转动转向盘，转向应灵活、轻便。当将转向盘撒手时，转向轮应能自动回正。汽车直线行驶时，不得有跑偏、转向轮摆振现象。

（3）制动性能检查：

1）点刹制动检查。当汽车以 20 km/h 初速度直线行驶时，急踩制动踏板后迅速放松，汽车应无明显跑偏现象，制动协调时间和制动释放时间应无异常。当汽车以 50 km/h 初速度直线行驶时，迅速将制动踏板踩到底，机动车应能立即减速、停车，不允许有制动跑偏、甩尾现象。

2）制动系统辅助装置检查。对于气压制动系统的汽车，当制动系统的气压低于400 kPa 时，气压报警装置应发出报警信号。对于装备有弹簧储能制动器的汽车，当制动系统的气压低于 400 kPa 时，弹簧储能制动器自锁装置应正常、有效。

技术提示

根据国家标准《机动车运行安全技术条件》（GB 7258—2017），二手车评估中经常需要的检测标准如下：

6.4　机动车方向盘的最大自由转动量应小于或等于

a）最大设计车速大于或等于 100 km/h 的机动车：15°；

b）三轮汽车：35°；

c）其他机动车：25°。

7.10.2.1　用制动距离检验行车制动性能

机动车在规定的初速度下的制动距离和制动稳定性要求应符合表3—2的规定。对空载检验的制动距离有质疑时，可用表3—2规定的满载检验制动距离要求进行。

制动距离：是指机动车在规定的初速度下急踩制动时，从脚接触制动踏板（或手触动制动手柄）时起至机动车停住时止机动车驶过的距离。

制动稳定性要求：是指制动过程中机动车的任何部位（不计入车宽的部位除外）不超出规定宽度的试验通道的边缘线。

表3—2　制动距离和制动稳定性要求

机动车类型	制动初速度（km/h）	空载检验制动距离要求（m）	满载检验制动距离要求（m）	试验通道宽度（m）
乘用车	50	≤19.0	≤20.0	2.5
总质量小于等于3 500 kg的低速货车	30	≤8.0	≤9.0	2.5
其他总质量小于等于3 500 kg的汽车	50	≤21.0	≤22.0	2.5
铰接客车、铰接式无轨电车、汽车列车（乘用车列车除外）	30	≤9.5	≤10.5	3.0[a]
其他汽车、乘用车列车	30	≤9.0	≤10.0	3.0[a]

[a] 对车宽大于2.55 m的汽车和汽车列车，其试验通道宽度（单位：m）为“车宽（m）+0.5”

9.1.3　同一轴上的轮胎规格和花纹应相同，轮胎规格应符合整车制造厂的规定。

9.1.4　乘用车用轮胎应有胎面磨耗标志。乘用车备胎规格与该车其他轮胎不同时，应在备胎附近明显位置（或其他适当位置）装置能永久保持的标识，以提醒驾驶人正确使用备胎。

9.1.6　乘用车、挂车轮胎胎冠花纹上的花纹深度应大于等于1.6 mm，摩托车轮胎胎冠花纹上的花纹深度应大于等于0.8 mm；其他机动车转向轮的胎冠花纹深度应大于等于3.2 mm，其余轮胎胎冠花纹深度应大于等于1.6 mm。

9.2.2　车轮总成的横向摆动量和径向跳动量，总质量小于或等于3 500 kg的汽车应小于等于5 mm，摩托车应小于等于3 mm，其他机动车应小于等于8 mm。

（4）汽车动力性检查。汽车动力性可以通过最高车速和加速能力来评价，利用原车的最高车速和原地起步加速时间作为参照指标进行检查。

（5）汽车滑行性能检查。通过汽车滑行性能试验，检查汽车装配及调整状况。汽车空载以初速度 30 km/h 行驶，摘挡滑行应满足的要求如下：整备质量≤4 t，滑行距离≥160 m；整备质量为 4 ~5 t，滑行距离≥180 m。

3. 汽车动态试验后的检查

（1）检查各部件温度：

1）检查润滑油、冷却液温度。冷却液温度应不超过 90℃，发动机润滑油温度应不高于 95℃，齿轮油温度应不高于 85℃。

2）检查运动机件过热情况。查看轮毂、制动鼓、变速器壳、传动轴、中间轴承、驱动桥壳等的温度，不应有过热现象。

（2）检查渗漏现象。在发动机运转及停车时，水箱、水泵、缸体、缸盖、暖风装置及所有连接部位不得有明显渗水、漏水现象。汽车连续行驶距离不小于 10 km，停车 5 min 后观察，不得有明显渗油、漏油现象。

对于气压制动汽车，在气压升至 600 kPa 且不使用制动的情况下，停止空气压缩机 3 min 后，气压的降低值应不大于 10 kPa。在气压为 600 kPa 的情况下，将制动踏板踩到底，待气压稳定后观察 3 min，气压的降低值应不大于 20 kPa。对于液压制动汽车，在保持踏板力 700 N 时 1 min，踏板不允许有缓慢向前移动的现象。

第三节　车辆技术状况鉴定有关要求

一、车身

（1）参照图 3—11 所示，按照表 3—3、表 3—4 要求检查 26 个项目，程度为 1 的扣 0.5 分，每增加 1 个程度加扣 0.5 分。共计 20 分，扣完为止。轮胎部分需高于程度 4 的标准，不符合标准扣 1 分。

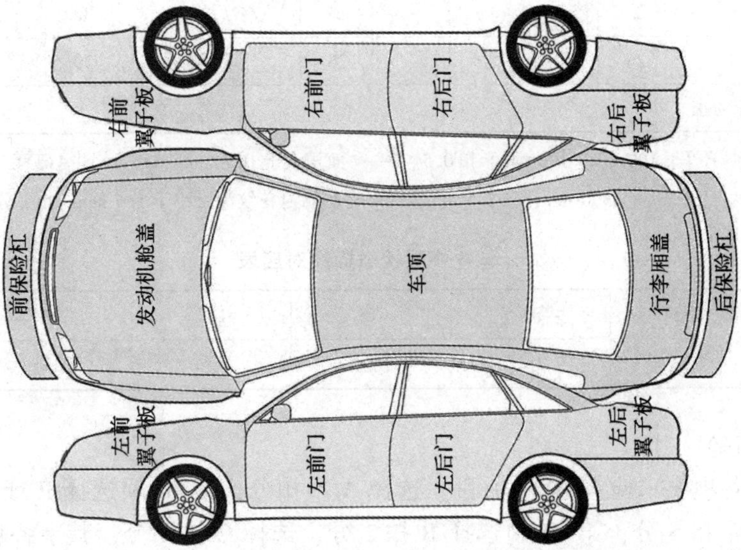

图 3—11　车身外观展开图

（2）使用车辆外观缺陷测量工具与漆面厚度检测仪结合目测法对车身外观进行检测。

（3）根据表3—3、表3—4描述缺陷，车身外观项目的转义描述如下：

车身部位 + 状态 + 程度。

例1：21HH2对应描述如下：左后车门有划痕，面积大于100 mm×100 mm，小于等于200 mm×300 mm。

例2：34LW1对应描述如下：前风窗玻璃有裂纹，面积小于100 mm×100 mm。

表3—3　　车身外观部位代码与评分表

序号	部位	代码	扣分			序号	部位	代码	扣分		
			0.5	1	1.5				0.5	1	1.5
1	发动机舱盖表面	14				14	后保险杠	27			
2	左前翼子板	15				15	左前轮	28			
3	左后翼子板	16				16	左后轮	29			
4	右前翼子板	17				17	右前轮	30			
5	右后翼子板	18				18	右后轮	31			
6	左前车门	19				19	前照灯	32			
7	右前车门	20				20	后尾灯	33			
8	左后车门	21				21	前风窗玻璃	34			
9	右后车门	22				22	后风窗玻璃	35			
10	行李厢盖	23				23	四门风窗玻璃	36			
11	行李厢内侧	24				24	左后视镜	37			
12	车顶	25				25	右后视镜	38			
13	前保险杠	26				26	轮胎	39			
共计20分，扣完为止											

程度：1——面积小于等于100 mm×100 mm，扣0.5。2——面积大于100 mm×100 mm并小于等于200 mm×300 mm，扣1分。3——面积大于200 mm×300 mm，扣1.5分。4——轮胎胎冠花纹深度小于1.6 mm，扣1分。

表3—4　　车身外观状态描述对应表

代码	HH	BX	XS	LW	AX	XF
描述	划痕	变形	锈蚀	裂纹	凹陷	修复痕迹

二、发动机舱

按表3—5各项要求检查10个项目。选择A不扣分，第40项选择B或C扣15分；第41项选择B或C扣5分；第44项选择B扣2分，选择C扣4分；其余各项选择B扣1.5分，选择C扣3分。共计20分，扣完为止。

表 3—5　　发动机舱检查项目作业表

序号	项目	检查项目	A	B	扣分	C	扣分
1	40	机油有无冷却液混入	无	轻微	15	严重	15
2	41	缸盖外是否有机油渗漏	无	轻微	5	严重	5
3	42	前翼子板内缘、水箱框架、横拉梁有无凹凸或修复痕迹	无	轻微	1.5	严重	3
4	43	散热器格栅有无破损	无	轻微	1.5	严重	3
5	44	蓄电池电极桩有无腐蚀	无	轻微	2	严重	4
6	45	蓄电池电解液有无渗漏、缺少	无	轻微	1.5	严重	3
7	46	发动机传动带有无老化	无	轻微	1.5	严重	3
8	47	油管、水管有无老化、裂痕	无	轻微	1.5	严重	3
9	48	线束有无老化、破损	无	轻微	1.5	严重	3
10	49	其他	只描述缺陷，不扣分				
共计 20 分，扣完为止							

如检查第 40 项时发现机油有冷却液混入，检查第 41 项时发现缸盖外有机油渗漏，则应在《二手车鉴定评估报告》或《二手车技术状况鉴定书》的技术状况缺陷描述中分别予以注明，并提示修复前不宜使用。

三、驾驶舱

按表 3—6 各项要求检查 15 个项目。选择 A 不扣分，第 50 项选择 C 扣 1.5 分；第 51、52 项选择 C 扣 0.5 分；其余项目选择 C 扣 1 分。共计 10 分，扣完为止。

表 3—6　　驾驶舱检查项目作业表

序号	项目号	检查项目	A	C	扣分
1	50	车内是否无水泡痕迹	是	否	1.5
2	51	车内后视镜、座椅是否完整、无破损、功能正常	是	否	0.5
3	52	车内是否整洁、无异味	是	否	0.5
4	53	转向盘自由行程转角是否小于 15°	是	否	1
5	54	车顶及周边内饰是否无破损、松动及裂缝和污迹	是	否	1
6	55	仪表板是否无划痕，配件是否无缺失	是	否	1
7	56	排挡把手柄及护罩是否完好、无破损	是	否	1
8	57	储物盒是否无裂痕，配件是否无缺失	是	否	1
9	58	天窗是否移动灵活，关闭正常	是	否	1
10	59	门窗密封条是否良好、无老化	是	否	1

续表

序号	项目号	检查项目	A	C	扣分
11	60	安全带结构是否完整，功能是否正常	是	否	1
12	61	驻车制动系统是否灵活、有效	是	否	1
13	62	玻璃窗升降器、门窗工作是否正常	是	否	1
14	63	左、右后视镜折叠装置工作是否正常	是	否	1
15	64	其他	只描述缺陷，不扣分		
共计10分，扣完为止					

如检查第60项时发现安全带结构不完整或者功能不正常，则应在《二手车鉴定评估报告》或《二手车技术状况鉴定书》的技术状况缺陷描述中予以注明，并提示修复或更换前不宜使用。

四、起动

按表3—7各项要求检查10个项目。选择A不扣分，第65、66项选择C扣2分；第67项选择C扣1分；第68~71项选择C扣0.5分；第72、73项选择C扣10分。共计20分，扣完为止。

如检查第66项时发现仪表板指示灯显示异常或出现故障报警，则应查明原因，并在《二手车鉴定评估报告》或《二手车技术状况鉴定书》的技术状况缺陷描述中予以注明。

优先选用车辆故障信息读取设备对车辆技术状况进行检测。

表3—7　　起动检查项目作业表

序号	项目号	检查项目	A	C	扣分
1	65	车辆起动是否顺畅（时间少于5 s，或一次起动）	是	否	2
2	66	仪表板指示灯显示是否正常，无故障报警	是	否	2
3	67	各类灯光和调节功能是否正常	是	否	1
4	68	泊车辅助系统工作是否正常	是	否	0.5
5	69	防抱死制动系统（ABS）工作是否正常	是	否	0.5
6	70	空调系统风量和方向调节、分区控制、自动控制、制冷工作是否正常	是	否	0.5
7	71	发动机在冷、热车条件下怠速运转是否稳定	是	否	0.5
8	72	怠速运转时发动机是否无异响，空挡状态下逐渐增加发动机转速，发动机声音过渡是否无异响	是	否	10
9	73	车辆排气是否无异常	是	否	10
10	74	其他	只描述缺陷，不扣分		
共计20分，扣完为止					

五、路试

按表3—8各项要求检查10个项目。选择A不扣分，选择C扣2分。共计15分，扣完为止。

如果检查第80项时发现制动系统出现制动距离长、跑偏等不正常现象，则应在《二手车鉴定评估报告》或《二手车技术状况鉴定书》的技术缺陷描述中予以注明，并提示修复前不宜使用。

表3—8　　路试检查项目作业表

序号	项目	检查项目	A	C	扣分
1	75	发动机运转、加速是否正常	是	否	2
2	76	车辆起动前踩下制动踏板，保持5～10 s，踏板无向下移动的现象	是	否	2
3	77	踩住制动踏板起动发动机，踏板是否向下移动	是	否	2
4	78	行车制动系统最大制动效能在踏板全行程的4/5以内达到	是	否	2
5	79	行驶是否无跑偏	是	否	2
6	80	制动系统工作是否正常有效且制动不跑偏	是	否	2
7	81	变速器工作是否正常、无异响	是	否	2
8	82	行驶过程中车辆底盘部位是否无异响	是	否	2
9	83	行驶过程中车辆转向部位是否无异响	是	否	2
10	84	其他	只描述缺陷，不扣分		
共计15分，扣完为止					

六、底盘

按表3—9各项要求检查8个项目。选择A不扣分，第85、86项，选择C扣4分；第87、88项，选择C扣3分；第89、90、91项，选择C扣2分。共计15分，扣完为止。

表3—9　　底盘检查项目作业表

序号	项目	检查项目	A	C	扣分
1	85	发动机油底壳是否无渗漏	是	否	4
2	86	变速器箱体是否无渗漏	是	否	4
3	87	转向节臂球销是否无松动	是	否	3
4	88	三角臂球销是否无松动	是	否	3
5	89	传动轴十字轴是否无松旷	是	否	2
6	90	减振器是否无渗漏	是	否	2
7	91	减振弹簧是否无损坏	是	否	2
8	92	其他	只描述缺陷，不扣分		
共计15分，扣完为止					

七、功能性零部件

对表3—10各项部件功能进行检查。结构、功能损坏的，直接进行缺陷描述，不计分。

表3—10　　车辆功能性零部件项目表

序号	类别	零部件名称	序号	类别	零部件名称
93	车身外部件	发动机舱盖锁止	104	驾驶舱内部件	中央集控
94		发动机舱盖液压支承杆	105	随车附件	备胎
95		后门/行李厢液压支承杆	106		千斤顶
96		各车门锁	107		轮胎扳手及随车工具
97		前、后刮水器	108		三角警示牌
98		立柱密封胶条	109		灭火器
99		排气管及消声器	110	其他	全套钥匙
100		车轮轮毂	111		遥控器及功能
101	驾驶舱内部件	车内后视镜	112		喇叭高、低音色
102		座椅调节及加热	113		玻璃加热功能
103		仪表板出风管道			

八、事故车鉴定

1．事故车检查作业流程

车辆的事故情况对车况的整体评定非常重要，在二手车的检查评估操作中最应关注的就是对车辆事故情况的判断。事故车等级是通过车身撞击受损程度来判断的。事故车经修复后仍然会留下痕迹，寻找事故痕迹或者经过修复后车辆的特征是事故车鉴别的核心，当然，通过使用全自动车身电子检测仪或者漆膜厚度检测仪可以准确判断是否是事故车，如果没有上述仪器，可以从以下三个方面运用实际经验来判断。

（1）事故车辆的骨架受损而且无法完全修复，所以从发动机舱、行李厢以及地板处观察车辆骨架是检查的重点。

（2）事故车修复后一般在整体外观上没有明显缺陷，但是会在很多细部留下痕迹，所以要从外观的细节上去发现。

（3）事故车受到撞击而致骨架变形、车身整体性能下降、车轮定位改变等问题不能完全修复，所以从动态行驶中也可发现问题。

车体左右对称性、左A柱、左B柱、左C柱、右A柱、右B柱、右C柱、左右前纵梁、左右前减振器悬架部位、左右后减振器悬架部位受损状况是判断事故车的依据，在实际业务操作中，一般采用分8步依次检查的方法（见图3—12），顺时针绕车一周后，可以完成事故车的全部检查。事故车辆的检查遵循由外到内、由表及里的原则，通过车身各部分的异常情况发现骨架部分的损伤。

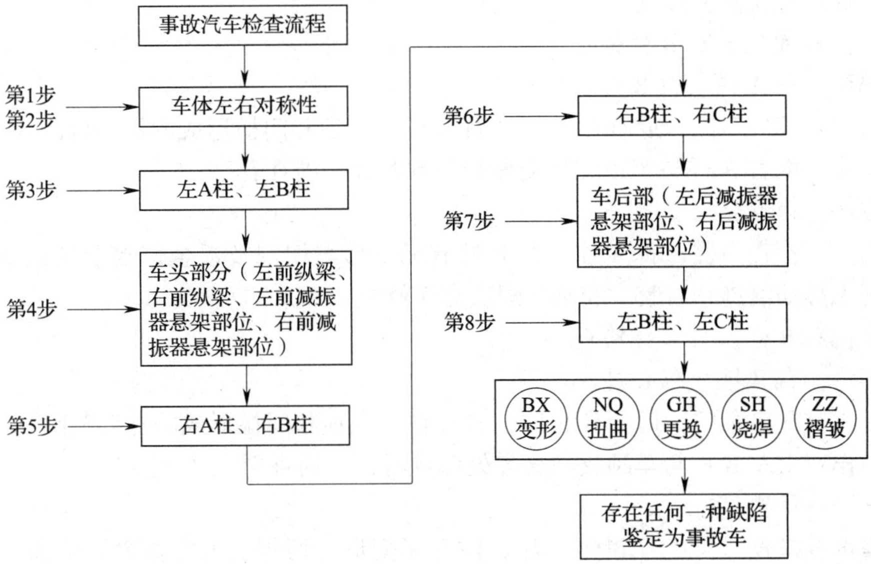

图 3—12　事故汽车检查流程

第 1 步、第 2 步：右前方 45°和左前方 45°检查。

检查部位：车体覆盖件，轮胎定位。

检查流程：由远（距车前 2 m 处 45°）及近（1 步 45°），远观。

基本动作：先站后蹲，从下到上，视线与腰线平行。

检查方法：目测，大致记录，在检查到具体部件时再仔细鉴定。

检查要点：观察车身线条（腰线）是否顺畅；观察各部件接缝处是否均匀；查看前后车门、翼子板是否变形，是否有明显修复痕迹，有无色差；观察轮胎位置与倾斜角度；观察左、右部件是否对称。

第 3 步：左 A 柱、左 B 柱检查。

检查部位：左 A 柱、左 B 柱。

检查流程：开启车门，近看左 A 柱、左 B 柱、车顶和门槛形成的框架范围。

基本动作：由左 A 柱与车顶支柱交界处起顺时针一周查看。

检查方法：目测。

检查要点：检查门槛、左 A 柱、左 B 柱有无变形、切割、钣金修复及喷涂状况，车门铰链螺栓有无拧动痕迹，封胶、胶条、焊点状况。

第 4 步：车头部分，即右前纵梁、左前纵梁、右前减振器悬架、左前减振器悬架检查。

检查部位：前纵梁、前减振器悬架。

检查流程：开启发动机舱盖，近看发动机舱内部情况。

基本动作：从发动机舱盖右侧铰链开始逆时针查看发动机舱。

检查方法：目测。

检查要点：检查纵梁有无变形、切割、吸能孔变形情况，减振器悬架螺栓有无拧动痕迹，封胶、焊点有无修复痕迹。

第5步：右A柱、右B柱检查。

检查部位：右A柱、右B柱。

检查流程：开启车门，近看右A柱、右B柱、车顶和门槛形成的框架范围。

基本动作：由右A柱与车顶支柱交界处起顺时针一周查看。

检查方法：目测。

检查要点：检查门槛、右A柱、右B柱有无变形与切割及钣金修复及喷涂状况，车门铰链螺栓有无拧动痕迹，封胶、胶条、焊点有无修复。

第6步：右B柱、右C柱检查。

检查部位：右B柱、右C柱。

检查流程：开启车门，近看右B柱、右C柱、车顶和门槛形成的框架范围。

基本动作：由左B柱与车顶支柱交界处起顺时针一周查看。

检查方法：目测。

检查要点：检查门槛、右B柱、右C柱有无变形、切割、钣金修复及喷涂状况，车门铰链螺栓有无拧动痕迹，封胶、胶条、焊点是否修复过。

第7步：后部检查。

检查部位：左后减振器悬架、右后减振器悬架。

检查流程：开启行李厢盖，查看左后减振器悬架、右后减振器悬架情况。

基本动作：打开行李厢盖，掀开饰板查看后减振器情况。

检查方法：目测。

检查要点：检查减振器悬架螺栓有无拧动痕迹，封胶、焊点状况，是否存在变形、切割、焊接痕迹。

第8步：左B柱、左C柱检查。

检查部位：左B柱、左C柱。

检查流程：开启车门，近看左B柱、左C柱、车顶和门槛形成的框架范围。

基本动作：由左B柱与车顶支柱交界处起顺时针一周查看。

检查方法：目测。

检查要点：检查门槛、左B柱、左C柱有无变形、切割、钣金修复及喷涂状况，车门铰链螺栓有无拧动痕迹，封胶、胶条、焊点状况。

2. 事故车辆检查示例

品牌：宝马3系420Li超悦版时尚型。

背景：车辆证件齐全。

第1步、第2步：车体左右对称。

先从车的右前45°直立和半蹲观察，然后从车的左前45°直立和半蹲观察，检查车体左右对称情况。经检查，车体左右对称，符合标准。

第3步：检查左A柱、左B柱。

经检查确认，该范围无明显碰撞、修复痕迹。

第 4 步：车头部分检查。

经检查确认，该范围无明显碰撞、修复痕迹。

第 5 步：检查右 A 柱、右 B 柱。

经检查确认，该范围无明显碰撞、修复痕迹。

第 6 步：检查右 B 柱、右 C 柱。

经检查确认，该范围无明显碰撞、修复痕迹。

第 7 步：后部检查。

经检查确认，该车后部无明显碰撞、修复痕迹。

第 8 步：左 B 柱、左 C 柱。

经检查确认，左侧 B 柱有轻微变形，记录为 3BX，由此判断该车为事故车。

综合上述 8 步的检查结果，该车左侧 B 柱有轻微变形，确认该车为事故车。

第四节　二手车的 1 000 分检查

为了详细地全面检查汽车，特别是价格较高的二手车，可以进行 1 000 分的详细检查。在以下的检查项目中，若出现问题，则从总分 1 000 分中扣去相应的分值，若车辆的同一问题在不同的检查项目中重复出现，只扣取最高分。数值表明相对重要度，最后剩余的分数越高，表明车辆状况越好。二手车的 1 000 分检查包括三个部分，即静态检查（555 分）、原地起动检查（264 分）、路试检查（181 分）。

一、静态检查

汽车静态检查项目见表 3—11。

表 3—11　　静态检查项目

项目	动作内容	检查	可能的问题	分值	评分
转向盘	上下摇动	是否松动	主轴上部磨损	2	
	转动转向盘，调整高度	游隙是否正常	转向盘使用频繁，整个转向系统包括横拉杆等连接部分	3	
喇叭	按喇叭	响声是否正常	喇叭簧片、继电器	1	
风窗玻璃、洗涤器	喷洗风窗	喷嘴是否流畅	电动机坏，堵塞，缺水	2	
刮水器	启动刮水器	应无松旷，角度正常	机构松动	1	
各种按钮	操作一遍	指示灯应正常、回位正常	失效	1	
座位	调整位置、角度	滑槽、定位、锁止	固定不稳	2	
	观察滑槽磨损情况	反映调整的频度	多人用车	1	
遮阳板	翻动遮阳板	外观、支架	卡住	1	

续表

项目	动作内容	检查	可能的问题	分值	评分
加速踏板	踩下、松开踏板	应顺畅	连杆机构拉索	1	
制动踏板	踩下、松开踏板	游隙小，有力	油路、执行机构	2	
离合器踏板	踩下、松开踏板	间隙是否合适	离合器片磨损	10	
		踩踏是否沉重	分离机构	4	
驻车制动拉杆	拉起、放松	弹簧作用应灵敏，有一定多余空间		3	
变速器、排挡杆	依次挂挡	咬合明确		1	
油压灯	打开开关	油压灯是否亮	不亮，灯泡坏	1	
充电指示灯	打开开关	充电指示灯是否亮	不亮，灯泡坏	1	
燃油表	打开开关	指示是否正确	线路或仪表坏	2	
水温表	打开开关	指示是否正确	线路或仪表坏	2	
阻风门	拉出、压紧	是否顺畅	机构磨损而卡住	1	
发动机机油	打开发动机舱盖检查机油尺；观察气缸盖、挺杆罩等	检查机油容量及是否泄漏；检查洁净程度	漏油	10	
		是否色泽混浊呈乳白色	发动机进水	20	
		机油尺是否有金属屑	曲轴、连杆严重磨损	50	
冷却液	观察水箱补液罐液面、给水管各部分夹子处、水泵和散热器等的接合处	是否泄漏		10	
制动液	观察制动液液面是否正常；底盘下的制动液管上的污泥；手摸总泵外表面	是否渗漏		5	
各电线接头	拨动蓄电池极桩头、蓄电池至起动装置的电线两端、搭铁线、点火线圈、分电盘线圈	是否松动、有无自行搭铁	线束短路	10	
插头与夹子	拨动插接件、固定夹子、卡子等	是否松动		2	

续表

项目	动作内容	检查	可能的问题	分值	评分
蓄电池	查看制造日期，前照灯打开时起动发动机	检查使用寿命，检查发动机是否顺利起动，检查蓄电池电压	使用寿命一般为两年，不能起动则电力不足	10	
传动带	按压、摇动传动带	松紧度	松弛、老化	2	
空气滤清器	打开空气滤清器盖	是否有污物		1	
水箱散热器片	观察折损、弯曲状况	平整情况	事故车修复	10	
风窗玻璃	观察四周密封胶条	胶条是否新的	玻璃曾破损	20	
车窗玻璃	升降	感觉是否顺畅，观察密封性		10	
熔丝	打开各处熔丝盒	检查是否熔断，有无备份		2	
座椅	按压	感觉回弹情况	过度使用	1	
烟灰盒、点烟器等	检查	状态	车辆使用、保养不当	2	
发动机舱	检查	周边及下方有无油污	气缸垫漏油	20	
排气管	戴手套摸排气管内壁	灰渍是否呈黑灰色、黑色且有黏稠液体	发动机燃烧不完全，漏机油，发动机可能部分损坏	20	
水箱	检查冷却液液面	是否有漂浮物	有锈蚀粉屑为水箱内锈蚀严重，有油污则为机油渗漏	10	
变速器	检查变速器油	观察颜色是否为红色或棕色；闻味道；是否漏油	红色表示正常，棕色表示发生故障；焦煳味为磨损严重	23	
轮胎	检查磨损情况、轮胎型号	磨损是否不均匀，是否补过	车轮定位、悬架有问题	20	
车辆水平度	车辆水平放置，自后向前看	不平	轮胎磨损，减振器、弹簧坏，悬架有问题	20	
车身、发动机	检查	清晰度	积压车	10	
车身外表	使自己的视线与被检钣金件表面保持水平，观察车身表面、车身密封胶条	观察是否有重新修补的起伏痕迹，车身颜色差；胶条上是否有涂料痕迹	事故车	20	

续表

项目	动作内容	检查	可能的问题	分值	评分
车身内部	观察钣金件是否安装过支架等		出租车、赛车	20	
水箱护罩、横梁、发动机下纵梁、发动机室侧副梁	观察水箱、发动机周围结构件	原厂点焊痕迹为圆形，看是否有失圆或大小不一的点焊形状或修理过的痕迹	事故车	20	
行李厢盖板	观察行李厢周边	检查密合度情况、缝隙是否一致	后车尾碰撞	20	
行李厢地板	翻开行李厢地毯	判断是否有烧焊的痕迹	事故车	20	
地板	翻开地毯，观察底部	检查有无锈蚀、漏洞，大梁有无曲折及修复的情况	泡水、事故车	40	
发动机舱盖	观察发动机舱盖与翼子板的缝隙、发动机舱盖与车灯间的接合、发动机舱盖与风窗玻璃间的间隙	检查是否均匀，有无原车胶漆	事故车	10	
发动机舱盖内板	打开发动机舱盖，观察内板	检查是否有烤过漆的痕迹	事故车	5	
车身B柱	观察车身门框与B柱	检查是否为一直线，接缝处是否自然平整	事故车	10	
车门	反复开关车门；揭开防水胶条	检视车门开闭顺畅度，检查A、B、C柱与车门是否呈一直线，防水胶条是否平整，车门附近是否留有原车接合时的铆钉痕迹	事故车	10	
悬架	按压车身后松开	回弹次数应为2～3次	减振器	5	
减振器	观察减振器活塞杆	减振器活塞杆潮湿或减振器桶油污严重	过度磨损，密封不良	5	
车身底部	拨动球头和弹性铰接头	观察是否松旷、损坏	过度使用、事故车	10	
轮毂轴承	在举升机上上下移动车轮	感觉是否松动	过度使用、事故车	10	

续表

项目	动作内容	检查	可能的问题	分值	评分
后轴轴承	用手移动	感觉是否发响	过度使用、事故车	10	
排气管	观察排气管	是否生锈	使用年限	10	
合计				555	

二、原地起动检查

原地起动检查项目见表 3—12。

表 3—12　　原地起动检查项目

项目	动作内容	检查	可能的问题	分值	评分
油压灯	打开开关	油压灯应亮	机油不足	1	
充电指示灯	打开开关	充电指示灯应亮	充电不足	2	
前照灯（远光、近光）、小灯、雾灯、倒车灯	观察外观，逐一开、关	是否正常工作，有无破损或变色	换成次品	3	
发动机	起动发动机	查看怠速抖动、各缸压力、怠速转速、逐缸断火情况	怠速过低、发动机支架不稳固、有未点火的气缸等	5	
	听发动机声响	有无异响	“嗒嗒”声为气门间隙过大；“隆隆”声为轴承坏	10	
	踩下加速踏板提高转速或测气缸压力	是否有异响（如“咯咯”声）或缸压低	活塞问题	50	
	用鞋底或废布堵住排气管	发动机在几秒内应没有熄火	车底有“嚓嚓”声，密封性不好	25	
	打开机油添加口盖	是否有汽油味	活塞环损坏	50	
	观察排气颜色	是否白烟不断或颜色偏蓝	耗机油	25	
空调系统	打开空调开关	感觉制冷效果	制冷剂缺乏	5	
		感觉抖动情况	动力不足，离合器故障	18	
	听空调压缩机响声	有“吱吱”声	压缩机、传动带	5	
发电机	测发电机电压	是否正常	充电电压过高	5	
发动机电喷系统	起动发动机	故障灯是否亮	电喷系统故障	30	
动力转向系统	一只手转动转向盘	车轮是否转动、转向力大小	动力转向系统失效	30	
合计				264	

三、路试检查

路试检查项目见表 3—13。

表 3—13　　路试检查项目

项目	动作内容	检查	可能的问题	分值	评分
直线行驶	转向盘正位	是否跑偏、车轮摆动、发飘；转向盘振动	胎压不均匀，事故车车轮定位不准，转向系统有问题，车架变形；轮辋变形，动平衡有问题	30	
转向灯亮灭装置	左右拨动转向灯	自动消灯器在转向盘回正时应自动跳回		5	
车身响声	关闭车窗，颠簸路行驶	听车内响声	车身钣金件、座椅、附件安装问题	10	
悬架弹簧	驾车走过坑洞道路	感觉回弹，听异响	悬架弹簧、减振器等	10	
转向	驾车过弯道	查看转向盘回正、转向系统间隙	系统松旷、拉杆及球头铰接等	10	
离合器	挂二挡、拉驻车制动手柄、松开离合器	发动机不熄火	离合器打滑或过度磨损	15	
制动	直线行驶点制动、持续制动	有无跑偏、甩尾、距离长等	制动系统有问题	16	
运动部件	空挡滑行（初速度为 20 km/h）	看距离（50 ~ 80 m）	润滑不当、轴承过紧、制动刚蹭、润滑油凝固	10	
发动机	空挡滑行	发动机有无霹雳声	排气门密封不严，点火角不合适，点火装置故障	5	
	观察排气管尾气	大量蓝烟或黑烟	气门或活塞磨损严重	50	
		冒白烟	气缸垫渗水	20	
合计				181	

复　习　题

一、简答题

1. 二手车交易需要哪些相关的手续？
2. 国家规定哪些车辆禁止交易？
3. 二手车交易中需要哪些有关证件？
4. 如何进行事故车的识别？
5. 汽车外观检查的思路与具体操作步骤有哪些？
6. 如何进行汽车的外观检查？
7. 如何进行汽车技术状况的动态检查？
8. 如何进行汽车路试检查？

二、选择题

1. 机动车行驶证一般载有该车车型、车主信息和车辆号牌、发动机号、车架号、（　　）等内容。

A. 车辆完整信息、出险记录　　B. 车辆性能参数信息、维修记录

C. 车辆技术性能信息、检验记录　　D. 车辆技术性能信息、维修记录

2. （　　）是强制保险险种，车辆不投保该险种不能办理合法上路行驶手续。

A. 不计免赔险　　B. 交强险

C. 车损险　　D. 玻璃险

3. 正规进口的车辆均应贴有中国商检特有的（　　），通常还附有中文使用手册和维护手册。

A. COFCC 标志　　B. CCC 标志

C. QS 标志　　D. CCIB 标志

4. 车身涂层表面有龟裂现象，如果车未发生过事故，那么该车至少已使用了大约（　　）年。

A. 10　　B. 15

C. 8　　D. 6

5. 与车身成（　　）角看车顶与车门交合线。具体方法如下：站在车前照灯旁，半蹲下身，像木工用眼睛吊线一样查看车顶与车门交合处两条线和雨槽是否平直。如果有扭曲，该车一定被侧撞过。

A. 15°　　B. 45°

C. 垂直　　D. 平行

6. 检视机油尺，先将机油尺拉起，用准备好的白布或纸巾将机油尺擦干净，然后检查留下的机油颜色，如果呈（　　），则表示早该换机油了，而且说明车主对车的保养习惯很差。

A. 淡黄色　　B. 暗褐色
C. 中褐色　　D. 暗红色

7. 当排出的气体为（　　）时，表明润滑油窜入燃烧室燃烧，可能为活塞、活塞环与气缸之间配合间隙过大，气缸磨损严重造成。

A. 黄色　　B. 白色
C. 黑色　　D. 蓝色

8. 通过机动车滑行性能试验，检查机动车装配及调整状况。机动车空载以初速度30 km/h行驶，摘挡滑行应满足的要求是整备质量≤4 t时滑行距离（　　）。

A. ≥180 m　　B. ≤160 m
C. ≥160 m　　D. ≤120 m

9. 检查车厢内地板，翻开地毯，观察底部，检查有无锈蚀、漏洞，大梁有无曲折及修复的情况，如果有，则表明车辆（　　）。

A. 属于泡水、事故车　　B. 翻过车
C. 进过雨水　　D. 底盘受过碰擦

第四章　二手车的评估

学习目标

1. 理解二手车评估基本知识。
2. 理解二手车有形损耗、无形损耗及其贬值（折旧）。
3. 学会各种二手车成新率的计算。
4. 掌握二手车的评估方法。
5. 理解各种价格评估方法的局限性及应用范围。
6. 学会撰写二手车评估报告书。

第一节　二手车评估的理论依据

二手车的价格评估方法是确定二手车评估值的具体手段与途径。从评估对象的角度来看，二手车属于固定资产中的机器设备，故同其他资产评估一样，也应遵循资产评估的一般理论，总体而言分为重置成本法、收益现值法、现行市价法和清算价格法 4 种基本方法。

如果是作为国有资产的二手车，还应遵守《国有资产评估管理办法》的规定。然而，二手车作为一类资产，又有别于其他类资产，有其自身的特点，如它的单位价值大，使用时间长；使用强度、使用条件、维护水平差异很大；政策性强，使用管理严格，税费附加值高。由于二手车自身的这些特点，决定了在对二手车进行评估时，不能完全照搬资产评估的方法，必须结合二手车的实际情况，以技术鉴定为基础，以资产评估理论为指导灵活处理，从而使二手车评估能够更加客观、准确地反映二手车的价值，并且具有较强的可操作性。

一、二手车评估的前提条件

资产评估是在资产交易发生之前通过模拟市场对准备交易的资产在某一时点的价格所进行的估算，必须借助于若干种假设，以对资产的未来用途和经营环境作出合理的判断。二手车评估中所采用的理论和方法，同样也是建立在一定的假设条件上的。如果假设前提不同，所适用的评估标准也不同，评估结果也会大相径庭。二手车评估的假设有继续使用假设、公开市场假设和清偿（清算）假设 3 种。

1. 继续使用假设

继续使用假设是指被评估的汽车应该能够按现行用途继续使用，或转换用途继续使用。这一假设的核心是强调被评估的汽车对未来的有效性。在这一假设条件下对二手车进行价格评估，不能按车辆拆零出售零配件所得收入之和进行估价。对于可继续使用的汽车评估与不能继续使用的汽车评估，所采用的价格计量标准是不同的。例如，对一辆可继续使用的、处于在用状态的汽车进行评估时，一般采用重置成本法评估其处于在用状态的价值。但如果汽车无法继续使用，只能将其报废或拆零出售，以现行市价法评估其零件的变现值，并且还需扣除拆零费用。两者的评估值显然不同。

值得注意的是，在继续使用前提下，车辆必须具有显著的剩余使用寿命，而且能以其提供的功能和服务，在未来能够满足所有者的期望收益或用途；车辆所有权明确，并保持完好；车辆从经济上和法律上能够根据所有者的意愿按照当前用途继续使用或转作他用。

2. 公开市场假设

公开市场假设是指被评估的汽车可以在完全竞争的交易市场上按市场原则进行交易，市场上买者和卖者地位平等，交易双方都有获取足够市场信息的机会和时间，买卖双方的交易行为都是自愿的、理智的，买卖双方都能对汽车的功能、用途及其交易价格等作出理智的判断。

二手车交易价格的高低取决于该汽车在公开市场上的行情。公开市场假设还假设汽车在法律许可的范围内被用于最有利的用途，可取得最佳经济效果，从而为其持有人带来最大收益。不同类型的汽车，其性能、用途不同，市场程度也不一样。一般情况下，品牌和性能好且用途广泛的车辆比普通车辆的市场活跃，因此，也越容易通过市场交易实现其最佳效用。对于具备在公开市场上进行交易条件的汽车，应作公开市场假设，并根据汽车所在的地区、环境条件及市场的供求关系等因素确定其最佳用途。

3. 清偿（清算）假设

清偿假设是指汽车所有者迫于某种压力以协商或拍卖的方式在公开市场上出售汽车。这种情况下的汽车交易与公开市场上的交易具有两点显著区别：一是交易双方的地位不平等，卖方是非自愿被迫出售；二是交易被限制在较短的时间内完成。因此，被评估汽车的价格往往明显低于继续使用或公开市场假设下的价格。例如，一辆正在营运的汽车，以收益现值法评估其价值，设为 10 万元，但如果该汽车所属的企业因破产被强制清算拍卖，就只能以清算价格法评估其价值，其价格肯定会大大低于 10 万元。

综上所述，在二手车评估中，在不同的假设条件下，评估结果可能会存在较大的差异。在继续使用假设的前提下，汽车未来的使用价值是评估的基础；在公开市场假设的前提下，则以竞争活跃的二手车市场中的交易价格作为评估基础；而在清算假设的前提下，则要求汽车能够迅速出售变现。因此，二手车鉴定估价人员在工作中必须根据具体情况，判定被评估汽车最可能的效用，以便得出二手车的公平价格。

二、二手车评估的计价标准

二手车价格评估的计价标准是关于二手车价格评估所适用的价格标准的准则，在二手车交易过程中，根据交易目的、交易条件的不同，二手车在价值形态上的计量可以有多种形式，不同形式的价值在评估价格上也存在着差异，而二手车评估业务实践要求具体计价标准是唯一的，否则就失去了正确反映和提供价值尺度的功能。因此，必须根据评估的目的，弄清楚所要求的价值尺度的内涵，从而确定二手车评估业务所适用的价格类别。根据我国资产评估管理的要求，二手车估价也遵守4种类型的标准：重置成本标准、现行市价标准、收益现值标准和清算价格标准。

1. 重置成本标准

重置成本是指在现时条件下，按功能重置二手车并使其处于在用状态所耗费的成本。重置成本的构成与历史成本不一样，虽然也是反映二手车的购进、运输、注册登记等过程中全部费用的价格，只不过它是按现有技术条件和价格水平计算的。重置成本标准适用的前提是二手车处于在用状态，一方面反映二手车已经投入使用，另一方面反映二手车能够继续使用，对所有者具有使用价值。决定重置成本的两个因素是重置完全成本及其损耗（或称贬值）。

2. 现行市价标准

现行市价是二手车在公平市场上的售卖价格。现行市价标准源于公平市场，市场上买者和卖者地位平等，交易双方都有获取足够市场信息的机会和时间，买卖双方的交易行为都是自愿的、理智的，买卖双方都能对二手车的功能、用途及其交易价格等作出理智的判断。决定现行市面上价格的基本因素有：

（1）基础价格。即二手车的生产成本价格。一般情况下，一辆车的生产成本高低决定其价格的高低。

（2）供求关系。二手车价格与需求量成正比关系，与供应量成反比关系。当一辆车有多个买方竞买时，价格就会上升，反之则会下降。

（3）质量因素。即二手车本身功能、指标等技术参数及损耗状况。优质优价是市场经济法则，在二手车评估中，质量因素对价格的影响必须予以充分考虑。

3. 收益现值标准

收益现值是指根据二手车未来预期获利能力的大小，按照“将本求利”的逆向思维——“以利索本”，以适当的折现率或资本化率将未来收益折成现值。可见，收益现值是指为获得二手车以取得预期收益的权利而支付的货币总额。收益现值标准适用的前提条件是二手车投入使用，同时，投资者投资的直接目的是获得预期的收益。

4. 清算价格标准

清算价格是指在非正常市场上限制拍卖的价格。清算价格标准适用的前提条件与现行市价标准的区别在于市场条件。现行市价是公平市场价格，而清算价格则是一种拍售价格，它由于受到期限限制，其价格一般低于现行市面价格。在二手车交易的实践中，二手车的拍卖均是这种性质的价格出售。

对于二手车评估计价标准的选择，必须与二手车经济行为的发生密切结合起来，不同的经济行为所要求二手车评估价值的内涵是不一样的。如果不区别二手车经济行为确定评估价值类型——计价标准，或者笼统地确定二手车的评估值，就会失去评估价值的科学性。实际工作中，二手车评估的经济行为是多种多样的，要求鉴定估价人员充分理解二手车评估计价标准的含义和适用前提，分析选择科学合理的计价标准。

第二节　用现行市价法评估二手车

现行市价法又称市场法、市场价格比较法和销售对比法，是指根据替代原则，通过比较被评估车辆与最近售出类似车辆的异同，并针对这些异同经过必要的价格调整，从而确定被评估车辆价值的一种评估方法。这种方法的基本思路是通过市场调查，选择与评估车辆相同或类似的车辆作为参照物，分析参照物的结构、配置、性能、新旧程度、交易条件及成交价格，并与待评估车辆比较、对照，按照两者的差别及现实市场行情对评估价格进行适当调整，计算出二手车的评估价格。因为任何一个理性的购买者在购置二手车时，他所愿意支付的价格不会高于市场上具有相同用途的替代品的现行市价。运用现行市价法要求充分利用类似二手车成交价格信息，并以此为基础判断和估测被评估二手车的价值。运用已被市场检验过的结论来评估被评估对象，容易被资产业务各当事人接受。因此，现行市价法是二手车评估中最为直接、最具说服力的评估方法之一。

一、现行市价法应用的前提条件

运用现行市价法对二手车进行价格评估必须具备以下两个前提条件：

（1）要有一个充分发育、活跃的二手车交易市场，即二手车交易公开市场。

公开市场是指在这个市场上有众多的卖者和买者，他们之间进行平等交易，有充分的参照物可取，这样可以排除交易的偶然性。市场成交的二手车价格可以准确反映市场行情，这样评估结果更加公平公正，易于为双方接受。

（2）市场上要有可比的二手车及其交易活动。

这里所说的可比性是指选择的作为参照物的二手车及其交易活动在近期公开市场上已经发生过，且与被评估二手车业务相同或相似。评估中参照的二手车与被评估的二手车有可比较指标并且这些可比较的指标、技术参数的资料是可搜集到的，并且价值影响因素明确，可以量化。这些已经完成交易的二手车就可以作为被评估资产的参照物，其交易数据是进行比较分析的主要依据。二手车及其交易的可比性具体体现在以下几个方面：

1）参照物与评估车辆在功能上具有可比性，包括在车辆规格、型号、功能、性能、配置、新旧程度、市场条件、交易条件相同或相似。

2）参照物与被评估对象面临的市场条件具有可比性，包括市场供求关系、竞争状况和交易条件等。

3）参照物成交时间与评估基准日间隔时间不能过长，应在一个适度时间范围内。同时，这个时间因素对二手车价值的影响是可以调整的。

二、参照物的选择

在运用现行市价法对二手车进行价格评估时，选择参照物十分关键，参照物的交易时间与车辆评估基准日必须相近。此外，参照车辆与评估车辆还应具有可比性，包括车辆的规格、型号、功能、性能、配置、新旧程度、市场条件、交易条件等。按照通常做法，参照物一般要在 3 个以上。因为运用现行市价法进行二手车价格评估，二手车的价位高低在很大程度上取决于参照物成交价格水平。而参照物的成交价不仅仅是自身市场价值的体现，还受买卖双方交易地位、交易动机、交易时限等一系列外界因素的影响。因此，在评估中除了要求参照物与评估对象在功能、交易条件和成交时间方面有可比性外，还要选择足够数量的参照物，以排除偶然因素的影响。

技术提示

二手车评估常用的网站与微信公众号见表4—1。

表4—1　　二手车评估常用的网站与微信公众号

	网址	微信公众号	App
中国汽车流通协会	http：//www. cada. cn		
中国汽车燃料消耗量查询系统	http：//www. miit. gov. cn/asopcms-search		
瓜子二手车网	https：//www. guazi. com		
人人车	https：//www. renrenche. com		
二手车之家	https：//www. che168. com	autohomeweixin	
优信二手车	https：//www. xin. com		
第一车网	https：//www. iautos. cn		

续表

	网址	微信公众号	App
51 汽车 - 二手车	http：//www. 51auto. com		
车置宝	https：//www. chezhibao. com		
精真估	http：//www. jingzhengu. com		
车 300	https：//www. che300. com		
车鉴定	https：//www. chejianding. com		
公平价	http：//www. gongpingjia. com		
真容二手车	https：//www. reallycar. cn		
备胎说车		beitaishuoche	

三、现行市价法评估的步骤

运用现行市价法进行二手车价格评估，一般要经历搜集资料、选定参照对象、分析可比性因素和调整差异作出评估结论 4 个步骤。

1. 搜集资料

搜集评估对象的有关资料，包括车辆型号、装备性能、生产厂家、购买日期、行驶里程，了解车辆技术状况以及尚可使用的年限。

2. 选定参照对象

选择参照物的关键是可比性和数量问题，数量上一般来说应不少于 3 个，而影响可比性的因素包括：

（1）车辆型号和制造厂商。

（2）车辆来源，即车辆是私家车、公务用车、商务用车还是出租车或其他营运车辆。

（3）车辆使用年限。

（4）行驶里程数。

（5）车辆实际技术状况。

（6）市场状况。主要指供求关系和影响二手车交易价格的其他有关经济、环境因素。

（7）交易条件。主要包括交易批量、交易动机、交易时间等。交易批量、交易动机不同，交易对象的价格也就可能不同。在不同时间交易，交易完成的时限不同，二手车交易的价格也会有所差别。

（8）交易地域。一般来说，不同地区的交易市场交易价格会存在较大差别。

在某些情况下找不到多台可类比的对象时，应按上述可比性因素，仔细分析选定的类比对象是否具有一定的代表性，要认定其成交价的合理性才能作为参照物。

3. 分析可比性因素

根据前面所选定的对比指标，在参照物及评估对象之间进行比较，并将两者的差异进行量化。例如，二手车技术状况中涉及功能的指标，尽管参照物与评估对象功能相同或相似，但在生产能力、产品质量以及在使用过程中的能耗、料耗和工耗等方面都可能有不同程度的差异。评估过程中应将参照物与评估对象对比指标之间的上述差异数量化和货币化。

4. 调整差异作出评估结论

以参照物的成交价格作为评定估算评估对象价值的基础，在这个基础上将已经量化的参照物与评估对象对比指标差异进行调增或调减，就可以得到以每个参照物为基础的评估对象的初步评估结果。按照一般要求，运用现行市价法进行评估通常应选择 3 个以上参照物。所以，在一般情况下初步结果也在 3 个以上。根据资产评估的一般惯例的要求，正式的评估结果只能是一个，这就需要评估人员对若干评估初步结果进行综合分析，以确定最终的评估值。在这个环节上没有硬性规定，主要是取决于评估人员对参照物的把握和对评估对象的认识。

当然，如果参照物与评估对象可比性很好，评估过程中没有明显的遗漏或疏忽，则可以采用加权平均的方法或算术平均的方法将初步结果转换成最终评估结果。

四、现行市价法的具体计算方法

运用现行市价法确定单台车辆价值通常采用直接法和类比法。

1. 直接法

直接法是指在市场上能找到与被评估车辆完全相同的车辆的现行市价，并依其价格直接作为被评估车辆评估价格的一种方法。所谓完全相同是指车辆型号、使用条件和技术状况相同，生产和交易时间相近，寻找这样的参照物一般比较困难。通常如果参照车辆与被评估车辆类别相同、主参数相同、结构性能相同，只是生产序号不同并只作局部改动，或者交易时间相近，可作为直接评估过程中的参照物。直接比较法公式为：

$$P = P_0 \tag{4—1}$$

式中 P——被评估车辆的评估值；

P_0——参照物的市场交易价值。

2. 类比法

类比法是指评估车辆时，在公开市场上找不到与之完全相同但能找到与之相类似的车辆时，以此为参照物，通过对比分析车辆技术状况和交易条件的差异，在参照物成交价格的基础上对价格作出相应调整，进而确定被评估车辆价格的评估方法。所选参照物与评估基准日越接近越好，无法找到近期参照物时，也可考虑相对远期的参照物，再作日期修正。类比法具有适用性强、应用广泛的特点。但由于类比法可能要对参照物与评估对象的若干可比因素进行对比分析和差异调整，因此，该方法对资料信息的数量和质量要求较高，而且要求评估人员要有较丰富的评估经验、市场阅历和较高的评估技巧。没有足够的数据资料以及对二手车的技术状况、市场行情的充分了解和把握，就难以准确地评定估算对象的价值。类比法公式为：

$$P = P_0 \times (1 \pm K) \tag{4—2}$$

式中 P——被评估车辆的评估值；

P_0——参照物的市场交易价值；

K——调整系数。

用现行市价法进行评估时，了解市场情况是很重要的，了解的情况越多，掌握的数据与案例越多，评估的准确性就会越高，这是运用现行市价法进行二手车价格评估的关键。

五、现行市价法的特点

运用现行市价法进行二手车价格评估，能够比较客观地反映二手车目前的市场情况，其评估的参数、指标直接从市场获得，评估值能反映市场现实价格，评估结果易于被各方面理解和接受。其不足是必须要有成熟、公开和活跃的市场作为基础。另外，由于二手车的可比因素多而且复杂，即使是同一生产厂家生产的同一型号的产品，同一天登记使用，也可能由于使用强度、使用条件、维护水平的不同而带来车辆技术状况的不同和评估价值的差异。

第三节　用重置成本法评估二手车

重置成本法是指以评估基准日的当前条件下，重新购置一辆全新状态的被评估车辆所需的全部成本（即完全重置成本，简称重置全价），减去该被评估车辆的各种陈旧性贬值后的差额作为被评估车辆评估价格的一种评估方法。

一、重置成本法的理论依据与计算公式

重置成本法的理论依据在于：在条件允许的情况下，任何一个潜在的投资者在决定投资某项资产时，他所愿意支付的价格不会超过购进该项资产的现行购进成本。如果投资对象并非全新，投资者所愿支付的价格会在投资对象全新的购建成本的基础上扣除资产的实体有形损耗；如果被评估资产出现功能性贬值，或被评估资产及其产品面临市场困难和外力影响，则投资者所愿支付的价格会在投资对象全新的购建成本的基础上扣除资产的经济性贬损因素。上述评估思路用数学公式可表示为：

被评估车辆的评估值 = 重置成本 − 实体性贬值 − 功能性贬值 − 经济性贬值　　(4—3)

或　　被评估车辆的评估值 = 重置成本 × 成新率　　(4—4)

从式（4—3）和式（4—4）可以看出，应用重置成本法进行二手车价格评估时涉及重置成本、成新率、实体性贬值、功能性贬值、经济性贬值等有关概念。

1．重置成本

二手车的重置成本是指购买一辆全新的与被评估车辆相同的车辆所支付的最低金额。如果该项资产的价格比重新建造或购置一辆全新状态的同等效用的全新资产的最低成本高，投资者肯定会去新建或购置全新的资产。也就是说，二手车的重置成本是其价格的最大可能值。按重新购置车辆所用的材料、技术的不同，可把重置成本区分为复原重置成本（简称复原成本）和更新重置成本（简称更新成本）。复原成本指用与被评估车辆相同的材料、制造标准、设计、规格及技术等，以现时价格重新购建相同的车辆所需的全部成本；更新成本则是指利用新型材料、新技术标准、新型设计、规格和技术等，以现行价格水平购建与评估对象相同或相似功能的车辆所需支付的全部成本。一般情况下，在进行重置成本计算时，如果同时可以取复原成本和更新成本，应选用更新成本；如果不存在更新成本，则再考虑用复原成本。

2．成新率

二手车的成新率是表示二手车的当前功能或使用价值与全新汽车的功能或使用价值相比所占的比率，也可以理解为二手车的现时状态与汽车全新状态的比率。

3．实体性贬值

二手车的实体性贬值也叫有形损耗，是指二手车由于使用及自然力的作用导致其技术经济性能的损耗或下降而引起的价值损失，具体而言，是指二手车在存放和使用过程中，因机件磨损和损耗等原因而导致的车辆实体发生的价值损耗以及由于自然力的作用而发生的损耗。投入交易的二手车一般不是全新状态，因此，都存在实体性贬值。

4．功能性贬值

二手车的功能性贬值是指由于科学技术和生产力的发展导致的车辆贬值，即无形损耗。这类贬值可能是由于技术进步引起劳动生产率的提高和生产成本降低而造成重新购置一辆全新状态的被评估车辆所需的成本降低而引起的价值贬值，也可能由于技术进步，出现了新的、性能更优的车辆，致使原有车辆的功能、生产率、收益能力相对新车型已经落后而引起价值贬值。具体表现为待评估车辆在完成相同任务的条件下，耗费更多的燃料、人力、配件

材料等，造成使用成本的增加。

5．经济性贬值

二手车的经济性贬值是指由于宏观经济政策、市场需求、通货膨胀、环境保护等外部环境因素的变化造成车辆达不到车辆原设计获利能力而造成的贬值。这些外界因素对车辆价值的影响是客观存在的，且对车辆价值影响还相当大，在二手车的评估中不可忽视。

二、重置成本法中有关参数的估算

通过对重置成本法计算公式的分析不难发现，要合理运用重置成本法评估二手车的交易价格，必须正确确定车辆的重置成本、实体性贬值、功能性贬值、经济性贬值和成新率。

1．重置成本的估算

重置成本的估算在资产评估学中有加合分析法、功能系数法、物价指数法和统计分析法等。对于二手车评估定价，计算重置成本一般采用加合分析法和物价指数法。

（1）加合分析法。加合分析法也称为直接法和重置核算法，它是利用成本核算的原理，按待评估车辆的成本构成，以现行市价为标准，将车辆按成本构成分成若干组成部分，先确定各组成部分的现时价格，逐项计算，然后累加得到待评估车辆的重置全价的一种评估方法。二手车的重置成本的构成包括直接成本和间接成本两部分。直接成本是指直接构成车辆成本的支出部分，是按现行市价的买价，加上运输费、购置税、消费税、人工费等；间接成本是指购置车辆发生的管理费、专项贷款发生的利息、注册登记手续费等。以往根据不同评估目的，二手车重置成本全价的评估还要区别对待。属于所有权转让的经济行为或为司法、执法部门提供证据的鉴定行为，可将被评估车辆的现行市场成交价格作为被评估车辆的重置全价，其他费用略去不计；属于企业产权变动的经济行为，如企业合资、合作经营和合并兼并，其重置成本构成除了考虑被评估车辆现行市场购置价格外，还应考虑国家和地方政府对车辆加收的合理税费。现在，随着市场经济的发展和国内产权交易制度日益与国际接轨，越来越多的情况下趋于按照第二种情况对重置成本进行估算。

（2）物价指数法。物价指数法也叫价格指数法，是利用与资产有关的价格变动指数，将被估资产的历史成本（账面价值）调整为重置成本的一种方法。具体而言，指根据已掌握的历年来的价格指数，在二手车原始成本（账面原值）的基础上，通过现时物价指数确定其重置成本。其计算公式为：

$$车辆重置成本 = 车辆原始成本 \times 车辆评估时物价指数/车辆购买时物价指数 \quad (4—5)$$

或

$$车辆重置成本 = 车辆原始成本 \times （1 + 物价变动指数） \quad (4—6)$$

当被评估车辆已停产，或是进口车辆，无法找到现时市场价格时，这是一种很有用的方法，但应用时必须注意，一定要先检查被评估车辆的账面购买原价。如果购买原价不准确，则不能用物价指数法。物价指数要尽可能选用有法律依据的国家统计部门或物价管理部门以及政府机关发布和提供的数据，不能选用无依据、不明来源的数据。如果现在选用的指数与评估对象规定的评估基准日之间有一段时间差，这一时间差内的价格指数可由评估人员依据近期内的指数变化趋势结合市场情况确定。

物价指数法与加合分析法是重置成本估算较常用的方法，但二者具有明显的区别。物价指数法估算的重置成本仅考虑了价格变动因素，因而确定的是复原重置成本；而加合分析法既考虑了价格因素，又考虑了生产技术进步和劳动生产率的变化因素，因而既可以估算复原重置成本，也可以估算更新重置成本。另外，物价指数法建立在不同时期的某一种或某类甚至全部资产的物价变动水平上，而加合分析法建立在现行价格水平与构建成本费用核算的基础上。明确二者的区别，有助于重置成本估算中方法的判断和选择。当汽车制造技术进步较快，成本、价格变化迅速的时候，采用价格指数法估算的重置成本往往会偏高。

2．实体性贬值的估算

二手车的实体性贬值是由于使用和自然力损耗形成的贬值，也称为有形损耗或有形贬值，一般可以采取以下 3 种方法进行估算。

（1）观察法。观察法也称成新率法，指二手车价格评估人员根据自己的专业知识和工作经验，通过对二手车实体各主要部件进行观察以及使用仪器测量等方式进行技术鉴定，并综合分析二手车的设计、制造、使用、磨损、维护、修理、大修理、改装情况和经济寿命等因素，将评估对象与其全新状态相比较，考察由于使用磨损和自然损耗对资产的功能、使用效率带来的影响，从而判断被评估二手车的实体性贬值，计算公式为：

$$\text{车辆实体性贬值} = \text{重置成本} \times \text{有形损耗率} \qquad (4\text{—}7)$$

（2）使用年限法。使用年限法是指通过确定被评估二手车已使用年限与该车辆预期可使用年限的比率来判断其实体贬值率（程度），进而估测其实体性贬值的方法。计算公式为：

$$\text{车辆实体性贬值} = （\text{重置成本} - \text{残值}） \times \text{已使用年限}/\text{规定使用年限} \qquad (4\text{—}8)$$

公式中的残值是指二手车在报废时净回收的金额。根据我国现有的车辆报废管理规定和车辆报废回收的实际，残值在二手车假定估价的实际工作中往往略去不计。

（3）修复费用法。修复费用法也叫功能补偿法，通过确定被评估二手车恢复原有的技术状态和功能所需要的费用补偿来直接确定二手车的有形损耗。此方法主要适用于可补偿性有形损耗的估测。可补偿性有形损耗是指技术上可修复且经济上合理的有形损耗。

3．功能性贬值的估算

功能性贬值是由于技术相对落后造成的贬值。估算功能性贬值时，主要根据资产的效用、生产加工能力、工耗、物耗、能耗水平等功能方面的差异造成的成本增加或效益降低，相应地确定功能性贬值额。同时，还要重视技术进步因素，注意替代设备、替代技术、替代产品的影响，以及行业技术装备水平现状和资产更新换代速度。功能性贬值包含一次性功能贬值和营运性功能贬值。

（1）一次性功能贬值的测定。从理论上讲，同样的车辆其复原重置成本与更新重置成本之差即是该车辆的一次性功能贬值。但在实际工作中，具体计算某辆车的复原重置成本是比较困难的，因此，对目前在市场上能购买到的且由制造厂家继续生产的全新车辆，一般用更新重置成本（市场价）考虑其一次性功能贬值。如果待评估车辆的型号是现已停产或已淘汰的车型，这样就没有实际的市场价，只能采用参照物的价格用类比的方法来估算，参照物一般采用替代型号的车辆。这些替代型号的车辆其功能通常比原车型有所改进和增加，故其价值通常会比原车型的价格要高（功能性贬值大时，价格也可能降低）。故在与参照物比较，用类比法对原车型进行价值评估时，一定要了解参照物在功能方面改进或提高的情况，再按其功能变化情况测定原车辆的价值。

（2）营运性功能贬值的估算。测定营运性功能贬值时，首先选定参照物，并与参照物进行比较，找出营运成本有差别的内容和量值，然后确定原车辆尚可继续使用的年限和应上缴的所得税率及折现率，通过计算超额收益或成本降低额算出营运性功能贬值。

4．经济性贬值的估算

经济性贬值是由二手车外部因素引起的，外部因素不论多少，对二手车的估值影响有两种：一是车辆闲置。在这种情况下，可通过估计车辆未来闲置的时间及其资金成本来估算其经济性贬值；二是造成营运成本上升。由于造成车辆经济性贬值的外部因素很多，并且造成贬值的程度也不尽相同，所以在评估时应在统筹考虑这些因素的基础上适当地确定经济性贬值的数额。

5．二手车成新率的确定

（1）二手车成新率的概念。二手车成新率是表示二手车的当前功能或使用价值与全新车辆的功能或使用价值相比所占的比率，也可以理解为二手车的现时状态与车辆全新状态的比率，是反映二手车新旧程度的指标。它与二手车的有形损耗率存在如下关系：

$$\text{成新率} = 1 - \text{有形损耗率} \tag{4—9}$$

或

$$\text{有形损耗率} = 1 - \text{成新率} \tag{4—10}$$

（2）二手车成新率的确定。成新率是重置成本法的一项重要指标，如何科学、准确地确定该项指标，是二手车评估中的重点和难点。通常采用使用年限法、技术鉴定法、综合分析法和综合成新率法 4 种方法来确定二手车的成新率。

1）使用年限法。使用年限法是建立在以下两个假设之上：首先，二手车在整个使用寿命期间，实体性损耗是随时间的递增呈线性递增的；其次，二手车价值的降低与其损耗的大小成正比。由此不难得出使用年限法确定二手车成新率的计算公式为：

$$\text{成新率} = \left(1 - \frac{\text{已使用年限}}{\text{规定使用年限}}\right) \times 100\% \tag{4—11}$$

从式（4—11）可知，使用年限法确定旧机动车成新率涉及两个基本参数，即机动车已使用年限和机动车规定使用年限。机动车的规定使用年限，按照国家有关规定，小、微型出租客运汽车为 8 年，中型出租客运汽车为 10 年，大型出租客运汽车为 12 年；租赁载客汽车为 15 年；小型教练载客汽车为 10 年，中型教练载客汽车为 12 年，大型教练载客汽车为 15 年；公交客运汽车为 13 年；其他小、微型营运载客汽车为 10 年，大、中型营运载客汽车为 15 年；专用校车为 15 年；大、中型非营运载客汽车（大型轿车除外）为 20 年；小、微型非营运载客汽车、大型非营运轿车（家庭自用乘用车）、轮式专用机械车无使用年限限制。机动车使用年限起始日期按照注册登记日期计算，但自出厂之日起超过 2 年未办理注册登记手续的，按照出厂日期计算。营运载客汽车与非营运载客汽车相互转换的，按照营运载客汽车的规定报废，但小、微型非营运载客汽车和大型非营运轿车转为营运载客汽车的，应按照《机动车强制报废标准规定》附件1所列公式核算累计使用年限，且不得超过15年；不同类型的营运载客汽车相互转换，按照使用年限较严的规定报废，具体见表4—2。对于其他机动车辆，国内尚无可供评估使用的规定使用年限，其规定使用年限的确定需要评估人员自行解决。解决的办法是参照《汽车报废标准》和该类产品的会计折旧年限。已使用年限是指二手车开始使用到评估基准日所经历的时间。需要注意的是，这里的使用年限是反映机动车累计工作量的重要指标，它是建立在车辆按照正常使用强度使用前提之上的，考虑到被评估车辆来源不同，使用强度可能存在较大差异，因此，在运用使用年限评估时应充分注意车辆的实际使用时间，而不是简单的日历天数。有时，为了提高该参数的可操作性和准确性，也可综合考虑已使用年限和行驶公里数，即以折算年限作为使用年限数，计算公式为：

$$T_{折} = L_{总} / L_{年均} \tag{4—12}$$

式中　$T_{折}$——折算年限，年；

$L_{总}$——累计行驶里程，km；

$L_{年均}$——年平均行驶里程，km/年。

表4—2　　机动车使用年限及行驶里程参考值

车辆类型与用途				使用年限（年）	行驶里程（万千米）
载客	非营运	小、微型客车、大型轿车*		无	60
		中型客车		20	50
		大型客车		20	60
	营运	出租客运	小、微型	8	60
			中型	10	50
			大型	12	60
		租赁		15	60
		教练	小型	10	50
			中型	12	50
			大型	15	60
		公交客运		13	40
		其他	小、微型	10	60
			中型	15	50
			大型	15	80
载货		微型		12	50
		中、轻型		15	60
		重型		15	70

注：乘用车使用年限为15年，超过15年的按实际年限计算；有年限规定的车辆、营运车辆按实际要求计算。

根据有关统计数据，我国城乡运输车辆的年平均行驶里程一般在40 000千米左右，长途货运为50 000千米，个体运输业者为30 000千米左右，小轿车、私家车和其他生活用车为25 000万千米以下，商务公务用车为35 000万千米左右，而城市出租车年均行驶里程则可达100 000千米。我国汽车年平均行驶里程见表4—3。需要指出的是，这些数据源于对既有数据的分析，随着社会经济环境和人民生活习惯的改变，这些数据还将发生变化，未来评估者必须根据当时的实际情况做出灵活调整。

表4—3　　　　我国汽车年平均行驶里程

汽车类别	年平均行驶里程（万千米）
微型、轻型货车	3～5
中型、重型货车	6～10
私家车	1～3
公务、商务车	3～6
出租车	10～15
租赁车	5～8
旅游车	6～10
中、低档长途客车	8～12
高档长途客车	15～25

运用使用年限法确定二手车成新率方法简单，容易操作，一般用于二手车的价格粗估或价值不高的二手车价格的评估。使用时要注意使用年限是代表工作累计强度的一种计量，这种计量是以车辆的正常使用为前提的。在实际评估过程中，应充分注意车辆的实际已使用的时间，而不是简单的日历天数，同时也要适当考虑实际使用强度。

2）技术鉴定法。技术鉴定法是指评估人员在对二手车辆进行技术观察和技术检测的基础上，判定二手车的技术状况，再以评分的方法或分等级的方法来确定其成新率。在实际操作中技术鉴定法又有部件鉴定法和整车观测分析法两种。

①部件鉴定法。在确定二手车各组成部分技术状况的基础上，对二手车按其各组成部分对整车的重要性和价值量的大小来加权评分，最后确定成新率的一种方法。其做法是：将车辆按总成分成若干个主要部分，根据各部分的建造费用占车辆建造成本的比重，按一定百分比确定权重，在技术检测的基础上确定各部分的功能与技术状况，给出各部分成新率（如某部分技术状况与全新车辆相同，则该部分成新率为100%；若功能完全丧失，则成新率为0），再分别与权重相乘，即得各部分的加权成新率，最后对各部分的加权成新率求和，即得二手车的成新率。参考国内有关资料，机动车的总成权值分配见表4—4。

表 4—4　　二手车成新率评估参考表

车辆各主要总成、部件名称	价值权重（%）			车辆各主要总成、部件名称	价值权重（%）		
	乘用车	商用车			乘用车	商用车	
		客车	货车			客车	货车
发动机及离合器总成	26	27	25	车架	0	6	6
变速器及传动系总成	11	10	15	车身	28	20	9
前桥、前悬架及转向系	10	10	15	电器仪表	7	6	5
后桥及后悬架总成	8	11	15	轮胎	4	4	5
制动系统	6	6	5				

这种方法既考虑了二手车实体性损耗，也考虑了二手车维修换件可能会增大车辆的价值，更接近实际，可信度高，但操作过程费时费力，各组成部分权重之间关系复杂，在一定程度上限制了它的使用，多用于价值较高的二手车辆评估。部件鉴定法成新率的计算公式为：

$$C = \sum_{i=1}^{n} C_{pi} \tag{4—13}$$

$$C_{pi} = 部件成新率\ C_i \times 部件权重\ K_i \tag{4—14}$$

②整车观测法。指评估人员采用人工观察的方法，辅之以简单的仪器检测，判定二手车技术状况等级以确定成新率的方法。二手车的技术状况分级成新率评估见表 4—5。

表 4—5　　二手车成新率评估参考表

车辆等级	车况	成新率（%）	技术状况描述
1	很新	95 90	登记后≤1 年，行驶里程≤20 000 km，没有缺陷，没有修理和买卖的经历
2	很好	85 80 75	登记后≤3 年，行驶里程≤60 000 km，有轻微不明显的损伤，漆面、车身和内部仅有小的瑕疵，没有机械故障，无须更换部件或进行任何修理，无不良记录
3	良好	70 65 60 55	登记后≤5 年，行驶里程≤100 000 km，重新涂漆的部分痕迹良好，机械部分易损件已经更换，在用状态良好，故障率低，可随时出车使用
4	一般	50 45 40 35	行驶里程≤160 000 km，有一些明显的机械缺陷，需要进行某些修理或更换一些易损部件，可随时出车，但动力性下降，油耗增加

续表

车辆等级	车况	成新率（%）	技术状况描述
5	尚可使用	30	处于运行状态的旧车，油漆晦暗，锈蚀严重，有多处明显的机械缺陷，可能存在不容易修复的问题，需要较多的维修换件，可靠性很差，使用成本增加
		25	
		20	
		15	
6	待报废处理	10	基本达到或已达到使用年限，依照《机动车安全技术条件》检测，虽能使用但存在故障。动力性、经济性、可靠性下降；燃料费和维修费增加迅速，排放污染和噪声污染达到极限
		6	
		4	
7	报废	2	使用年限已达到报废期，只有基本材料的回收价值
		0	

二手车成新率评估参考表是一般车辆成新率判定的经验数据，仅供参考。运用整车观察法确定二手车成新率简单易行，但评估多建立在评估人员的主观判断上，受评估人员的经验和技术水平的影响较大，不如部件鉴定法客观、准确，一般用于价值较低的二手车的估算，或作为综合分析法鉴定估价的主要因素之一。

3）综合分析法。为了使评估结果更加准确、客观，综合分析法以使用年限法为基础，再综合考虑对二手车价值影响的多种因素，以系数调整来确定成新率。计算公式为：

$$成新率 = \left(1 - \frac{已使用年限}{规定使用年限}\right) \times 调整系数 \times 100\% \quad (4—15)$$

式中，已使用年限和规定使用年限的确定方法与使用年限法相同。综合调整系数可通过以下途径确定，当待评估车辆无须进行项目修理或更换零部件时，可参见表4—6通过对各类调整系数评分并进行加权平均来确定调整系数；而当车辆需要进行项目修理、更换零部件或需要进行大修时，则可在表4—6的基础上适当调整已确定的调整系数。

表4—6　　二手车成新率调整系数表

影响因素	因素分级	调整系数	权重（%）
技术状况	好	1.0	30
	较好	0.9	
	一般	0.8	
	较差	0.7	
	差	0.6	
维护状况	好	1.0	25
	一般	0.9	
	较差	0.8	
	差	0.7	

续表

影响因素	因素分级	调整系数	权重（%）
原车制造质量	进口	1.0	20
	国产名牌	0.9	
	国产非名牌	0.8	
车辆用途	私用	1.0	15
	公务、商务	0.9	
	营运	0.7	
使用条件	较好	1.0	10
	一般	0.9	
	较差	0.8	

表4—6中各影响因素及其评定说明如下：

①技术状况。车辆技术状况系数是在对车辆进行技术状况鉴定的基础上对车辆进行的分级和取值，其取值范围为0.6～1.0，技术状况好的取上限，反之取下限。

②维护状况。维护状况反映车辆的使用、维护水平，不同的维护水平对车辆使用寿命影响较大，车辆维护状况的取值为0.7～1.0。

③原车制造质量。按照二手车市场上消费者的一般认识，正常进口的车辆质量优于国产车辆；名牌产品优于一般产品；对罚没的走私车辆，车辆质量制造系数视同国产名牌产品考虑，该系数总的取值范围为0.8～1.0，但是，随着国内汽车制造技术的提高，进口车辆与国产车量之间的质量差距日益缩小，评估者在确定该系数时必须慎重把握。

④车辆用途。即车辆的工作性质不同，使用强度不同，一般来说营运车辆的使用强度最大，公务、商务车次之，私家车使用强度最低。车辆工作性质系数取值为0.7～1.0。

⑤使用条件。车辆工作条件主要指车辆行驶地域的道路和气候等自然条件状况。我国幅员辽阔，自然条件差异较大，车辆长期在国家等级三级以上公路上行驶时，该系数取值为1；长期在四级公路，好路率在30%～50%的道路上行驶时，该系数取值为0.9；长期在国家登记外道路，好路率在30%以上道路上行驶时，该系数取值0.8。

需要注意的是，一般调整系数取值不要超过1.0。

4）综合成新率法。综合成新率由技术鉴定成新率与年限成新率组成，即：

$$综合成新率 = 年限成新率 \times \alpha + 技术鉴定成新率 \times \beta \qquad (4—16)$$

α、β 分别为技术鉴定成新率与年限成新率系数，由评估人员根据市场行情等因素确定，且 $\alpha+\beta=1$。

技术鉴定成新率 $\times\beta$，相当于实体性陈旧贬值与功能性陈旧贬值后，车辆剩余的价值率；年限成新率 $\times\alpha$，相当于经济性陈旧贬值后，车辆剩余的价值率。

技术成新率由车身外观部位、发动机舱检查、驾驶舱检查、起动检查、路试检查、底盘检查、车辆功能性零部件等7个项目组成。具体见表4—7。

技术鉴定成新率 = 车辆技术状况分值/100　　(4—17)

表 4—7　　技术成新率构成项目

		总分数	鉴定评价方法
1	车身外观部位	20	表 3—3
2	发动机舱检查项目	20	表 3—5
3	驾驶舱检查项目	10	表 3—6
4	起动检查项目	20	表 3—7
5	路试检查项目	15	表 3—8
6	底盘检查项目	15	表 3—9
7	车辆功能性零部件项目	进行描述不计分	表 3—10
	合计	100	

注意事项

影响二手车价格的五大因素

1. 车辆使用年限是二手车评估最主要的依据：一般年限在 1～3 年期间是二手车的快速折旧期，在快速折旧期内车辆会有较大折价；而 3～6 年的二手车价格相对比较平稳。

2. 同等或接近车型的新车价格变动及二手车市场供求变化也将直接影响二手车价格。

3. 车况及行驶里程对二手车价格会产生一定影响。对于私家车，一般正常的行驶里程在 20 000～30 000 千米/年较为合理，超出 30 000 千米的，车辆会有较大折旧比例。

4. 车辆的品牌、生产量、性价比、质量口碑以及售后服务及配件价格等会影响二手车的市场价格。

5. 车辆的原始手续要妥善保管，手续不全会带来不必要的补办费用，会影响交易价格。

三、重置成本法的特点

通过对重置成本、实体性贬值、功能性贬值、经济性贬值和成新率的分析，能够运用重置成本法确定二手车的评估价格。在使用中尽管工作量大，难以计算经济性贬值，但能够比较充分地考虑车辆的损耗，评估结果公平合理，在不易计算车辆未来收益或难以取得市场（二手车交易市场）参照物条件下可广泛应用。

第四节　用收益现值法评估二手车

收益现值法又称收益法，是将被评估车辆在剩余寿命期内的预期收益用适当的折现率折现为评估基准日的现值，并以此确定评估价格的一种方法。采用收益法对二手车进行评估所确定的价值，是指为获得该二手车以取得预期收益的权利所支付的货币总额。

收益法评估值的计算，实际上就是对被评估车辆未来预期收益进行折现的过程。一般情况下，二手车的价格评估很少采用收益现值法，但对一些特定目的的有特许经营权的二手车，人们购买的目的往往不是车辆本身，而是车辆获利的能力。因此，对于营运车辆的评估，采用收益现值法比较合适。

一、收益现值法的基本原理

二手车购买者购买该车时所支付的价格不会超过该车在未来预期收益折合成的现值。二手车买主在完成这项交易前必须考虑买车的几种经济风险：买车，失去买股票、买房产、开商店等投资机会；买车为了未来获利，但未来变化未知，可能获利，也可能损失；由于货币有时间价值，获得一定收益是肯定的，如存银行、买国债等。如果将钱用于买二手车，虽然有比存银行、买国债获取更大收益的可能性，但同时承担着失去固定收益的风险。二手车购买者存在风险正是用收益现值法进行价格评估的意义所在。价格评估人员可以根据未来现金流入量（收益）来判断是否有必要花费如此代价购买该二手车。

二、收益现值法的应用前提

收益现值法依据二手车未来预期收益经折现或本金化处理来估测二手车价值，它涉及3个基本要素：一是被评估二手车的预期收益；二是折现率或资本化率；三是被评估二手车取得预期收益的持续时间。因此，能否清晰地把握上述三要素就成为能否恰当运用收益途径及其方法的基本前提。从这个意义上讲，应用收益途径必须具备如下前提条件：

（1）被评估二手车的未来预期收益可以预测并可以用货币衡量，即被评估的二手车必须是经营性车辆，且具有继续经营和获利的能力，非盈利的二手车不能用收益现值法评估，继续经营的收益能够而且必须能够用货币金额来表示。

（2）二手车拥有者获得预期收益所承担的风险也可以预测并可以用货币衡量，这要求交易后车辆经营过程中的风险因素能够转化为数据加以计算并体现在折现率和资本化率中。

（3）被评估二手车预期获利年限可以预测。

上述前提条件表明，首先，评估对象的预期收益必须能被较为合理地估测，这就要求被评估的二手车未来的盈利模式较为明确。同时，影响其预期收益的主要因素（包括主观因素和客观因素）也应是比较明确的，评估人员可以据此分析和测算出被评估二手车的预期收益。其次，被评估对象所具有的行业风险、地区风险及企业风险是可以比较和测算的，这是测算折现率或资本化率的基本参数之一。评估对象所处的行业不同、地区不同和企业差别都会不同程度地体现在资产拥有者的获利风险上。对于投资者来说，风险大的投资，要求的回报率就高；投资风险小，其回报率也可以相应降低。最后，评估对象获利期限的长短，即评估二手车的剩余使用寿命，也是影响其价值和评估值的重要因素之一。

三、收益现值法评估值的计算

被评估二手车的评估值等于剩余寿命期内各期的收益现值之和。计算公式为：

$$P = \sum_{i=1}^{n} \frac{A_t}{(1+i)^t} = \frac{A_1}{(1+i)^1} + \frac{A_2}{(1+i)^2} + \cdots + \frac{A_n}{(1+i)^n} \tag{4—18}$$

式中 P——二手车的评估值，元；

A_t——未来第 t 个收益值的预期收益额，元；

n——收益年期（即二手车剩余使用寿命的年限），年；

i——折现率，在经济分析中如果不作其他说明，一般指年利率或收益率；

t——收益期，年。

当 $A_1 = A_2 = \cdots = A_n = A$ 时，即 t 从 $1 \sim n$ 年未来收益都相同为 A 时，则有：

$$P = A \times \left[\frac{1}{1+i} + \frac{1}{(1+i)^2} + \frac{1}{(1+i)^3} + \cdots + \frac{1}{(1+i)^n}\right] = A\,\frac{(1+i)^n - 1}{i(1+i)^n} \tag{4—19}$$

当未来预期收益不等时，采用式（4—18）；当未来预期收益等值时，采用式（4—19）。其中，$\frac{1}{(1+i)^n}$称为现值系数；$\frac{(1+i)^n-1}{i\,(1+i)^n}$称为年金现值系数。

四、收益现值法中各评估参数的确定

1. 剩余经济寿命期的确定

剩余经济寿命期是指从评估基准日到车辆到达报废年限所剩余的使用寿命。各类汽车剩余经济寿命期的确定可参考《汽车报废标准》。对于经营资格需要由有关部门按一定时限核定的营运车辆，还应考虑营运资格年限等问题。

2. 预期收益额的确定

在运用收益现值法的过程中，收益额的确定是关键。收益额是指根据投资回报的原理，二手车在正常情况下所能得到的归其产权主体的所得额。对于收益额的确定应把握两点：第一，收益额指的是车辆使用带来的未来收益期望值，而不是历史收益额或现实收益额，是通过预测分析获得的。对其收益的判断，不仅仅是看现在的收益能力，更重要的是预测未来的收益能力；第二，收益额的构成，以企业为例，目前有几种观点：有人认为应取企业所得税后利润，有人认为应取企业所得税后利润与折旧额之和扣除投资额，还有人认为应取利润总额。关于选择哪一种作为收益额，应针对二手车的评估特点与评估目的具体分析。为估算方便，推荐选择第一种观点，目的是准确反映预期收益额。

3. 折现率的确定

要确定折现率，首先应该明确折现的内涵。从本质上讲，折现率是一种期望投资报酬率，是投资者在投资风险一定的情况下对投资所期望的回报率。就其构成而言，它由无风险利率、风险报酬率和通货膨胀率组成。无风险利率是指资产在一般无风险经营条件下的获利水平，一般是指同期国库券利率；风险报酬率则指承担投资风险的投资所获得的超过无风险报酬率以上部分的投资回报率，一般随投资风险递增而加大。风险收益能够计算，而为承担风险所付出的代价为多少却不好确定，因此，风险收益率不容易计算出来，只要求选择的收益率中包含这一因素即可。每个行业、企业都有具体的资金收益率，在利用收益法对机动车评估选择折现率时，应该进行本企业、本行业历年收益率指标的对比分析。但是，最后选择的折现率应该不低于国家债券或银行存款的利率。作为一个时间优先的概念，认为将来的收益或利益低于现在的同样收益或利益，并且随着收益时间向将来推迟的程度而系统地降低价值，即投资具有机会成本。同时，折现作为一个算术过程，是把一个特定比率应用于一个预期的现金流，从而得出当前的价值。从折现率本身来说，是将未来有限期的预期收益折算成现值的比率，用于有限期收益还原。它是一种特定条件下的收益率，说明车辆取得该项收益的收益率水平。收益率越高，车辆评估值越低。因为在收益一定的情况下，收益率越高，意味着单位资产增值率越高，所有者拥有资产价值越低。折现率的确定是运用收益现值法评估车辆时比较棘手的问题。折现率必须谨慎确定，折现率的微小差异会带来评估值的很大差异。此外还应注意，在使用资金收益率这一指标时，要充分考虑年收益率的计算口径与资金收益率的口径是否一致。若不一致，将会影响评估值的正确性。

五、收益现值法评估的程序

采用收益现值法进行评估，其基本程序如下：

（1）搜集并验证与评估对象未来预期收益有关的数据资料，包括营运车辆的经营行情、经营前景、营运车辆的消费结构以及经营风险等。

（2）充分了解被评估车辆的技术状况。

（3）确定预期收益、折现率等评估参数。

（4）将预期收益折现处理，确定二手车评估值。

（5）分析确定评估结果。

六、收益现值法的特点

收益现值法与投资决策相结合能真实和较准确地反映车辆投资的未来收益的本金化价格，易于被交易双方所接受。但预期收益额的预测难度较大。

第五节　用清算价格法评估二手车

清算价格法是以清算价格为标准对二手车进行的价格评估。所谓清算价格，是指企业由于破产或其他原因要求在一定的期限内将车辆变现，在企业清算之日预期卖出车辆可收回的快速变现价格。具体来说，主要根据二手车技术状况，运用现行市价法估算其正常价值，再根据处置情况和变现要求，乘以一个折扣率或以竞拍的方式，最后确定评估价格。

一、清算价格法的适用范围

清算价格法适用于企业破产、抵押、停业清理时要售出的车辆。

1. 破产

企业破产是指当企业或个人因经营不善造成严重亏损，不能清偿到期债务时，企业应依法宣告破产，法院以其全部财产依法清偿其所欠的债务，不足部分不再清偿。在这种条件下，企业通常全部或部分丧失对其资产的处置权。

2. 抵押

抵押是指企业或个人为了进行融资，以自己特定的财产为担保，向对方保证履行合同义务的担保形式。提供财产的一方为抵押人，接受抵押财产的一方为抵押权人。抵押人不履行合同时，抵押权人有权利将抵押财产在法律允许的范围内变卖，从变卖抵押物价款中优先获得赔偿。与破产情况不同的是，在这种条件下，并不是真正要将资产短期变现，而是为了保证将来一旦抵押人无力偿还相应债务时，资产能够迅速出售套现，以补偿抵押权人的合法权益。

3. 停业清理

停业清理是指企业由于经营不善导致严重亏损，已临近破产的边缘或因其他原因将无法继续经营下去，为弄清企业财物现状，对全部财产进行清点、整理和查核，为经营决策（破产清算或继续经营）提供依据，以及因资产损毁、报废而进行清理、拆除等的经济行为。

在上述 3 种经济行为中，若有机动车辆进行评估，则可用清算价格作为标准。但在评估时要注意，评估车辆必须具有法律效力的破产处理文件或抵押合同及其他有效文件为依据。

二、影响清算价格的主要因素

在二手车评估中，影响清算价格的因素主要有以下几项：

1. 破产形式

如果二手车原所有者完全丧失对车辆的处置权，则价格主要由买方出价决定。若二手车原所有者未完全丧失对车辆的处置权，尽管处于相对弱势的市场地位，但仍有一定的议价空间，一般而言，价格相对来说会高于前一种情况。

2. 债权人处置车辆的方式

如果债权人以拍卖的方式处理车辆，价格取决于拍卖市场的价格。若债权人在抵押合同中规定车辆收归己有，则车辆的实现价值等于抵押合同签订时的评估价格。

3. 拍卖时限

一般来说，时限长，卖方能有相对充裕的时间寻找买主，售价通常会高一些；时限短，售价则会低一些。

4. 公平市价

公平市价指车辆交易双方都满意的价格。在破产清算的条件下，由于双方市场地位不平等，卖方满意的价格一般难以实现。

5. 参照物价格

市场上出售的相同或类似车辆的价格，是待评估车辆变现的最直接参考。市场参照物价格高，车辆出售的价格就会高；市场参照物价格低，车辆出售的价格就会低。

三、清算价格的评估方法

二手车清算价格的评估方法主要有如下3种：

1. 现行市价折扣法

指对清理车辆，首先应用现行市价法确定评估车辆的评估价格，然后根据快速变现原则估定一个折扣率并据以确定其清算价格，折扣率一般取80%～85%。例如，一辆按照现行市价法评估，价格约为人民币9万元的轿车考虑到快速变现的需要，折价取20%，则该车的清算价格为9×（1－20%）＝7.2万元。

2. 模拟拍卖法（也称意向询价法）

这种方法是根据向被评估车辆的潜在购买者询价的方法取得市场信息，最后经评估人员分析确定其清算价格的一种方法。用这种方法确定的清算价格受供求关系影响很大，要充分考虑其影响的程度。例如，拟评估一辆帕萨特轿车的清算价格，评估人员分别向两个二手车销售公司经理、两个二手车销售业务员和三个普通消费者询价，他们分别出价为：10.3万元、9.8万元、10.8万元、10.4万元、8万元、7.8万元、9.5万元。综合考虑他们的不同经验以及市场交易条件等因素，确定评估价格为9万元。

3. 竞价法

竞价法是由法院按照法定程序（破产清算）或由卖方根据评估结果提出一个拍卖的底价，在公开市场上由买方竞争出价，按最高价成交的一种办法。

第六节　二手车鉴定评估报告书的撰写

一、撰写二手车鉴定评估报告书的基本要求和内容

二手车鉴定评估报告书是评估员在二手车交易市场完成某一鉴定评估工作后，向委托方提供说明鉴定评估的依据、范围、目的、基准时间、评估方法、评估前提和评估结论等基本情况的工作报告，是二手车交易市场履行评估委托协议的总结，它不仅反映出二手车交易市场对被评估车辆的鉴定评估意见，而且也确认了二手车交易市场对所鉴定评估的结果应负的法律责任。

1. 撰写鉴定评估报告书的基本要求

（1）鉴定评估报告书必须依照客观、公正、实事求是的原则，由二手车交易市场工作人员独立撰写，如实反映鉴定评估的工作情况。

（2）鉴定评估报告书应有委托单位（或个人）的名称、二手车交易市场的名称和印章，二手车交易市场法人代表或其委托人和二手车鉴定估价师的签字，以及提供报告的日期。

（3）鉴定评估报告书要写明评估基准日，并且不得随意更改。所有在估价中采用的税率、费率、利率和其他价格标准，均应采用基准日的标准。

（4）鉴定评估报告书中应写明估价的目的、范围、二手车的状态和产权归属。

（5）鉴定评估报告书应说明估价工作遵循的原则和依据的法律法规，简述鉴定估价过程，写明评估的方法。

（6）鉴定评估报告书应有明确的鉴定估算价值的结果，鉴定结果应有二手车的成新率，估价结果应有二手车原值、重置价值、评估价值等。

（7）鉴定评估报告书还应有齐全的附件。

2. 二手车鉴定评估报告书正文的基本内容和编写步骤

（1）鉴定评估的依据：

1）国务院 1991 年 91 号令发布的《国有资产评估管理办法》。

2）国家国有资产管理局发布的《国有资产评估管理办法施行细则》（国资办发〔1992〕36 号）。

3）评估立项批文。

4）《机动车强制报废标准规定》《机动车运行安全技术条件》《中华人民共和国道路交通安全法》《中华人民共和国大气污染防治法》等国家相关法律、法规和标准。

5）客户提供的原始购车发票，有关合同、协议；人民法院出具的发生法律效力的判决书、裁定书、调解书。

6）产权证明材料。

7）当地政府的有关规定。

（2）鉴定评估的目的。对鉴定评估目的的相关内容有一定叙述。

（3）鉴定评估范围和基准时间。对鉴定评估范围的描述主要是明确评估了哪些类型的二手车辆，而鉴定评估基准时间是表明评估结论相对于哪一天发表的价值意见。由于车辆是在不断运动的，其价值随自身的运动和外部环境而发生变化，因而鉴定评估的结论也只是反映某天的静态价值意见。

（4）鉴定评估前提。主要说明前提性条件，如采用的评估标准、评估方法等。

（5）鉴定评估结论。一般应说明在完成了哪些鉴定评估程序后发表鉴定评估的结论意见。

二、二手车鉴定评估文件样例

1. 二手车鉴定评估报告样例

二手车鉴定评估报告
（示范文本）

××××鉴定评估机构评报字（200　年）第××号

一、绪言

________（鉴定评估机构）接受________的委托，根据国家有关评估及《二手车流通管理办法》和《二手车鉴定评估技术规范》（GB/T 30323）的规定，本着客观、独立、公正、科学的原则，按照公认的评估方法，对牌号为________的车辆进行了鉴定。本机构鉴定评估人员按照必要的程序，对委托鉴定评估的车辆进行了实地查勘与市场调查，并对其在______年____月____日所表现的市场价值做出了公允反映。

二、委托方信息

委托方：____________________　委托方联系人：________________________________

联系电话：__________________　车主姓名/名称：(填写机动车登记证书所示的名称)

三、鉴定评估基准日：________年______月______日

四、鉴定评估车辆信息

厂牌型号：______________________　牌照号码：________________________________

发动机号：______________________　车辆识别代号/车架号：____________________

车身颜色：____________　表征里程：____________　注册登记日期：______________

年审检验合格有效期至：________年______月　交强险截止日期：______年______月

车船税截止日期：______年______月

是否查封、抵押车辆：□是　□否　　车辆购置税（费）证：□有　□无

机动车登记证书：□有　□无　　机动车行驶证：□有 □无

未接受处理的交通违法记录：□有　□无

使用性质：□公务用车　□家庭用车　□营运用车　□出租车　□其他：____________

五、技术鉴定结果

技术状况缺陷描述：____

重要配置及参数信息：____

技术状况鉴定等级：_____________________　等级描述：______________________

六、价值评估

价值估算方法：□现行市价法　□重置成本法　□其他 __________________

价值估算结果：车辆鉴定评估价值为人民币________元，金额大写：________________

七、特别事项说明[1]

八、鉴定评估报告法律效力

本鉴定评估结果可以作为作价参考依据。本项鉴定评估结论有效期为90天，自鉴定评估基准日至______年____月____日止。

九、声明

(1) 本鉴定评估机构对该鉴定评估报告承担法律责任。

(2) 本报告所提供的车辆评估价值为评估基准日的价值。

(3) 该鉴定评估报告的使用权归委托方所有，其鉴定评估结论仅供委托方为本项目鉴定评估目的使用和送交二手车鉴定评估主管机关审查使用，不适用于其他目的，否则本鉴定评估机构不承担相应法律责任；因使用本报告不当而产生的任何后果与签署本报告书的鉴定评估人员无关。

(4) 本鉴定评估机构承诺，未经委托方许可，不将本报告的内容向他人提供或公开，否则本鉴定评估机构将承担相应法律责任。

附件：

一、二手车鉴定评估委托书

二、二手车技术状况鉴定作业表

三、车辆行驶证、机动车登记证书复印件

四、被鉴定评估二手车照片（要求外观清晰，车辆牌照能够辨认）

二手车鉴定评估师（签字、盖章）　　　　　　　　复核人[2]（签字、盖章）
年　　月　　日　　　　　　　　　　　　　　　　（二手车鉴定评估机构盖章）
　　　　　　　　　　　　　　　　　　　　　　　年　　月　　日

［1］特别事项是指在已确定鉴定评估结果的前提下，鉴定评估人员认为需要说明在鉴定过程中已发现可能影响鉴定评估结论，但非鉴定评估人员执业水平和能力所能鉴定评定估算的有关事项以及其他问题。

［2］复核人是指具有高级二手车鉴定评估师资格的人员。

备注：1. 本报告书和作业表一式三份，委托方二份，受托方一份；
　　　2. 鉴定评估基准日即为《二手车鉴定评估委托书》签订的日期。

2. 二手车鉴定评估委托书样例

二手车鉴定评估委托书
（示范文本）

委托书编号：____________

委托方名称（姓名）：　　　　　　　　鉴定评估机构名称：
法人代码证（身份证）：　　　　　　　法人代码证：
委托方地址：　　　　　　　　　　　　鉴定评估机构地址：
联系人：　　　　　　　　　　　　　　联系人：
电话：　　　　　　　　　　　　　　　电话：

因□交易 □典当 □拍卖 □置换 □抵押 □担保 □咨询 □司法裁决 □其他（需说明）需要，委托人与受托人达成委托关系，号牌号码为________________，车辆类型为________________，车辆识别代号（VIN码）/车架号为________________的车辆进行技术状况鉴定并出具评估报告书，________年______月______日前完成。

委托评估车辆基本信息

车辆情况	厂牌型号			使用用途	营　运 □ 非营运 □
	总质量/座位/排量			燃料种类	
	初次登记日期	年　月　日		车身颜色	
	已使用年限	年　个月	累计行驶里程（万千米）		
	大修次数	发动机（次）		整车（次）	
	维修情况				
	事故情况				
价值反映	购置日期	年　月　日		原始价格（元）	

备注：

委托方：（签字、盖章）　　　　　　　　　　　　受托方：（签字、盖章）

年　　月　　日　　　　　　　　　　　　　　　　年　　月　　日

1. 委托方保证所提供的资料客观真实，并负法律责任。

2. 仅对车辆进行鉴定评估。

3. 评估依据：《机动车运行安全技术条件》（GB 7258）、《二手车鉴定评估技术规范》（GB/T 30323）等。

4. 评估结论仅对本次委托有效，不可用作其他用途。

5. 鉴定评估人员与有关当事人没有利害关系。

6. 委托方如对评估结论有异议，可于收到《二手车鉴定评估报告》之日起 10 日内向受托方提出，受托方应给予解释。

3. 二手车技术状况鉴定作业表样例

二手车技术状况鉴定作业表
（示范文本）

车辆基本信息	厂牌型号		牌照号码	
	发动机号		VIN 码	
	初次登记日期	年　月　日	表征里程	万千米
	品牌名称	□国产　□进口	车身颜色	
	年检证明	□有（至____年_月）　□无	购置税证书	□有　□无
	车船税证明	□有（至____年_月）　□无	交强险	□有（至____年_月）　□无
	使用性质	□营运用车　□出租车　□公务用车　□家庭用车　□其他		
	其他法定凭证、证明	□机动车号牌　□机动车行驶证　□机动车登记证书　□第三者强制保险单　□其他		
	车主名称/姓名		企业法人证书代码/身份证号码	

续表

重要配置	燃料标号		排量		缸数	
	发动机功率		排放标准		变速器形式	
	安全气囊		驱动方式		ABS	□有 □无
	其他重要配置					
是否为事故车	□是 □否	损伤位置及损伤状况				
鉴定结果	分值		技术状况等级			
车辆技术状况鉴定缺陷描述	鉴定科目	鉴定结果（得分）	缺陷描述			
	车身检查					
	发动机检查					
	车内检查					
	起动检查					
	路试检查					
	底盘检查					

声明：

本二手车技术状况表所体现的鉴定结果仅为鉴定日期当日被鉴定车辆的技术状况表现与描述，若在当日内被鉴定车辆的市场价值或因交通事故等原因导致车辆的价值发生变化，对车辆鉴定结果产生明显影响时，本技术状况鉴定说明书不作为参考依据。

二手车鉴定评估师：________　　　　鉴定单位：（盖章）

鉴定日期：____年___月___日

注：本二手车技术状况表由二手车经销企业、拍卖企业、经纪企业使用，作为二手车交易合同的附件。车辆展卖期间，放置在驾驶室前风挡玻璃左下方，为消费者提供参考。

复　习　题

一、简答题

1. 简述二手车评估方法的特点与运用条件。
2. 如何利用现行市价法评估二手车？
3. 如何确定二手车的成新率？
4. 如何利用重置成本法确定二手车的评估价格？
5. 如何运用重置成本法？
6. 如何撰写二手车的鉴定评估报告书？

二、选择题

1. 二手车鉴定估价有 4 种基本方法，最常采用的是（ ）方法。

A. 现行市价、清算价格　　B. 重置成本、现行市价

C. 重置成本、快速折旧　　D. 收益现值、清算价格

2. 由于汽车的使用，出现了磨损、部件性能下降，致使原有的车辆相对新车型的贬值称为（ ）。

A. 功能性贬值　　B. 经济性贬值

C. 实体性贬值　　D. 功能性贬值和经济性贬值

3. 在成新率确定的部件鉴定法中，在轿车总成与部件中（ ）权重值最高。

A. 车身总成　　B. 制动系统

C. 发动机与离合器总成　　D. 电器仪表系统

4. 一辆私家车已使用了 3 年 9 个月，采用使用年限法计算的成新率是（ ）。

A. 25%　　B. 75%

C. 53.1%　　D. 62.5%

5. 一辆出租车已使用了 3 年，采用使用年限法计算的实体性贬值率是（ ）。

A. 37.5%　　B. 70%

C. 30%　　D. 62.5%

6. 采用现行市价法估价时，参照车辆与被估车辆类别、主要参数、结构性能都相同，但生产序号不同，并有局部改动，则参照车辆与被评估车辆是（ ）的车辆。

A. 完全相同　　B. 完全不同

C. 看作相同　　D. 看作不同

7. 在收益现值法中，（ ）。

A. 选择的折现率应大于等于利率　　B. 选择的折现率应小于利率

C. 折现率与利率孰大孰小，不好说　　D. 折现率与利率无一定关系

8. 一辆 2005 年生产的伊兰特 1.6GL – AT 私家车，按照现行市价法评估价格约为 9 万元，由于资产抵押，考虑到快速变现的需要，折价 20%，则该车的清算价格为（ ）元。

A. 1.8 万　　B. 7.2 万

C. 6.6 万　　D. 7.8 万

9. 若采用收益现值法评估二手车，只能用于（ ）。

A. 通勤车辆　　B. 营运车辆

C. 私人车辆　　D. 公务车辆

第五章 二手车鉴定与评估案例

学习目标

1. 掌握现行市价和重置成本法的具体运用。
2. 学会对国产汽车进行评估。
3. 学会对进口汽车（价格较高）进行评估。

第一节 二手车现行市价评估法的运用

一、二手车市场发展情况与趋势

2017 年全国二手车网络车源总数为 1 644 万辆，全年二手车累计交易量为 1 240.09 万辆，累计同比增长 19.33%。其中乘用车交易量为 931.57 万辆，同比增长 18.21%，商用车交易量为 244.9 万辆，同比增长 18.54%。

2017 年，全国二手车以基本型乘用车为主要流通车型，占比为 59.43%，然后依次为客车（占比 10.74%）、货车（占比 9.01%）、SUV（占比 7%）、MPV（占比 5.83%）。

二手车交易市场中使用年限在 3 ~ 6 年的交易量最多，占比为 43.49%，其次是 3 年内的，占比为 24.7%，7 ~ 10 年的占比为 22.37%，10 年以上的占比为 9.44%。

2017 年公平价大数据中心统计全网 36 家主流电商平台去重后车源总数为 1 644 万辆。前 10 名依次是 58 同城、二手车之家、瓜子二手车、优信二手车、赶集网、百姓网、淘车、人人车、看车网、273 二手车。值得注意的是，58 同城领先优势明显，长期占领第一位置，车源占比高达 34.91%。瓜子二手车、优信二手车、人人车市场份额均比上一年度有明显增长。

2017 年热销品牌 TOP10 依次是大众、丰田、本田、别克、现代、奥迪、日产、宝马、福特、雪佛兰。10 个品牌车源总量为 929.92 万辆，占总车源的 56.57%。

2017 年热销车型 TOP10 依次是福克斯、科鲁兹、凯越、雅阁、捷达、凯美瑞、奥迪 A6L、Polo、朗逸、宝马 5 系。10 款热销车型车源总量为 234.44 万辆，占总车源为 14.26%。

1. 促进二手车市场发展的因素

（1）优点多：

1）价格低廉。按现在的新车销售政策，消费者在购买新车时要缴纳车辆购置税等多项费用，而购买二手车只需缴纳很少的服务费。

2）选择余地大。以前的二手车交易车源、车型都非常少，属于卖方市场。而现在各种价位的二手车，从5万元以下、5万～10万元、10万～15万元，甚至更高的价位都会有几种甚至十几种车型供挑选。二手车交易已经渐渐进入买方市场。

3）交易更规范。二手车交易越来越规范，以前消费者担心买到拼装车、被盗车等现象已基本上不会出现，所有从事二手车交易的经纪人都持证上岗，二手车交易市场都有相关职能部门入驻把关。

4）旧车不旧。目前的二手车交易中，二手车整体使用年限较往年有所缩短。据了解，以前出售的二手车平均使用年限大概为6年左右，而现在平均使用年限已缩短为4年，真正意义上的旧车正在逐步淡出市场。

（2）交易形式多样。目前，二手车交易改变了过去只能在二手车市场中交易的形式，交易形式逐步趋于多样化。例如，一些主流汽车品牌的4S店都开展了“新旧车置换业务”，在这里进行置换，消费者可方便地得到“一条龙”服务，专业、快捷且可信度高。此外，商家举办的“周末看车团”“周末置换团”等二手车交易形式也受到消费者欢迎。另一种较为新颖的二手车交易形式即“二手车拍卖”被商家及消费者普遍看好。二手车拍卖作为一种第三方的公开服务平台，一直是美国、日本等国家重要的二手车交易平台，国内的专业二手车拍卖发展迅速。对于消费者来说，与在二手车市场购车相比，拍卖会具有更大的吸引力。一是价格比市场低。绝大部分车辆起拍价很低，运气好的话，可以捡个大便宜。二是车况有保证。由于拍卖的车辆中公务车较多，因此消费者对车况相对放心。随着消费者对“拍卖”这种汽车销售方式的逐步了解，二手车拍卖将与其他汽车销售方式并存，并且逐渐成为一种新的消费趋势。

（3）品牌概念助推。品牌二手车概念开始出现。首先是汽车厂家相继推出各自的二手车服务品牌，如上海通用“诚新二手车”、一汽奥迪“品鉴二手车”、宝马“尊选二手车”、梅赛德斯—奔驰星睿“认证二手车”、奇瑞“成功二手车”、广汽丰田“心悦二手车”等。品牌二手车除了可以享受车辆定站检测、零配件定点供应以及专业维修外，同时还保证享有半年或10 000 km的原厂质保。

各地的二手车交易市场也推出了自己的品牌二手车。如东风日产二手车北京交易中心、上海大众叶川二手车服务中心、首创森美二手车服务中心、汇通路华路虎北京二手车置换中心等。在二手车专业店中交易，消费者可以得到更加公正透明的价格、更加周到的服务、更加完善的质量保障和各具特色的售后保障，消费者买车、用车更加放心了。

（4）电商平台激活二手车市场。自2015年兴起的二手车电商平台强势进入汽车消费市场，平台利用互联网高效、便捷以及突出的整合能力，构建多种模式的二手车电商平台，覆盖二手车流通中卖车、买车、金融、物流等各环节，组成了完善的线上二手车交易链条。在不断的探索与发展中，二手车电商行业根据市场的变化对自身的业务模式及市场战略做出持续的调整与创新，推动行业朝着更高效、更便捷、更有价值的方向发展。

而随着二手车的繁荣与二手车电商平台的兴起，鉴于其互联网属性，二手车电商平台利用自身开展信息、交易、金融、物流、营销等业务的便利及优势，多数二手车电商平台在完成交易后，尝试着开拓行业相关增值服务及新业务方向。未来二手车电商平台角色定位不再仅仅局限于二手车交易，将逐步拓展至新车销售、汽车金融、出行服务、养护电商、车商服务、车辆运输、仓储管理等，成为汽车线上综合服务提供商。

2. 二手车行业趋势

（1）政策趋势。国家发布了《关于促进二手车便利交易的若干意见》《二手车流通管理办法》等政策措施，为二手车的交易提供了依据。

（2）行业趋势。首先，新车市场的持续活跃将为二手车市场发展提供持续动力。由于国内新车市场供求关系失衡，从而导致了车市价格的大幅度下降，这对于二手车市场的发展形成阻碍。对于成熟市场来说，二手车与新车的价格差距应该在50%以上，而国内目前只有30%左右，不利于二手车市场的健康发展。

其次，新能源车市场活跃或将影响汽车市场未来格局。越来越多的国家在讨论汽车市场的发展时都会将2030年作为一个时间节点，停止销售传统燃油车，推动新能源汽车的发展。新能源车将会对二手车市场带来哪些影响目前都还是未知数，但整个行业现在必须重视新能源车对于传统二手车市场的冲击。

（3）消费趋势。目前，汽车依旧是国内消费增长的主要驱动力，带动国内经济的增长。国内二手车市场的高度“碎片化”严重阻碍了二手车交易规模的集中爆发，市场中无法形成规模化的车源。而在国外，车队是二手车车源的重要保障，但目前融资租赁业务在国内才刚刚兴起，二手车市场要想从融资租赁业务中受益，还要等待一段时间。

同时，消费者的一些趋势变化同样不容忽视，如开始关注二手车品牌、注重二手车售后服务保障、租赁业务开始改变汽车消费观念与行为等。

（4）市场趋势：

1）二手车消费重心将由1、2线城市向3、4线城市延伸。国内东、中、西部经济发展和消费水平参差不齐，国内汽车消费呈现出梯度分布特征。国内的一线城市出现限购，因此成为了二手车车源的输出地，而国内的3、4线城市则是二手车的目标市场，从而形成二手车市场大流通的格局。

2）二手车车源仍将成为市场竞争的焦点。根据2016年前三季度流通车型统计，线上电商平台车源发布量及用户关注度占比最高的车型为奥迪A6L，排在前10的品牌占电商平台发布量的14.46%。五菱宏光交易量排名第一，在二手车市场中占比较大，排在前10位的品牌占实际交易量的16.12%。

3）二手车价格水平将继续下移，为国内二手车市场的经营造成非常大的压力。一方面国内新车市场的整体价格在下降；另一方面，由于政策等原因，二手车流转的成本却在增加。因此，二手车行业的核心竞争力在于效率的提升，而效率的改变又将影响二手车的价格水平。在未来的二手车市场中，价格形成机制或将发生变化，这将引发二手车市场呈现新的运营特征，为整个市场格局的塑造带来更多新的可能。

2017 年二手车交易总量突破 1 200 万辆，比上一年增长 15% ~20%，2020 年，二手车市场的交易总规模有望突破 2 000 万辆，届时，国内汽车市场将从以“新增需求”为主转化为以“置换需求”为主，新车与二手车市场的比例关系达到 1∶1。

二、常见汽车厂家不同年代的车辆参考价格与保值率

目前，许多二手车网站、手机 App 均可以进行车辆价格查询或者进行价格评估，网页界面一般如图 5—1 所示。

图 5—1　某网站蓝本价查询界面

据中国汽车保值率研究委员会发布的《2017 中国汽车保值率报告》显示，新车第一年综合保值率低于 72%，车龄 5 年综合保值率不足 46%，其中 B 级车最保值，售价低的 A00 级车最易贬值，下面是各级别轿车和 SUV 的保值率排名，具体见表 5—1。

表 5—1　　国产车型保值率排名

A00 级轿车						
排名	1 年		3 年		5 年	
	品牌	保值率	品牌	保值率	品牌	保值率
1	长安奥拓	73. 90%	长安奥拓	61. 38%	长安奥拓	49. 60%
2	宝骏乐驰	73. 88%	宝骏乐驰	60. 90%	宝骏乐驰	46. 86%
3	北斗星	70. 56%	奇瑞 QQ3	57. 27%	奇瑞 QQ3	44. 52%
4	众泰 Z100	70. 00%	悦悦	56. 94%	悦悦	44. 28%
5	奇瑞 QQ3	69. 93%	北斗星	56. 52%	江南奥拓	43. 68%
A0 级轿车						
排名	1 年		3 年		5 年	
	品牌	保值率	品牌	保值率	品牌	保值率
1	飞度两厢	76. 48%	飞度两厢	64. 50%	飞度两厢	52. 49%
2	POLO	75. 31%	POLO	61. 18%	POLO	49. 09%

续表

A0 级轿车						
排名	1 年		3 年		5 年	
	品牌	保值率	品牌	保值率	品牌	保值率
3	乐风 RV	73.96%	赛欧两厢	61.06%	瑞纳两厢	47.66%
4	威驰	73.93%	威驰	60.47%	赛欧两厢	47.62%
5	晶锐	72.97%	瑞纳两厢	60.17%	乐风	46.97%

A 级轿车						
排名	1 年		3 年		5 年	
	品牌	保值率	品牌	保值率	品牌	保值率
1	朗逸	75.57%	朗逸	64.57%	朗逸	51.45%
2	速腾	75.46%	高尔夫	62.50%	高尔夫	50.47%
3	高尔夫	75.27%	高尔夫 GTi	61.92%	速腾	50.06%
4	朗境	74.96%	速腾	61.64%	朗境	49.20%
5	朗行	74.78%	朗境	61.36%	朗动	48.89%
6	高尔夫嘉旅	74.78%	卡罗拉	60.67%	科鲁兹三厢	48.59%
7	卡罗拉	74.06%	朗动	60.67%	朗行	48.45%
8	高尔夫 GTi	74.03%	朗行	60.66%	高尔夫 GTi	48.35%
9	花冠	73.98%	昕悦	60.53%	昕悦	48.03%
10	凌度	73.98%	宝来三厢	60.40%	轩逸	47.98%

B 级轿车						
排名	1 年		3 年		5 年	
	品牌	保值率	品牌	保值率	品牌	保值率
1	帕萨特	75.98%	帕萨特	61.69%	帕萨特	49.47%
2	大众 CC	75.00%	大众 CC	61.82%	大众 CC	49.38%
3	迈腾	74.35%	凯美瑞	61.39%	凯美瑞	48.79%
4	马自达阿特兹	74.26%	锐志	60.90%	迈腾	48.77%
5	西玛	73.96%	君威	60.72%	奥迪 A4L	48.27%
6	天籁	73.65%	奥迪 A4L	60.45%	锐志	48.02%
7	吉利博瑞	73.30%	迈腾	60.38%	天籁	48.02%
8	凯美瑞	73.13%	马自达阿特兹	60.22%	君越	47.43%
9	君威	73.07%	天籁	60.08%	昊悦	47.41%
10	君越	73.04%	速派	59.99%	迈锐宝	47.09%

续表

C 级轿车

排名	1 年		3 年		5 年	
	品牌	保值率	品牌	保值率	品牌	保值率
1	奥迪 A6L	74.10%	宝马 5 系	59.71%	宝马 5 系	47.45%
2	丰田皇冠	73.98%	奥迪 A6L	59.61%	奥迪 A6L	47.13%
3	宝马 5 系	73.85%	凯迪拉克 XTS	58.86%	凯迪拉克 XTS	45.83%
4	奔驰 E 级	73.15%	奔驰 E 级	58.84%	丰田皇冠	44.60%
5	凯迪拉克 XTS	73.00%	丰田皇冠	58.51%	奔驰 E 级	42.99%

小型 SUV

排名	1 年		3 年		5 年	
	品牌	保值率	品牌	保值率	品牌	保值率
1	别克昂科拉	74.12%	现代 ix25	61.88%	别克昂科拉	49.84%
2	本田 XR－V	73.45%	本田 XR－V	61.45%	逍客	47.49%
3	标志 2008	72.96%	逍客	60.96%	长安 CS35	46.45%
4	逍客	72.89%	别克昂科拉	60.50%	瑞虎 3	43.00%
5	现代 ix25	72.61%	标志 2008	60.38%	智商 S30	42.92%
6	缤智	71.93%	创酷	60.00%	翼博	42.31%
7	长安 CS35	71.48%	缤智	58.96%	野马 F10	42.01%
8	瑞虎 3	71.47%	长安 CS35	58.39%	哈弗 M4	41.99%
9	幻速 S2	70.30%	瑞风 S3	57.84%	哈弗 M2	41.88%
10	瑞风 S3	70.29%	瑞虎 3	57.31%	力帆 X60	39.08%

紧凑型 SUV

排名	1 年		3 年		5 年	
	品牌	保值率	品牌	保值率	品牌	保值率
1	途观	76.96%	途观	63.80%	途观	54.80%
2	奇骏	75.16%	本田 CR－V	63.28%	奇骏	52.17%
3	丰田荣放	74.98%	野帝	62.48%	本田 CR－V	50.56%
4	本田 CR－V	74.93%	奇骏	62.36%	丰田荣放	50.45%
5	奥迪 Q3	73.99%	丰田荣放	62.14%	翼虎	49.35%
6	途胜	73.95%	途胜	62.14%	奥迪 Q3	48.98%
7	现代 ix35	73.82%	翼虎	61.27%	北汽域胜 007	48.33%
8	翼虎	73.56%	现代 ix35	60.30%	途胜	48.24%
9	野帝	73.48%	北汽域胜 007	60.02%	宝马 X1	46.84%
10	狮跑	73.24%	奥迪 Q3	59.77%	奔腾 X80	46.61%

续表

中型 SUV

排名	1 年		3 年		5 年	
	品牌	保值率	品牌	保值率	品牌	保值率
1	汉兰达	75.50%	汉兰达	63.34%	汉兰达	50.88%
2	奔驰 GLK	74.00%	奥迪 Q5	60.93%	奔驰 GLK	49.78%
3	奥迪 Q5	73.88%	奔驰 GLK	60.43%	奥迪 Q5	48.81%
4	昂科威	73.78%	江铃驭胜	60.19%	胜达	47.13%
5	奔驰 GLC	73.49%	胜达	59.33%	楼兰	45.01%
6	胜达	73.41%	沃尔沃 XC60	58.84%	荣威 W5	43.26%
7	锐界	73.14%	昂科威	58.78%	比亚迪 S6	42.80%
8	路虎发现神行	73.00%	楼兰	57.00%	猎豹黑金刚	41.80%
9	英菲尼迪 QX50	72.50%	吉利豪情 SUV	56.99%	江铃驭胜	41.65%
10	沃尔沃 XC60	71.98%	三菱帕杰罗劲畅	56.86%	北汽路霸	41.56%

A00 级轿车：长安奥拓、宝骏乐驰、北斗星、奇瑞 QQ3 保值较好。但 A00 级新车售价低廉，不少人直接选择买新车，因此整体保值率较低。未来随着新车售价走低，二手车价格和保值率将继续下滑。

A0 级轿车：飞度两厢、POLO 等最受青睐，A0 级轿车第 1 年保值率为 72% ~77%，车龄 5 年保值率为 46% ~53%。

A 级轿车：A 级车车龄 1 年综合保值率约为 70.53%，车龄 5 年综合保值率约为 44.37%。其中朗逸、高尔夫、速腾等最保值，德系车优势明显。

B 级轿车：B 级车中德系及日系品牌表现出色，其中帕萨特、大众 CC、凯美瑞等 5 年综合保值率排名前三，值得一提的是，自主品牌吉利博瑞首年保值率为 73.30%，排名第七。

C 级轿车：C 级车细分市场基本是 BBA 的天下，奥迪 A6L 首年保值率排名第一，宝马 5 系车龄 3 ~5 年保值率保持第一。

小型 SUV：在小型 SUV 保值率排行榜中，别克昂科拉、本田 XR－V 等最保值，不过随着自主品牌 SUV 的崛起，长安 CS35、瑞虎 3、瑞风 S3 等车型排名前十，未来随着宝骏 510 等新车型的热销，会有更多的自主车型跻身榜单。

紧凑型 SUV：紧凑型 SUV 基本是德系和日系的天下，其中途观表现最为抢眼，稳居第一。自主品牌北汽域胜 007 和奔腾 X80 也有不错的表现，5 年保值率分别排第七、第十。

中型 SUV：汉兰达、奔驰 GLK、奥迪 Q5 最保值。尽管合资品牌优势明显，但自主品牌也有不错的表现，其中荣威 W5、比亚迪 S6、猎豹黑金刚、江铃驭胜、北汽路霸 5 年保值率分别排第 6 ~10 位。

通过分析排行榜不难发现，那些市场保有量高、新车价格浮动小、故障率低及后期维修费用低的车型更保值。

三、现行市价评估法的基本程序

采用现行市价评估法评估二手车价值时，一般可按图 5—2 所示的流程进行。

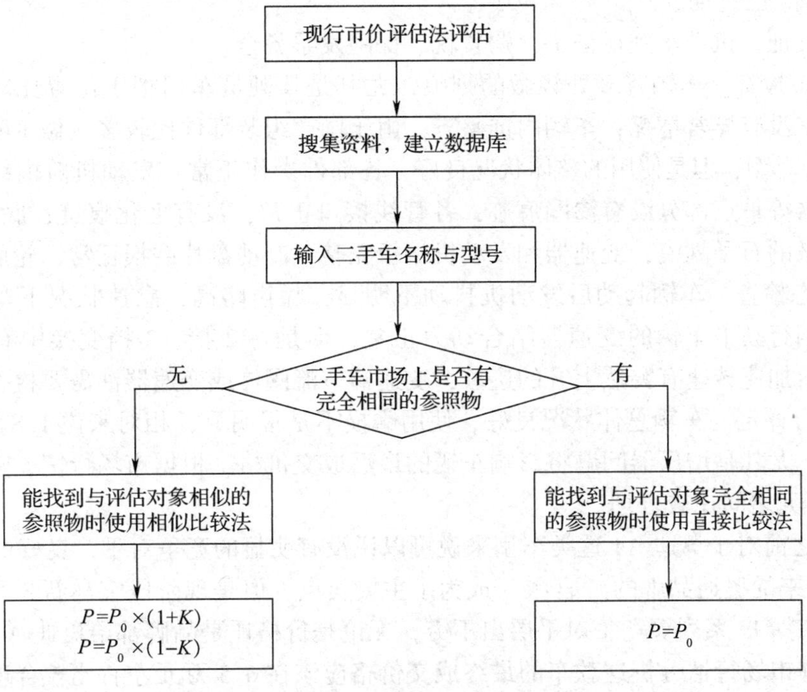

图 5—2　现行市价评估法评估流程

（1）搜集资料。搜集被评估对象的资料，包括车辆的类别、型号、性能、生产厂家，了解车辆的使用情况、已使用年限，鉴定车辆现时的技术状况等。

（2）选定二手车市场上相同或相似的参照物。所选的参照物必须具有可比性。参照物与被评估对象完全相同的很难找，一般都存在一些差异，只要存在差异，就应进行调整。

（3）分析及比较。将参照物与被评估对象进行比较，分析它们之间存在的差异，确定其差异程度并进行调整。调整是针对参照物进行的，而不能对被评估对象进行调整，因为参照物已有了市场交易价格。主要是针对其价格进行调整，确定需调整的比较因素及其调整系数。

（4）计算被评估对象的评估值。在分析及比较的基础上，确定比较因素，并将各因素的调整系数确定后，代入有关计算公式进行评估值的计算，最终获得评估结论。

四、运用举例

1. 奥迪 A4 2008 款 1. 8TAT 自动豪华型二手车评估

（1）车辆基本信息

评估车型：奥迪 A4 1. 8TAT　　登记日期：2008 年 9 月

新车包牌价格：2008 款近似配置 34. 9 万元　　表征行驶里程：90 000 km

排放标准：欧Ⅳ　　过户次数：1 次（以车辆登记证为准）

用户情况：个人用户车辆置换出售，希望价格为 8 万元

评估日期：2018 年 8 月

（2）手续、规范情况

年检到期：2018 年 9 月　　　　　　　　保险到期：2018 年 9 月

质保到期：已过期

车辆行驶证，机动车登记证书，购置税、保险发票齐全。

（3）静态检查。车辆有多处轻微的划痕，尤其是驾驶员车门把手位置比较明显；车架连接部分检查没有异常情况；车辆内饰整齐，由于国产组装部件比较多，做工明显不如 2003 年之前的原装车型，但是使用的整体状况良好，各部件操作正常；发动机舱内线路正常，发动机和变速器等重点部分没有渗漏痕迹，各管线接口正常，没有老化痕迹；底盘系统完整，两侧边有轻微的石子划痕，变速器和发动机护板完整，制动盘片磨损正常，轮胎磨损正常。

（4）动态检查。车辆起动后发动机抖动不明显，噪声略高，怠速状况下车辆转速稳定性较好，换挡行驶中车辆的变速器结合动力正常，但是在 2 挡、3 挡变换中有轻微闯动迹象，半制动后加速转速有突然上升的迹象，变速器节流阀体或变速器油需要检查。

（5）综合评定。车辆总体状况良好，使用磨损不是很明显，相对来说 1.8T 发动机的后期维护费用，尤其是增压器问题将影响车辆的最后成交价格，根据市场行情，建议成交价格在 6 万 ~7 万元之间比较合理。

2004 年之前对于奥迪 A4 这类车型来说可以说没有明显的竞争对手，良好的运动气质和奥迪 A6 所带来的奥迪品牌的“官派”成为了主要卖点，但是现阶段宝马新 3 系列、奔驰 C 系列、雷克萨斯 IS 系列等竞争对手层出不穷，无论是价格还是品牌都给奥迪 A4 带来了不小的压力，根据市场行情分析这款车的最终成交价格应该在 6.5 万元左右比较合理。

奥迪系列在市场内的主要车型还是以 A6 为主力车型，相对来说 A4 系列性价比一般，一些个性化用户尤其是旧机动车用户往往更愿意选择比较有“自由气质”的车型，如宝马 3 系列、斯巴鲁翼豹、雷克萨斯 IS 等车型，这些车辆的性价比并不比奥迪 A4 差很多，所以市场总体的竞争优势并不明显；另外，由于新款不断推出，新车价格不断下降，最终造成成交价格下降，根据市场近期行情，利用现行市价法直接比较（利用二手车之家等网站），建议成交价格在 6.5 万 ~7.5 万元之间比较合理。

2. 宝马 -7 系 2009 款 740Li 豪华型二手车评估

（1）车辆基本信息

品　　牌：	宝马	型　　号：	740Li
车辆类型：	大型车	国产/进口：	进口
制造厂名称：	德国宝马	VIN 号：	GN52B30E692××××××
发动机号：	N54B30××××	发动机型号：	N54B30A
车身颜色：	黑色	燃油种类：	汽油
排量：	4.0 L	上牌日期：	2009 年 11 月
评估日期：	2017 年 9 月		

（2）手续、规费情况

年检到期时间：	2018 年 11 月	商业险到期时间：	2018 年 11 月
交强险到期时间：	2018 年 11 月	过户次数：	1 次

机动车行驶证、机动车登记证书、保险手续齐全，车辆可随时过户，有购置税完税证明及收据、原始购车发票，车船使用税已与交强险一起交付。

（3）车辆配置。手自一体6挡变速器、雨量探测器、自动前照灯控制系统、自动空调、车载电脑、车载冷藏箱、DSC动态稳定控制系统、胎压报警指示灯、发动机爆燃控制系统、铝合金发动机缸体。

（4）静态检查。从外观上看，该车线条紧凑，漆面均匀而且有光泽，发动机舱盖与前照灯、进气格栅之间的衔接非常细密，发动机线路整齐，防尘、隔音保持得很好。虽然已经将近8年车龄，但内饰依然显得气派、豪华，真皮座椅、仪表板保养得也到位。底盘有部分位置发现一些细微的划痕，属于正常情况。检视轮胎后，并没有发现啃胎痕迹，铝合金轮毂保持完好。

（5）动态检查。起动发动机后，感觉噪声非常小，6速手自一体变速器配合相当默契，换挡过程异常平顺。车辆行驶循迹性非常出色，其余各部件动态表现正常。

（6）综合评定。参照当时的市场行情，像此车使用将近8年，车辆各种状况基本保持完好，属于品质较好的二手车，综合鉴定评估价格为29万元左右。

3. 哈弗－H6 2015款升级版1.5T手动两驱精英型二手车评估

（1）车辆基本信息

品　　牌：	长城哈弗	型　　号：	升级版1.5T手动两驱精英型
车辆类型：	紧凑型SUV	国产/进口：	国产
制造厂名称：	长城汽车	VIN号：	××××××××××××××××
发动机号：	1.5T 150马力L4	发动机型号：	GW4G15E
车身颜色：	白色	燃油种类：	汽油
排量：	1.5 L	上牌日期：	2016年1月
评估日期：	2018年6月		

（2）手续、规费情况

年检到期时间：	2020年1月	商业险到期时间：	2019年1月
交强险到期时间：	2019年1月	过户次数：	0次

机动车行驶证、机动车登记证书、保险手续齐全，车辆可随时过户，有购置附加税完税证明及收据、原始购车发票，车船使用税已与交强险一起交付。

（3）原车配置。遥控钥匙、无钥匙起动系统、无钥匙进入系统、倒车影像系统、车载雷达、GPS导航系统、电动天窗、前电动车窗、电动折叠后视镜、防抱死制动系统、电子制动力分配系统、车载电话、胎压监测装置、中控台彩色大屏、定速巡航、上坡辅助。

（4）静态检查。车况优良，性能部件正常使用。经检测，外观及车身结构无重大撞击；车内部件功能正常使用，内饰、座椅磨损程度正常，座椅底部、安全带根部等无水泡痕迹；油位、液位及品质正常，油封不泄漏，线路管无剥落现象。经检测，该车局部喷漆，车主更换了右前轮胎。前保险杠、左前翼子板、左前照灯更换，外观多处有瑕疵。内饰整洁、无磨损，电子系统正常。车主使用仔细；四条轮胎可继续使用；保养正常。

（5）动态检查。发动机起动正常，怠速平稳、无抖动，变速器换挡平顺，功能正常，转向灵活。

（6）综合评定。哈弗 H6 外观大气、时尚，很有运动感，整体设计偏年轻，价位在 SUV 车型中较低。前脸大嘴式进气格栅尺寸较前款有所加大，同时前包围造型更加硬朗，视觉效果彰显硬派。内饰真皮座椅坐着非常舒服，功能也多，配置比较丰富，安全方面配置很合理，偏向于人性化设置，符合大多数人的审美。SUV 车型前排空间宽敞，1.5T 涡轮增压动力够用，操控性也不错。空间比较大，舒适性较好，隔音也好，行驶过程中的舒适性也很不错，整体上性价比较高。在 SUV 车市，最受关注的是长城哈弗 H6。H6 在单一市场可谓绝对的销量王者，热销所带来的技术、市场是其 SUV 高端化的基础与保障。参照目前市场行情，此车使用两年多，车辆各种状况基本与新车差别不大，属于优质二手车，综合鉴定评估价格为 5.6 万元左右。

4. 途观 2012 款 1.8TSI 自动两驱菁英版二手车评估

（1）车辆基本信息

品　　牌：	大众途观	型　　号：	SVW6451GFD
车辆类型：	紧凑型 SUV	国产/进口：	国产
制造厂名称：	上汽大众	VIN 号：	×××××××××××××××××
发动机号：	1.8T 160 马力 L4	发动机型号：	EA888
车身颜色：	黑色	燃油种类：	汽油
排量：	1.8 L	上牌日期：	2012 年 4 月
评估日期：	2018 年 7 月		

（2）手续、规费情况

年检到期时间：	2019 年 4 月	商业险到期时间：	已经过期
交强险到期时间：	2019 年 4 月	过户次数：	0 次

机动车行驶证、机动车登记证书、保险手续齐全，车辆可随时过户，有购置税完税证明及收据、原始购车发票，车船使用税已与交强险一起交付。

（3）车辆配置。电动车窗，电动调节后视镜，真皮座椅，前排座椅电动调节，前排座椅加热，遥控钥匙，多功能转向盘，前照灯高度可调，自动空调，全景天窗，定速巡航。

（4）静态检查。从 45°角看起来车身时尚、动感，外观不错，前、后保险杠有剐蹭喷漆的痕迹。发动机舱盖、左前翼子板、左后翼子板、车门和行李厢盖都没有喷漆。打开车门检查，内饰比较新，磨损并不严重，座椅下的转向管柱没有生锈的痕迹，没有泥沙沉积的痕迹，脚踏板的磨损也符合里程数，安全带没有拆卸、更换的痕迹，能够正常弹回。座椅下方没有锈蚀的痕迹，座椅的固定螺钉也没有拆卸的痕迹。中控的按键都能够正常使用。

打开发动机舱，机舱盖的螺钉没有发现拆卸的痕迹，前照灯的生产日期与车辆的出厂日期相符，没有更换过。水箱框架的出厂日期也没有问题，并且没有拆卸、修复的痕迹。简单地测试一下，发动机运转正常，变速器换挡平顺，没有顿挫感。这款车的悬挂没有拆卸、变形、老化、漏油的现象，前、后纵梁没有褶皱修复的痕迹，前、后防撞钢梁也没有变形修复的痕迹，发动机下部有轻微的渗油现象，但并不严重，发动机没有拆卸过，变速器等没有发现渗油的痕迹。经检测，该车骨架完好，排除事故、火烧、泡水车。内饰干净、整洁，车内电器功能良好，基本功能均正常。

（5）动态检查。该车机械部件工作正常，油液液面正常，仪表显示正常，安全系统、制动系统无故障。发动机运转平稳，变速器换挡平顺，转向灵活。

（6）综合评定。“途观之后再无途观”，目前这句话已经成为汽车圈内的口头禅。途观一直是合资 SUV 羡慕的对象，购车时没有优惠，甚至需加价提车，尽管与荣誉并存的还有漏机油和自燃案例，但依旧热销。参照目前市场行情，像此车使用年龄已经 6 年多，车辆各种状况基本稳定，属于不错的二手车，综合鉴定评估价格为 5.6 万元左右。

第二节　二手车重置成本评估法的运用

一、重置成本法的计算流程

对于重置成本不高的老旧车辆，可采用使用年限法估算其成新率；对于重置成本价值中等的车辆，可采用综合分析法；对于重置成本价值较高的车辆，可采用技术鉴定法和综合成新率法。基本计算流程如图 5—3 所示。

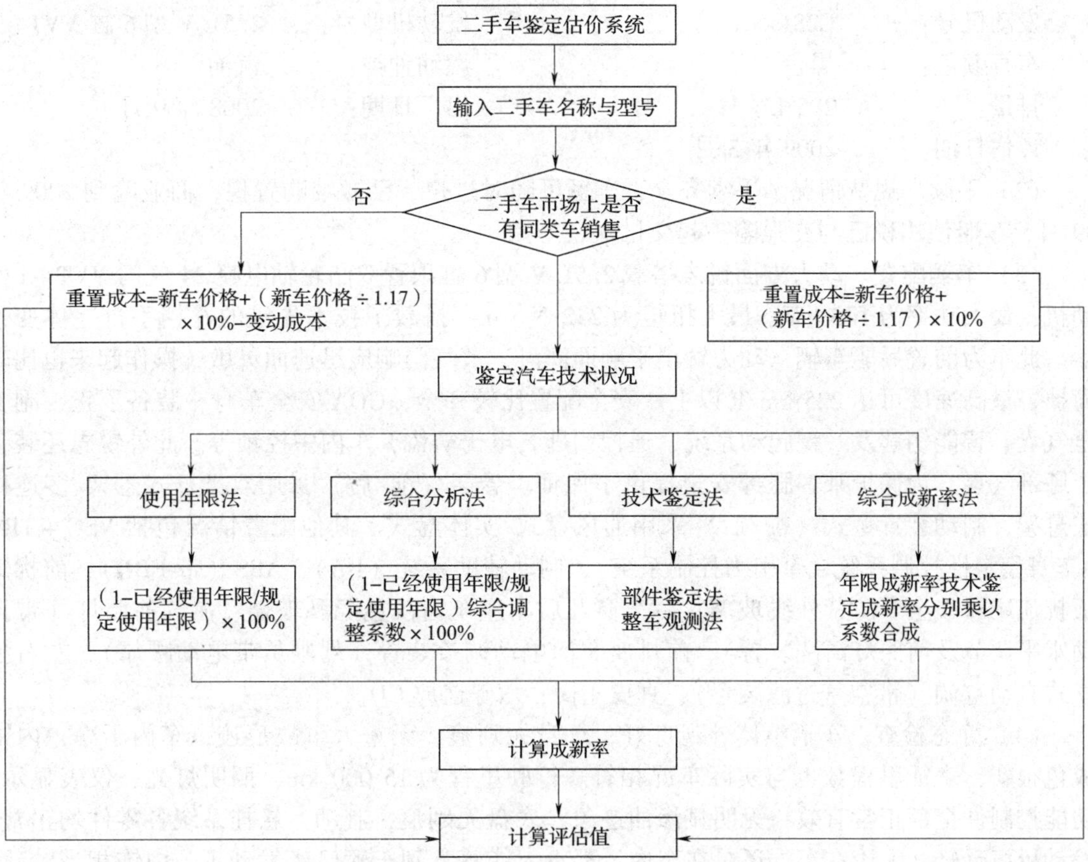

图 5—3　重置成本法的计算流程

技术提示

近年来，随着国内外汽车市场竞争的日益加剧，新车价格浮动明显加快，有些车型在短期内价格就会大幅下跌。许多最近几年买车的消费者发现，自己刚买的新车开了不到一年时间，价格几乎缩水30%。鉴于此，有些专业人士提出，以当前新车价格作为参照更能体现目前形势下二手车保值率的准确性，其计算公式如下：

保值率＝（二手车价/现新车售价）×100%

高保值率主要包含三个方面，即良好的品牌影响力、车系高品质、稳定的价格。

二、运用举例

1. 一汽丰田锐志二手车评估

（1）车辆基本信息

品　　牌：	天津一汽丰田	型　　号：	2.5L超级运动版
车辆类型：	轿车	国产/进口：	国产
制造厂名称：	天津一汽丰田汽车制造厂	VIN号：	LFMBE20D980××××××
发动机号：	C28××××	发动机型号：	2.5L V型6缸 VVT－i
车身颜色：	黑色	燃油种类：	汽油
排量：	2.5 L	出厂日期：	2008年9月
评估日期：	2009年3月		

（2）手续、规费情况。手续齐全，车辆可随时过户，已缴纳购置税，商业险到2009年09月，车船使用税已与交强险一起交付。

（3）车辆配置。动力方面锐志搭载2.5L V型6缸顶置双凸轮轴电喷24气门VVT－i发动机，最大功率为145 kW，最大扭矩为242 N·m。搭载了技术先进的6挡手自一体变速器。此车为前置后驱车辆，动力输出平顺而澎湃，节气门响应迅速而灵敏，操作起来也比较简捷，最高速度可达225 km/h以上。安全配置比较齐全，GOA安全车身，装备了正、副安全气囊、智能钥匙及一键起动系统，遥控钥匙，电子防盗，车内中控锁等。此外锐志还装备了膝部气囊，为保护乘客腿部安全提供了保证。悬架（前/后）采用双叉杆式悬架/多连杆式悬架，制动装置型式（前/后）采用通风盘式/实体盘式。其他配置情况包括VSC＋TRC（车身稳定性控制系统＋牵引力控制系统）、制动辅助系统（BA）、ABS（带EBD）、前扰流板扰流尾翼、全车防紫外线玻璃、后车窗及后车座车窗浅色隐私玻璃、氙气前照灯（带自动水平调节及前照灯清洗装置）、前排座8向电动调节装置（驾驶员带电动腰靠）、左右独立式自动空调（带空气过滤装置）、真皮座椅、六碟连放CD。

（4）静态检查。车辆整体外观良好，车身无划痕，无重大事故痕迹，车内干净，内饰成色很新，表征里程数也与实际车况相符。行驶里程为15 000 km，照明灯光、仪表显示、功能控制件全部正常有效，无明显渗油迹象，底盘无剐痕，制动、悬挂系统各零件均正常。发动机声音轻，无论在车外还是在车内，都不太能感觉到车辆已经发动了。内饰相当精致，简洁的中控台、豪华的中央扶手区无不显示出日系车的做工。

（5）动态检查。锐志的 V6 发动机与 6AT 变速器配合完美，从起步到加速再到高速行驶，感觉不到一点顿挫感，车辆起动后发动机怠速状态平稳。密封性好，车内噪声感觉很小，起步加速爆发力较好，试驾时发现车辆助力转向较轻松，制动性能表现良好，传动系统和悬挂系统等均正常，车辆在低、高速行驶过程中的动力均正常，减振系统不错。

（6）评估计算。由于此车使用 6 个月左右，基本属于新车，而且目前市场价格为 23. 58 万 ~26. 58 万元，属于中高价位的车，所以采用部件鉴定法评估计算。

解：使用年限 =6 个月（按照评估日期 – 登记日期）；新车价格：23. 58 万元；

$$车辆购置税\ T = 计税价\ P_J \times 10\% = [新车售价\ S \div (1+17\%)] \times 10\%$$

$$= \frac{235\ 800}{1+17\%} \times 10\% \approx 20\ 153.8\ 元$$

$$重置成本\ R_C = 新车售价\ S + 车辆购置税\ T = 235\ 800 + 20\ 153.8 = 255\ 953.8\ 元$$

由于使用时间不长，所以各部件均取较高的成新率，部件权重见表 5—2。

表 5—2　　乘用车部件鉴定法的权重值

车辆各主要总成、部件名称	价值权重（%）	车辆各主要总成、部件名称	价值权重（%）
	乘用车		乘用车
发动机及离合器总成	26	车架	0
变速器及传动系总成	11	车身	28
前桥、前悬架及转向系	10	电器仪表	7
后桥及后悬架总成	8	轮胎	4
制动系统	6		

$$C_{pi} = 部件成新率\ C_i \times 部件权重\ K_i$$

$$= 0.90 \times 26\% + 0.92 \times 11\% + 0.98 \times 10\% + 1.0 \times 8\% + 0.95 \times 6\% + 0.90 \times 28\% + 1.0 \times 7\% + 0.95 \times 4\%$$

$$= 0.234 + 0.1012 + 0.098 + 0.08 + 0.057 + 0.252 + 0.07 + 0.038 = 0.9302$$

$$成新率 = \left(1 - \frac{已使用年限}{规定使用年限}\right) \times 100\% = \left(1 - \frac{6}{180}\right) \times 100\% \approx 0.967$$

值得注意的是，用部件鉴定法计算的成新率应该小于使用年限法计算的成新率。

被评估车辆评估值 P = 重置成本 R_C × 成新率 C = 255 953. 8 × 0. 930 2 ≈ 238 088. 2 元

（7）综合评定。锐志的驱动形式在中级车中独树一帜，为前置后驱形式，这样的布局为锐志造就了理想的车身配重，使其成为运动型汽车，是同级别车中唯一的一款 FR 轿车，不管是动力性还是操控性都是 FF 轿车无法比拟的，让更多的人能感受到这种 FR 运动型轿车的驾驶乐趣。此车辆状况较好，只使用了 6 个月，车架、发动机、变速器、底盘状况都是相当不错的，这款汽车应该是市场上比较热门的车型，根据市场行情分析，这辆车的评估价格应该在 23. 5 万元左右。

2. 宝马 5 系二手车评估

（1）车辆基本信息

品　　牌：BMW　　型　　号：新 5 系 525Li

车辆类型：三厢轿车　　国产/进口：国产

制造厂名称：华晨中国汽车控股有限公司　　VIN 号：LBVNU57007SA93×××

车身颜色：雪山白　　驱动型式：后驱

发动机号：N52B25BF×02316×××　　发动机型号：N52B25BF

排量：2 497 mL　　压缩比：11.0

最大功率（kW）：160/6500　　最大扭矩（N·m）：250/2 750 r/min

燃油种类：98 号以上无铅汽油　　排放标准：欧Ⅳ

油耗（L/100km）：市内：13.6/郊外：7.1/总平均：9.5

最高车速（km/h）：242　　油箱容积（L）：70

长/宽/高（mm）：4 981/1 846/1 477　　轴距（mm）：3 028

出厂日期：2007 年 3 月　　评估日期：2009 年 5 月

（2）手续、规费情况。行驶证、机动车登记证书、购置税完税证明、车船使用税等手续齐全。

（3）车辆配置

发动机：直列六缸汽油发动机，四气门技术，双凸轮轴可变气门正时控制系统。

变速器：带 Steptronic 六速手自一体变速器。

悬架（前/后）：双球节控制臂前悬挂系统/多连杆独立悬架。

制动装置形式（前/后）：通风盘式制动系统。

转向系统：带有 Servotronic 电子伺服式助力转向的主动转向系统。

轮胎类型与规格：225/50 R17。

其他配置：天窗、雨量传感器、底盘保护、前后座中央扶手、真皮座椅、前排座椅 12 方向调节、后座头枕、前后排座椅加热、定速巡航系统、电动调节多功能转向盘、ABS 防抱死制动系统、驱动防滑系统、电子稳定程序、制动力自动分配、电子差速制动、循迹控制系统、动态稳定控制系统（DSC，带 ABS 和起动辅助）、胎压监测装置、氙气前照灯、高位制动灯、前雾灯、前灯自动清洗功能、车外灯光关闭延迟、泊车辅助系统、车载电视、6 气囊气帘、安全带预收紧功能、后排安全带。

（4）静态检查。全车外观良好，右尾灯有裂纹，无须维修；车内整洁，干净，真皮座椅有轻微磨损；配置非常丰富，并且各种舒适设备使用均正常。该车只使用了两年多，各项指标完全接近新车标准。

（5）动态检查。发动机无渗油现象，舱内干净，起动轻松，发动机运转正常，怠速由高转低过程平顺，任何转速都没有异响；空调效果非常好；起步平稳，节气门灵敏，反应及时，加速性能非常好，转向系统精确，制动没有侧滑和跑偏，制动良好。综合该车现时状况鉴定此车为 9 成新车。宝马品牌口碑好，质量优良，操控精准，该车适合家庭、公司商务用，此车各项税费均有效。

（6）评估计算。华晨宝马也属于中高档轿车，目前市场价格见表5—3。

表5—3　　2007年出厂的华晨宝马5系指导价格

年份	厂商	品牌	型号	出售参考价	新车指导价
2007	华晨宝马	525Li	525Li-2.5-A/MT-后驱-典雅型-BMW7251BL	49.0万元	55.86万元
2007	华晨宝马	525Li	525Li-2.5-A/MT-后驱-豪华型-BMW7251BL	52.0万元	61.2万元
2007	华晨宝马	525Li	新5系-2.5-A/MT-后驱-豪华型-BMW7251DL	52.0万元	62.56万元

取新车价格：55.86万元，出厂日期：2007年3月，评估日期：2009年5月，利用综合分析法进行评估计算。

使用年限 $=2\times12+2=26$ 个月；

$$车辆购置税\ T=计税价\ P_J\times10\%=[新车售价\ S\div(1+17\%)]\times10\%$$

$$=\frac{558\ 600}{1+17\%}\times10\%\approx47\ 743.6\ 元$$

重置成本 R_C = 新车售价 S + 车辆购置税 $T=558\ 600+47\ 743.6=606\ 343.6$ 元

计算综合调整系数：

由于此车使用两年零2个月，车辆技术状况良好，技术状况 $K_1=0.9$；车辆维护良好，使用正常，有些小问题，故维护保养 $K_2=0.9$；由于是华晨宝马5系车，各方面质量均不错，故制造质量 $K_3=1.0$；由于是私家车，行驶里程不是很多，说明使用强度不高，车辆工作性质系数 $K_4=1.0$；显然，此车辆长期在国家三级以上公路上行驶，所以车辆工作条件系数 $K_5=1.0$。

$$K=影响因素\ K_i\times权重\ Q_i\ (\%)$$
$$=K_1\times30\%+K_2\times25\%+K_3\times20\%+K_4\times15\%+K_5\times10\%$$
$$=0.9\times30\%+0.9\times25\%+1.0\times20\%+1.0\times15\%+1.0\times10\%$$
$$=0.27+0.225+0.20+0.15+0.10$$
$$=0.945$$

$$成新率=\left(1-\frac{已使用年限}{规定使用年限}\right)\times100\%=\left(1-\frac{26}{180}\right)\times100\%\approx0.856$$

$$被评估车辆评估值\ P=重置成本\ R_C\times成新率\ C\times调整系数\ K$$
$$=606\ 343.6\times0.856\times0.945\approx490\ 483.5\ 元$$

（7）综合评定。车辆保养情况良好，车况如新，车辆价格稳定，保值率高；维修及保养价格高；车辆档次高，家用商务皆宜。车辆状况良好，现评估价格为49万元左右。

3. 雷克萨斯LS460标准版二手车评估

（1）车辆基本信息

评估车型：雷克萨斯LS460标准版　　　　登记日期：2007年01月

新车包牌价格：新款相似配置125万元　　　　表征行驶里程：35 000 km

用户情况：车主换车，希望价格105万元。

（2）静态检查。车辆非常新，属于准新车类型，车辆外观状况基本良好，全车抛光、打蜡后光泽度良好，有轻微划痕，右后侧保险杠有碰撞痕迹；车门开合良好，行李厢内没有修复痕迹，车架连接正常，焊点清晰，密封良好，做工材料好；驾驶舱内配置丰富，整体的科技感良好，做工用料比国产日本车型要高出很多级别，没有修复和更换的痕迹；发动机舱内线路基本正常，内、外侧没有任何修复痕迹，发动机和变速器没有渗漏迹象。

（3）动态检查。由于制动盘片磨损比较明显，车辆报警灯闪烁。整体的驾驶感觉非常好，虽然车辆尺寸较大，但是行驶过程中并没有传统德系车那种厚重和美国车的那种宽广，感觉比较平和。加速时充分感觉到 V8 发动机的强劲以及车辆悬挂设计的亚洲风格，人机一体化设计比较好，座椅、音响、空调等设计符合中国用户的口味，动态状况良好。

（4）评估计算

依据当时的行情，雷克萨斯 LS460 标准版价格区间为 104.8 万 ~200.5 万元。

取新车价格：104.8 万元，登记日期：2007 年 1 月，评估日期：2009 年 5 月，利用技术鉴定法中部件鉴定法进行评估计算。

使用年限 $=2\times12+4=28$ 个月；

$$\text{车辆购置税 } T=\text{计税价 } P_J\times10\%=[\text{新车售价 } S\div(1+17\%)]\times10\%$$
$$=\frac{1\ 048\ 000}{1+17\%}\times10\%\approx89\ 572.6\text{ 元}$$

由于使用两年零 4 个月，因此，除了车身以外其他各部件均取较高的成新率，部件权重与成新率见表 5—4。

表 5—4　　部件成新率估算明细

车辆各主要总成、部件名称	价值权重（%）	部件成新率（%）	加权成新率（%）
发动机及离合器总成	26	85	22.1
变速器及传动系总成	11	80	8.8
前桥、前悬架及转向系	10	85	8.5
后桥及后悬架总成	8	90	7.2
制动系统	6	75	4.5
车架	0	0	0
车身	28	70	19.6
电器仪表	7	100	7
轮胎	4	80	3.2
合计			80.9

$$C_{pi}=\text{部件成新率 } C_i\times\text{部件权重 } K_i$$
$$=0.85\times26\%+0.80\times11\%+0.85\times10\%+0.9\times8\%+0.75\times6\%+0.70\times28\%+$$

$1.0\times 7\% + 0.80\times 4\%$

$= 0.221 + 0.088 + 0.085 + 0.072 + 0.045 + 0.196 + 0.07 + 0.032 = 0.809$

重置成本 R_C = 新车售价 S + 车辆购置税 $T = 1\ 048\ 000 + 89\ 572.6 = 1\ 137\ 572.6$ 元

$$成新率 = \left(1 - \frac{已使用年限}{规定使用年限}\right)\times 100\% = \left(1 - \frac{28}{180}\right)\times 100\% \approx 0.844$$

被评估车辆评估值 P = 重置成本 R_C × 成新率 $C = 1\ 137\ 572.6 \times 0.809 \approx 920\ 296.2$ 元

（5）综合评定。对于这款车在行业内俗称“准新车”，一般来说购买方是比较划算的，出售方的损失比较大，像雷克萨斯这个品牌的高端车至少要损失 25% 以上，因此一般不建议用户这个时候出售。100 000 km 和三年内的免费维修与保养也存在一定的优势，但是车主对于价格预期较高，与实际不是很符合，根据经验和市场目前的状况分析，成交价格应该在 90 万～93 万元之间，很难超过 95 万元。

第三节　国产热门车型评估

一、奥迪 A6L 二手车评估

1. 车辆基本信息

品　　牌：	奥迪	型　　号：	A6 2.0 L AT
车辆类型：	中、大型轿车	国产/进口：	国产
制造厂名称：	一汽奥迪	VIN 号：	LFV3A24F173××××××
发动机号：	APS02358	发动机型号：	EA113
车身颜色：	银色	燃油种类：	汽油
排量：	2.0 L	上牌日期：	2008 年 6 月
评估日期：	2012 年 4 月		

2. 手续、规费情况

年检到期时间：	2012 年 6 月	商业险到期时间：	2012 年 6 月
交强险到期时间：	2012 年 6 月	过户次数：	1 次

相关证件齐全，税费齐全，无保险理赔记录。

3. 原厂配置

自动变速器、4 轮盘式制动器、铝合金轮毂、真皮座椅、电动门窗、助力转向、中央门锁、电动后视镜、自动恒温空调、CD、ABS、EBD、安全气囊、加热座椅。

4. 静态检查

车辆成色较新，无重大事故痕迹，无明显金属腐蚀现象，内饰成色较新，维修及保养情况好，轮胎成色一般。

5. 动态检查

发动机运行平顺，动力结合正常，车辆转向、制动性能良好。仪表工作正常，显示里程 42 000 km，各项功能均正常。

6. 综合评定

作为热销的高档车型，奥迪 A6L 占有较大的市场份额，该车 2008 年 6 月登记上牌，行驶 42 000 km，车况较好，车型成熟，质量稳定，该车手续齐全，合法，车辆无重大事故痕迹，结合评估当时市场行情该车价值为 255 000 元左右。

二、丰田 RAV4 二手车评估

1. 车辆基本信息

品　　牌：	丰田 RAV4	型　　号：	2.4 豪华型
车辆类型：	紧凑型 SUV	国产/进口：	国产
制造厂名称：	一汽丰田	VIN 号：	LFMKV30F5A0××××××
发动机号：	1A0×××	发动机型号：	6ZR－FAE
车身颜色：	白色	燃油种类：	汽油
排量：	2.4 L	上牌日期：	2010 年 3 月
评估日期：	2011 年 12 月		

2. 手续、规费情况

年检到期时间：	2012 年 3 月	商业险到期时间：	2012 年 3 月
交强险到期时间：	2012 年 3 月	过户次数：	0 次

行驶证、购置税完税证明、档案登记证书齐全，交强险有效。

3. 原厂配置

4 轮盘式制动器、四驱、铝合金轮毂、真皮座椅、座椅高低调节、电动门窗、助力转向、中央门锁、电动后视镜、CD、ABS、EBD、GPS、倒车雷达、安全气囊。

4. 静态检查

车辆整体外观良好，成色新，内饰整洁，内饰成色新，无重大事故痕迹，无剐蹭痕迹，无金属腐蚀，维修及保养情况好，轮胎成色新。

5. 动态检查

仪表工作正常，显示里程 20 000 km，发动机工作平稳，各功能正常，转向准确，制动灵敏，动力充沛，四轮驱动正常。

6. 综合评定

该车 2010 年 3 月登记上牌，行驶 20 000 km，车况好，车辆手续齐全，合法，车辆无重大事故痕迹，结合当时二手车市场行情，评估该车价值为 20 万元。

三、本田 CRV 二手车评估

1. 车辆基本信息

品　　牌：	本田 CRV	型　　号：	DHW6464
车辆类型：	紧凑型 SUV	国产/进口：	国产
制造厂名称：	东风本田	VIN 号：	LVHRD7878A××××××
发动机号：	GHT445×××	发动机型号：	L15BL
车身颜色：	黑色	燃油种类：	汽油
排量：	2.4 L	上牌日期：	2010 年 9 月

评估日期：　　2012 年 3 月

2. 手续、规费情况

年检到期时间：	2012 年 9 月	商业险到期时间：	2012 年 9 月
交强险到期时间：	2012 年 9 月	过户次数：	0 次

行驶证、购置税完税证明、档案登记证书齐全，交强险有效。

3. 原厂配置

倒车雷达、中央门锁、真皮座椅、助力转向、安全气囊、电动车窗、自动恒温空调、电动座椅、电动后视镜、ABS、氙气灯等。

4. 静态检查

从该车的外观看有九成新。环绕车辆进行检查，车身表面均为原厂漆，光洁度较高，细小的划痕也很少，没有掉漆和锈蚀痕迹。

5. 动态检查

仪表板、各信号灯工作正常，变速器换挡流畅，转向灵活，转向盘指向到位、精确。路试时，感觉提速较为敏捷，动力强劲。

6. 综合评定

整体车况良好，没有事故，车身虽然多次剐蹭、喷漆，整体外观修复良好，无明显色差，个人一手车，使用相对仔细。根据当时市场行情评估，该车价格为 19.8 万元。

四、奇瑞 QQ6 二手车评估

1. 车辆基本信息

品　　牌：	奇瑞 QQ6	型　　号：	SQR7110S21
车辆类型：	微型车	国产/进口：	国产
制造厂名称：	奇瑞汽车有限公司	VIN 号：	LVVDC12A37D0×××××
发动机号：	FD8A0××××	发动机型号：	SQR472F
车身颜色：	红色	燃油种类：	汽油
排量：	1.1 L	上牌日期：	2008 年 10 月
评估日期：	2011 年 3 月		

2. 手续、规费情况

年检到期时间：	2012 年 10 月	商业险到期时间：	2012 年 10 月
交强险到期时间：	2012 年 10 月	过户次数：	0 次

行驶证、机动车登记证书、购置税完税证明、车船使用税、保险等手续齐全。

3. 车辆配置

采用直列四缸双顶置凸轮轴（DOHC）16 气门发动机、5 速手动变速器、前麦弗逊式独立悬架、后纵向拖曳臂式非独立悬架、机械液压助力转向、前盘后鼓式制动、ABS + EBD、手动空调、行车电脑显示屏、铝合金轮毂、四门电动玻璃窗、CD、低音炮、遥控钥匙、防眩目内后视镜、灯光亮度可控仪表板、中控锁、高位制动灯等。

4. 静态检查

车辆外观良好，车架、门框、各铰链处无钣金痕迹；车内很干净，前照灯、转向灯、空调、刮水器、碟机、仪表等均能正常使用；备胎、千斤顶随车齐全、完好，行李厢比较整洁；轮胎无异常磨损。

5. 动态检查

发动机无漏油现象，发动机舱内比较干净。冷车状态下发动机起动迅速，很快能达到稳定怠速状态，尾气颜色正常；行驶过程中挡位较清晰，制动时 ABS 工作正常，制动距离一般；转向盘舒适度不错，很轻；高速时胎噪比较大，隔音一般；加装的低音炮效果很好。

6. 综合评定

奇瑞 QQ6 整体追求个性与创新，内部空间比之前的车型有了明显的提升，十分宽敞，有着更好的实用性。车辆没有出过大事故，而且保养也比较好。国Ⅳ的排放标准也使得该车能够满足很多地方现行的排放要求，不管是本地还是外地的车辆过户、提档不存在问题。因为是经济型微型车，所以油耗、维修及保养价格都比较低。二手的 QQ6 非常保值，折旧比较少。根据该车的车况、年限、行驶里程以及新车价格，现评估价格为 2.75 万元。

五、铃木雨燕二手车评估

1. 车辆基本信息

品　　牌：	铃木雨燕	型　　号：	SC7132B
车辆类型：	小型车	国产/进口：	国产
制造厂名称：	长安铃木	VIN 号：	LS5W3ABR07B××××××
发动机号：	SW51×××	发动机型号：	M15A1
车身颜色：	红色	燃油种类：	汽油
排量：	1.3 L	上牌日期：	2008 年 4 月
评估日期：	2008 年 11 月		

2. 手续、规费情况

年检到期时间：	2009 年 4 月	商业险到期时间：	2009 年 4 月
交强险到期时间：	2009 年 4 月	过户次数：	0 次

行驶证、机动车登记证书、购置税完税证明等凭证齐全、有效。

3. 车辆配置

安全气囊、高位制动灯、遥控中央门锁及行李厢锁、防盗报警系统、电动车窗、助力转向盘、CD、自动空调、多功能转向盘。

4. 静态检查

车门平顺、到位，座椅、转向盘可调控，各踏板正常，内饰较好，发动机舱整洁，各液面正常，行李厢整洁，配件齐全，悬架良好。

5. 动态检查

起动顺利，入挡流利，转向轻盈、到位，发动机运转良好，运行平稳，加速感好，制动优良，密闭良好，未进行高速试验。

6. 综合评定

此车为顶级配置，使用及保养较好，各性能良好。原车主仅行驶 3 000 km，准备去其他地区工作，所以处理这辆刚买的新车。结合当时的市场情况，车辆评估价格为 65 000 元。

六、飞度二手车评估

1. 车辆基本信息

品　　牌：	本田	型　　号：	LH7154DAW
车辆类型：	小型车	国产/进口：	国产
制造厂名称：	广汽本田	VIN 号：	LHGE87709808××××
发动机号：	221×××	发动机型号：	L15A7
车身颜色：	黄色	燃油种类：	汽油
排量：	1 497 mL	上牌日期：	2008 年 12 月
评估日期：	2011 年 10 月		

2. 手续、规费情况

年检到期时间：	2011 年 12 月	商业险到期时间：	2011 年 12 月
交强险到期时间：	2011 年 12 月	过户次数：	0 次

行驶证、机动车登记证书、购置税完税证明、车船使用税等手续齐全。

3. 原厂配置

发动机为水冷直列四缸、16 气门、i－VTEC、SOHC，变速器为手动 5 挡变速器，前麦弗逊独立悬架/后扭力梁式半独立悬架（前/后），驱动形式为前置前驱。其他配置：单碟 CD 播放机、扬声器两个、电动车窗、手动空调、AM/FM 收音机、四向可调转向盘、驾驶座高度可调节、空调带高效清洁除尘功能、地图灯、立体式自发光仪表板、ABS 系统、EBD、驾驶座安全气囊、预紧式前座椅三点式安全带、儿童安全锁、安全带未系提醒（司机位＋副驾驶席）、ACE（高级兼容性车身结构）、发动机防盗锁止控制系统、EPS（电动随速助力转向）、DBW（电控油门）等。

4. 静态检查

整车漆色完整，无任何碰撞、剐蹭迹象；车门、行李厢平衡，无漏水、漏电、漏气现象；车厢内整洁、无腐蚀。

5. 动态检查

起动机无杂音；发动机无窜油、窜气情况。油温、水温正常；加速灵敏，制动稳定，操控灵活；变速器换挡顺畅。

6. 综合评定

车辆证件真实有效，现时技术状况判定为无碰撞车辆，维修及保养情况良好。结合当时市场行情，采用重置成本法估算价格，评估价大致为 51 000 元。

七、速腾二手车评估

1. 车辆基本信息

品　　牌：	大众速腾	型　　号：	FV7206AT
车辆类型：	紧凑型车	国产/进口：	国产
制造厂名称：	一汽大众	VIN 号：	LFV3A21K8E301××××

发动机号：	BJZ00××××	发动机型号：	EA211
车身颜色：	红色	燃油种类：	汽油
排量：	2.0 L	上牌日期：	2014 年 8 月
评估日期：	2016 年 6 月		

2. 手续、规费情况

年检到期时间：	2017 年 8 月	商业险到期时间：	2017 年 8 月
交强险到期时间：	2017 年 8 月	过户次数：	0 次

行驶证、购置税完税证明、档案登记证书齐全，年审与交强险在有效期内。

3. 原厂配置

手自一体智能变速器、4 轮盘式制动器、铝合金轮毂、真皮座椅、电动天窗、助力转向、中央门锁、电动后视镜、自动恒温空调、CD、ABS、EBD、安全气囊。

4. 静态检查

车辆新，无事故痕迹，无腐蚀现象，内饰新，维修及保养情况好，轮胎成色新。

5. 动态检查

仪表工作正常，显示里程 28 000 km，发动机工作平稳，各功能正常。

6. 综合评定

该车 2014 年 8 月登记上牌，行驶 28 000 km，车况好，该车手续齐全，合法。结合当时市场行情，现评估该车价值为 98 000 元。

八、荣威 750 二手车评估

1. 车辆基本信息

品　　牌：	荣威 750	型　　号：	CSA7250AA－GD
车辆类型：	中型车	国产/进口：	国产
制造厂名称：	上汽集团	VIN 号：	LSJW16N34BJ××××××
发动机号：	A0100×××××	发动机型号：	18K4G
车身颜色：	白色	燃油种类：	汽油
排量：	2497 mL	上牌日期：	2011 年 8 月
评估日期：	2014 年 6 月		

2. 手续、规费情况

年检到期时间：	2015 年 8 月	商业险到期时间：	2015 年 8 月
交强险到期时间：	2015 年 8 月	过户次数：	1 次

行驶证、机动车登记证书、购置税完税证明、车船使用税、交强险等手续齐全。

3. 原厂配置

电动车窗、中央门锁、安全气囊、助力转向、防盗设备、手动空调、真皮座椅、电动后视镜、智能定速巡航系统、ABS、CBC、EBD、TCS、MSR、VSC、ETC、USD、BBUS 全车防侵入保护盾形皇家镀铬一体式格栅、6.5 in 16∶9 宽屏高清液晶显示器、驾驶席车窗一键上下功能带防夹车窗、手机蓝牙免提功能、后排遮阳帘、V－PDC 电子可视泊车辅助系统、Anti－UV 防紫外线隐秘玻璃、双镀铬排气尾管。

4．静态检查

从目测观察，整车漆面均匀，无色差。打开发动机舱盖查看发动机，内部各部件排列整齐，无整修痕迹。发动机整体保养较好，机油干净，没有渗漏现象。左、右翼子板完好，无碰撞痕迹。打开行李厢，各附加设备完整，没有漏水、腐蚀现象。内饰干净，CD音响效果良好，气囊完好，皮饰保存完整，各仪表正常。

5．动态检查

点火开关起动灵活；起动后怠速运转平稳，无明显抖动；变速器、转向盘、仪表板、各信号灯工作正常。路试后感觉动力性良好，提速敏捷，在行驶过程中比较稳定，制动灵敏，紧急制动无跑偏现象。

6．综合评定

此车保养较好，记录全面，行驶里程较少，整车车况不错。结合当时市场行情，此车评估价为78 000元。

九、宝来二手车评估

1．车辆基本信息

品　　牌：	宝来	型　　号：	BORA 1.8T
车辆类型：	紧凑型车	国产/进口：	国产
制造厂名称：	一汽大众	VIN号：	LFVBA11J4F3 ××××××
发动机号：	BAE00 ××××	发动机型号：	EA113
车身颜色：	蓝色	燃油种类：	汽油
排量：	1.8 L	上牌日期：	2015年12月
评估日期：	2017年9月		

2．手续、规费情况

年检到期时间：	2018年12月	商业险到期时间：	2017年12月
交强险到期时间：	2017年12月	过户次数：	0次

行驶证、机动车登记证书、购置税完税证明等凭证齐全、有效。

3．原厂配置

转向助力、四门电动门窗、天窗、双安全气囊、ABS + EBD、制动力分配、制动辅助、上坡辅助、车身稳定系统、牵引力控制系统、中控锁、防盗器、自动空调、电动后视镜、真皮座椅（带电加热）。改装进气和排气、17 in钢圈、碳纤维发动机舱盖、排气卸压阀等。

4．静态检查

车辆室内比较整洁、干净，黑色内饰，车辆外部局部有补漆痕迹，没有大事故。

5．动态检查

通过路面驾驶，动力性比较好，提速迅猛，发动机、变速器无杂音。减振无异响，通过性能平稳。

6．综合评定

总体评定车辆状况良好，一汽大众系列车型保值率比较高，现新车已停产，结合当时市场行情，评估价格在 82 000 元左右。

十、凯美瑞二手车评估

1. 车辆基本信息

品　　牌：	凯美瑞	型　　号：	GTM7200
车辆类型：	中型车	国产/进口：	国产
制造厂名称：	广汽丰田	VIN 号：	LT153SV20G0××××
发动机号：	SV 001×××	发动机型号：	6AR－FSE
车身颜色：	黑色	燃油种类：	汽油
排量：	2.0 L	上牌日期：	2016 年 6 月
评估日期：	2017 年 12 月		

2. 手续、规费情况

年检到期时间：	2018 年 10 月	商业险到期时间：	2018 年 6 月
交强险到期时间：	2018 年 6 月	过户次数：	0 次

行驶证、购置税完税证明、档案登记证书、交强险等齐全、有效。

3. 原厂配置

手自一体智能变速器、4 轮盘式制动器、铝合金轮毂、真皮座椅、电动天窗、助力转向、中央门锁、电动后视镜、自动恒温空调、CD、ABS、制动力分配系统、制动辅助、上坡辅助、车身稳定系统、牵引力控制系统、主副驾驶座安全气囊、前后排侧气囊。

4. 静态检查

车辆新，无翻修痕迹，无腐蚀现象，内饰整洁，维修及保养情况好，轮胎成色新，仪表工作正常，发动机工作平稳。

5. 动态检查

动力输出正常，转向、制动正常，未进行高速试验，各功能正常。

6. 综合评定

该车 2016 年 6 月登记上牌，车况好，手续齐全、合法，综合评定好，结合当时市场行情，评估该车价格为 213 000 元。

十一、别克英朗 GT 二手车评估

1. 车辆基本信息

品　　牌：	别克英朗	型　　号：	SGM7161MTB
车辆类型：	紧凑型车	国产/进口：	国产
制造厂名称：	上汽通用	VIN 号：	LSGPB54U2BS××××××
发动机号：	LDE×0248×××	发动机型号：	L2B
车身颜色：	黑色	燃油种类：	汽油
排量：	1598 mL	上牌日期：	2011 年 3 月
评估日期：	2011 年 11 月		

2. 手续、规费情况

年检到期时间：	2017 年 3 月	商业险到期时间：	2012 年 3 月

交强险到期时间：　2012 年 3 月　　过户次数：　　0 次

行驶证、购置税完税证明、档案登记证书齐全，交强险在有效期内。

3. 原厂配置

1.6 L ECOTEC 直列 4 缸发动机、5 速手动变速器、前麦弗逊后复合扭杆梁悬架、电动随速助力转向、前后盘式制动、多功能转向盘、电动天窗、倒车雷达、自动双区恒温空调、4 安全气囊、ABS、EBD、CD、中控门锁、电子防盗系统、电动门窗、电动后视镜带电加热、自动感应前照灯。

4. 静态检查

该车为原厂漆；车身、大梁、发动机舱盖、水箱框架、行李厢等处无钣金维修痕迹；车内整洁、干净，内饰无损坏；发动机舱内无漏油现象；四条轮胎胎纹很深，无异常磨损；备胎、随车工具、警示架等设备齐全。

5. 动态检查

冷车状态下发动机起动迅速，怠速稳定在 800 r/min；车内各用电设备没有任何异常；行驶过程中动力输出比较缓和，与同厂家的英朗 XT 有差别；转向盘因为用的是电子助力，手感很轻巧，转向也很精准；后悬架因为增加了瓦特连杆，舒适性和稳定性提升不少。发动机舱盖上的隔音棉将发动机的噪声挡在了外面，车内很安静。

6. 综合评定

以居家为主、商务为辅的英朗 GT 比 XT 内敛许多，但是有来自君越的大气，尤其是发动机舱上进气孔装饰。三厢造型更符合国人的传统观念，也更容易被家庭所接受。内饰方面继承了别克的最新设计，容易让人接受。别克英朗 GT 属于比较有个性的家庭轿车，二手车市场上还是比较少见的，二手车价格相对比较高。该车没有任何事故，上牌仅 8 个月，车况与新车无异，是标准的“准新车”，结合当时的市场行情，评估价格约为 125 000 元。

十二、骐达二手车评估

1. 车辆基本信息

品　　牌：	日产	型　　号：	1.6T M－CVT GTS
车辆类型：	紧凑型车	国产/进口：	国产
制造厂名称：	东风日产	VIN 号：	LGBK2DF52F1××××××
发动机号：	MR20（C－VTC）	发动机型号：	MR16DDT
车身颜色：	银色	燃油种类：	汽油
排量：	1 597 mL	上牌日期：	2015 年 9 月
评估日期：	2017 年 10 月		

2. 手续、规费情况

年检到期时间：	2021 年 9 月	商业险到期时间：	2018 年 9 月
交强险到期时间：	2018 年 9 月	过户次数：	0 次

行驶证、购置税完税证明、档案登记证书齐全，交强险在有效期内。

3. 原厂配置

前悬架采用带稳定杆麦弗逊式独立悬架；后悬架采用带稳定杆扭力梁式悬架，前、后轮盘式制动器。发动机防盗、电子防盗装置、中控门锁、遥控钥匙、儿童安全座椅固定装置（ISO FIX）、ABS、制动力分配系统（EBD/CBC）、制动辅助系统（EBA BAS BA）、EPS（随速助力转向）、铝合金轮毂、电动可折叠可加热外后视镜、防眩目内后视镜水平可调、自动清洗前照灯、电动调节记忆驾驶座椅、支持 MP3/WMA 音源、蓝牙。

4. 静态检查

整车漆色完整，无任何碰撞、剐蹭迹象；车门、行李厢平衡，无漏水、漏电、漏气现象；车厢内整洁、无腐蚀。发动机舱内线路布置规整，车架连接处牢固可靠，发动机无渗漏现象；室内座椅和仪表板干净、整洁、无损坏；全车附件完好。

5. 动态检查

起动车辆，各仪表工作正常，发动机无异响，挂挡起步时，车身平稳，加速、制动及转向性能良好，变速器换挡顺畅，无顿挫感。

6. 综合评定

车辆证件真实有效，现时技术状况判定为无碰撞车辆，维修及保养情况良好，总体评价车辆经济省油，在 A 级车里的空间几乎是最大的，根据当时的市场行情分析，这款车的评估价格在 82 000 元左右。

十三、迈腾二手车评估

1. 车辆基本信息

品　　牌：	大众	型　　号：	2. 0TSi 豪华型
车辆类型：	中型车	国产/进口：	国产
制造厂名称：	一汽大众	VIN 号：	LFV3A13C2D3××××××
发动机号：	302×××	发动机型号：	EA888
车身颜色：	黑色	燃油种类：	汽油
排量：	2. 0 L	上牌日期：	2014 年 8 月
评估日期：	2016 年 11 月		

2. 手续、规费情况

年检到期时间：	2017 年 8 月	商业险到期时间：	2017 年 8 月
交强险到期时间：	2017 年 8 月	过户次数：	1 次

行驶证、机动车登记证书、购置税完税证明、交强险等手续齐全、有效。

3. 原厂配置

六挡双离合器、电动门窗、ABS、EBD、EBA、电动后视镜、真皮座椅、泊车辅助、倒车雷达、天窗、安全气囊、转向助力。

4. 静态检查

此车漆色完整，无明显修补痕迹，可以说明没有发生过交通事故。打开发动机舱盖，发动机整体干净，无修补痕迹。进入驾驶室，仪表板没有被剐花的痕迹，门里板、顶棚保持干净，总体看来此车属于成色较好的车。

5. 动态检查

点火开关起动灵活；起动后发动机怠速平稳，无明显抖动；变速器、转向、仪表板、各信号灯工作正常。路试后感觉提速敏捷，反应快速，噪声也不大。车在行驶过程中还比较稳定，紧急制动无跑偏现象。行驶途中车内外无异响。总体感觉此车驾驶感非常好。

6. 综合评定

此车车况与使用年限相符，保养较好。结合当时市场行情，此车评估价为138 800元。

十四、别克GL8二手车评估

1. 车辆基本信息

品　　牌：	别克	型　　号：	SGM6515
车辆类型：	MPV	国产/进口：	国产
制造厂名称：	上汽通用	VIN号：	LSGBC82D0BE××××××
发动机号：	LB86410××××	发动机型号：	LB8
车身颜色：	白色	燃油种类：	汽油
排量：	2.5 L	上牌日期：	2011年7月
评估日期：	2016年7月		

2. 手续、规费情况

年检到期时间：	2017年7月	商业险到期时间：	2017年7月
交强险到期时间：	2017年7月	过户次数：	3次

此车手续齐全、不欠费，主要证件有车辆登记证书、行驶证、车辆购置税完税证明，车辆没有抵押和盗抢记录，没有不合法的非正常变更记录。

3. 原厂配置

电动门窗、铝合金轮圈、倒车雷达、两个安全气囊、中央门锁、助力转向、自动恒温空调、电动后视镜、ABS、EBD等。

4. 静态检查

该车外观良好，整车漆色完整，没有任何喷漆现象，右后门有轻微划痕属于正常现象，所以可以断定此车没有出过事故。车辆内部整齐，各部件位置正常，功能良好，没有发现有改动过或翻新的痕迹。发动机舱内线路正常。部件没有改动过的痕迹，发动机和变速器无渗漏等现象。备胎、千斤顶完好，轮胎无磨损，制动片正常。

5. 动态检查

车辆起动后发动机正常，车内感觉比较舒适，空调启动后发动机运转声音略有提升。变速器接合动力正常，转向准确，轮胎抓地力稳定，各部件工作正常，车辆制动系统工作正常，变速器状态良好。整个行驶过程中没有发觉任何侧偏现象。

6. 综合评定

别克商务车是比较常用的车型，深受客户好评，是租赁及办公用车首选，市场保有量高。此车保养好，根据当时市场行情，这款车的价格应该在190 000元左右比较合理。

十五、马自达3二手车评估

1. 车辆基本信息

品　　牌：	马自达3	型　　号：	CAF7202M
车辆类型：	紧凑型车	国产/进口：	国产

制造厂名称：	长安马自达	VIN 号：	LVSFDFAB28F××××××
发动机号：	615××××	发动机型号：	26V
车身颜色：	银色	燃油种类：	汽油
排量：	2.0 L	上牌日期：	2008 年 10 月
评估日期：	2011 年 8 月		

2. 手续、规费情况

年检到期时间：	2012 年 8 月	商业险到期时间：	2012 年 8 月
交强险到期时间：	2012 年 8 月	过户次数：	0 次

行驶证、机动车登记证书、购置税完税证明、车船使用税等手续齐全。

3. 原厂配置

4 缸直列顶置双凸轮轴自然吸气发动机、4 挡手自一体变速器、前麦弗逊/后多连杆悬架、4 轮盘式制动器、真皮座椅、电动车窗、AM/FM 收音机、CD 播放器、动力转向、方向调节、ABS、EBD、驾驶座安全气囊、副驾驶座安全气囊、中央门锁、遥控中央门锁、智能防盗装置、后雾灯、遥控钥匙。

4. 静态检查

全车无伤，外观状态良好，驾驶室内保持良好、干净，各项电路、灯光正常，底盘无腐蚀，轮胎状况良好。发动机舱各部件完好、干净、整洁，变速器外观无锈蚀，无维修痕迹，各悬架无维修痕迹。整车与新车相比无大差别，增加了真皮座椅和车窗膜。

5. 动态检查

起动机无杂音，发动机无窜油、窜气情况。油温、水温正常，加速灵敏，制动稳定，操控灵活，变速器顺畅。驻车制动良好，灯光照明情况良好，起动时传动带无异响，发动机转速正常，怠速稳定，起动后换挡平稳，车身无摆动，过颠覆路面减振良好，隔音效果好。

6. 综合评定

车辆证件真实有效，现时技术状况判定为无碰撞车辆，维修及保养情况良好。根据当时二手车市场行情，此车评估价格在 45 000 元左右。

第四节　进口汽车评估

一、斯巴鲁力狮豪华型二手车评估

1. 车辆基本信息

品　　牌：	斯巴鲁力狮	型　　号：	2.0 豪华型
车辆类型：	轿车	国产/进口：	进口
制造厂名称：	日本富士	VIN 号：	JLMAUPOED6××××××
发动机号：	524××××	发动机型号：	EJ20
车身颜色：	黑色	燃油种类：	汽油
排量：	2.0 L	上牌日期：	2006 年 6 月

评估日期：　　　2011 年 1 月

2. 手续、规费情况

年检到期时间：　2011 年 6 月　　商业险到期时间：　2011 年 6 月

交强险到期时间：　2011 年 6 月　　过户次数：　0 次

行驶证、机动车登记证书、购置税完税证明、车船使用税、交强险等手续齐全。

3. 原厂配置

2.0 自动挡、中控门锁、电动门窗、电动后视镜、液压助力、ABS、EBD、助力转向、GPS 导航系统、倒车视频、安全带预收紧功能、双气囊、自动空调、真皮座椅。

4. 静态检查

此车从外表看没有伤痕，车底无漏油、漏水现象，发动机的卫生情况也不错，各油管接口也无漏油现象，无碰撞痕迹，可见无安全事故问题。车辆内部整齐，各部件位置正常，功能良好，没有发现有改动过或翻新的痕迹。备胎、千斤顶完好，轮胎磨损很少，制动片正常。

5. 动态检查

车辆起动后发动机抖动和噪声状态基本正常，车内感觉比较舒适，空调运转正常。变速器接合动力基本正常，挡位清晰，转向准确，轮胎抓地力稳定，各部件工作基本正常，车辆制动系统工作正常，变速器状态良好。

6. 综合评定

这是一款个性张扬的汽车，配置也比较高。作为二手车，此车手续齐全，总体车况较好，根据当时的行情这款车的价格应该在 225 000 元左右。

二、丰田霸道 4700 二手车评估

1. 车辆基本信息

品　　牌：	丰田	型　　号：	霸道 4700
车辆类型：	中大型 SUV	国产/进口：	进口
制造厂名称：	日本丰田	VIN 号：	JBGDA76F8736×××××
发动机号：	DCD68C4××××	发动机型号：	2UZ - FE V8
车身颜色：	黑色	燃油种类：	汽油
排量：	4.7 L	上牌日期：	2007 年 10 月
评估日期：	2011 年 8 月		

2. 手续、规费情况

年检到期时间：	2011 年 10 月	商业险到期时间：	已经过期
交强险到期时间：	2011 年 10 月	过户次数：	0 次

行驶证、机动车登记证书、购置税完税证明齐全，个人一手车。

3. 原厂配置

18 in 铝轮、LED 氙灯、镀铬前格栅、车身同色后视镜与门把手、智能卡、一键起动、多功能桃木转向盘、桃木内饰、前排独立自动空调、胎压监测、两气囊、后雷达、大屏、倒车影像、定速巡航、天窗、LED 前雾灯、前小杠、后尾翼、航空踏板、行李架、吸顶

DVD 等。

4. 静态检查

从任意角度观察，该车的外观漆面都不存在任何缺陷。原装漆面光亮如新，无任何补漆翻喷迹象。反复检查后，未发现碰撞痕迹，车身各大附件（如保险杠等）也没有拆装的痕迹，整体美观度接近全新车。利用该车先进的车身升降功能将车身升高观察底盘状况，未发现车架变形、弯曲等异常情况。底盘有轻微的剐蹭，由于是 SUV 车型，该车底盘离地间隙大于一般车辆，城市路况下轻易不会伤及底盘，这些轻微拖底也许是爬山越野时造成的，属于可接受的正常损耗。打开车门观察驾驶室内饰，仪表、车窗、电器设备工作正常有效。各车门开关自如，声音厚实、有力。车内真皮座椅皮面稍有微微起皱。车辆内部整齐，各部件位置正常，功能良好，没有发现有改动过或翻新的痕迹。备胎、千斤顶完好，轮胎磨损很少，制动片正常，天窗运行良好，CD 音响系统播放流畅。

5. 动态检查

车辆起动后发动机抖动和噪声状态基本正常，车内感觉比较舒适，空调运转正常。变速器接合动力基本正常，挡位清晰，转向准确，轮胎抓地力稳定，各部件工作基本正常，车辆制动系统工作正常，变速器状态良好。

6. 综合评定

根据静态与动态的综合评定，结合当时的市场行情以及此车型又是热门车型，在二手车市场非常抢手，此车的评估价格是 710 000 元。

三、宝马 730 二手车评估

1. 车辆基本信息

品　牌：	宝马	型　号：	730LI
车辆类型：	大型轿车	国产/进口：	进口
制造厂名称：	德国宝马	VIN 号：	GN52B30E672××××××
发动机号：	N52B30××××	发动机型号：	N52B30AF
车身颜色：	黑色	燃油种类：	汽油
排量：	3.0 L	上牌日期：	2007 年 9 月
评估日期：	2011 年 9 月		

2. 手续、规费情况

年检到期时间：	2012 年 9 月	商业险到期时间：	2012 年 9 月
交强险到期时间：	2012 年 9 月	过户次数：	1 次

机动车行驶证、机动车登记证书、保险、购置税完税证明及收据、原始购车发票手续齐全，车辆可随时过户，车船使用税已与交强险一起交付。海关进口贸易证明齐全，其他正常。

3. 车辆配置

手自一体 6 挡变速器、雨量探测器、自动前照灯控制系统、自动空调、车载电脑、车载冷藏箱、DSC（动态稳定控制系统）、胎压报警指示灯、发动机爆燃控制系统、铝合金发动机缸体。

4. 静态检查

从外观上看，该车线条紧凑，漆面均匀而且有光泽，发动机舱盖与前照灯、进气格栅之间的衔接非常细密，发动机线路整齐，防尘、隔音保持得很好。虽然已经有4年车龄，但内饰依然显得气派豪华，真皮座椅、仪表板保养得也到位。底盘有部分位置发现一些细微的划痕，但属于正常范围。检视轮胎后，没有发现啃胎痕迹，铝合金轮毂保持完好。

5. 动态检查

车辆起动后动力比较充足，整体的噪声比较“悦耳”，室内密封性良好，室外的噪声隔离正常，感觉噪声非常小，车身没有抖动现象。6速手自一体变速器配合相当默契，换挡过程异常平顺。车辆行驶循迹性非常出色，其余各部件动态表现正常。各类电子显示仪表正常，机油灯报警，车辆需要进行机油补充和保养，加速过程中节气门反应良好，转向准确，整体操控性良好，车辆的制动性能正常。

6. 综合评定

参照当时的二手车市场行情，此车车龄为4年，车辆各种状况基本与新车差别不大，属于优质二手车，综合鉴定评估价格为550 000元左右。

四、大众甲壳虫二手车评估

1. 车辆基本信息

品　　牌：	大众	型　　号：	NEWBEETLE 2.0
车辆类型：	轿车	国产/进口：	进口
制造厂名称：	墨西哥大众	VIN号：	WVWHC59C7AM55××××
发动机号：	1A170×××	发动机型号：	L4
车身颜色：	红色	燃油种类：	汽油
排量：	2.0 L	上牌日期：	2010年6月
评估日期：	2010年10月		

2. 手续、规费情况

年检到期时间：	2012年6月	商业险到期时间：	2011年6月
交强险到期时间：	2011年6月	过户次数：	0次

行驶证、购置税完税证明、档案登记证书齐全，发票正规。

3. 原厂配置

前后盘式制动、铝合金轮毂、真皮座椅、电动门窗、转向助力、中央门锁、智能防盗、发动机防盗、电动后视镜、CD、ABS、EBD、ESP、BA、倒车雷达、前双安全气囊加前排侧气囊、座椅高低调节、后视镜加热。

4. 静态检查

车辆整体良好，无腐蚀痕迹，内饰成色新，维修及保养情况良好，轮胎成色新。车身有多处明显划痕和轻微修补痕迹；车门开合良好，开度正常，车架连接良好，焊点清晰，橡胶密封基本正常；驾驶舱内配置良好，简单实用，前排宽敞，不过做工用料相对一般，出风口、仪表按键等相对中等。发动机舱内线路基本正常，发动机没有明显的渗漏痕迹，水箱支架有修复痕迹，车辆常规保养部件有更换痕迹。底盘系统整体良好，悬架正常，制动盘片磨损正常，轮胎磨损正常，备胎没有使用过的痕迹。

5．动态检查

车辆起动时噪声略高，抖动正常，怠速稳定后噪声降低，变速器接合动力正常，虽然是4挡变速器，但是低速状态下扭矩输出良好，车辆的起步速度相对正常，节气门感觉正常，整体行驶过程中操控正常，制动感觉比较硬，轮胎噪声正常，车辆音响效果一般，驾驶视野受到宽大的A柱影响，油耗正常。

6．综合评定

甲壳虫部分配件与国产大众的某些车型可以通用，大大降低了车辆的维护及保养费用，价格比较合理。同类型中，宝马MINI的价格较高，维护及保养费用高；克莱斯勒PT漫步者数量少，认知程度一般；标致206CC等车型数量少，保养略贵，配件价格高等，都影响了车辆的成交价格。甲壳虫系列在国内的销售缓步增长，主要是车辆的车型进行了细分和调整，原有的2.0L和1.8T系列继续保留，但是变速器由原来的4挡自动和5挡手自一体升级到6挡自动，同时增加了一些现代化的新配置，如敞篷系列、专有颜色和款式等，这些都带动了一定量的销售。

伴随着个性化车辆的普及以及家庭第二辆车的观念，越来越多的女性用户由原来的家用轿车逐渐转变为个性的车型。该车2010年06月登记上牌，行驶7 000 km，车况好，该车手续齐全，合法，车辆无事故痕迹，依据当时二手车市场行情评估该车价格为183 000元。

五、奥迪TT 3.2L二手车评估

1．车辆基本信息

品　　牌：	大众奥迪	型　　号：	AUDITT－3.2
车辆类型：	跑车	国产/进口：	进口
制造厂名称：	大众奥迪	VIN号：	WDBNG75J28A××××××
发动机号：	××××××××	发动机型号：	BPF
车身颜色：	银色	燃油种类：	汽油
排量：	3.2 L	上牌日期：	2008年5月
评估日期：	2010年12月		

2．手续、规费情况

年检到期时间：	2011年5月	商业险到期时间：	2011年5月
交强险到期时间：	2011年5月	过户次数：	0次

行驶证、机动车登记证书、购置税完税证明、车船使用税等手续齐全，带有原始发票、绿色环保标志，无保险理赔记录。

3．原厂配置

安全气囊、电子防盗、车内中控锁、ABS、ESP、空气主动悬架、铝合金轮毂、真皮转向盘、真皮座椅、腰部支承调节、座椅电动调节、座椅加热。

4．静态检查

车辆整体外观良好，车身漆面质量明显高于国产车型，没有明显的碰撞修复痕迹，前、后保险杠两边有轻微的剐蹭痕迹，不影响车辆自身的安全性能。车辆各操控部件功能正常。

发动机舱内线路正常，关键部件都是原装部件，没有修复、更换痕迹。底盘系统检查中没有发现任何碰撞修复痕迹，轮毂有轻微的划伤，轮胎正常。

5. 动态检查

车辆起动后，发动机运转平稳，噪声比较明显，手动变速器接合动力输出迅速，各操控部件性能优良。转向精确，制动性能良好。

6. 综合评定

由于奥迪品牌在国内的知名度以及车辆自身的优势，因此该车保值率较高，属于热门车型，车行驶里程数较少，使用性价比较高，维修及保养成本较高。综上所述，在车辆手续合法、齐全及车况正常的情况下，依据当时二手车市场行情，该车的评估参考价为 400 000 元左右。

六、保时捷卡宴二手车评估

1. 车辆基本信息

品　　牌：	保时捷	型　　号：	CAYENNETURBO
车辆类型：	中大型 SUV	国产/进口：	进口
制造厂名称：	保时捷 Porsche	VIN 号：	WP1AC29P88LA96×××
发动机号：	M48508×	发动机型号：	M4801G
车身颜色：	黑色	燃油种类：	汽油
排量：	4.8 L	上牌日期：	2010 年 11 月
评估日期：	2012 年 4 月		

2. 手续、规费情况

年检到期时间：	2013 年 11 月	商业险到期时间：	2013 年 11 月
交强险到期时间：	2013 年 11 月	过户次数：	0 次

行驶证、机动车登记证书、购置税完税证明、车船使用税等手续齐全。

3. 车辆配置

真皮多功能转向盘、换挡泊车辅助、多功能显示屏、氙气大灯、前雾灯、后雾灯、前照灯清洗装置、BOSE（环绕声音响系统）、扬声器 14 个、车载电话、中控台液晶屏支持 MP3 等。

4. 静态检查

车辆整体外观基本良好，左前侧翼子板有明显的碰撞修复痕迹，一些部件经过了更换，喷漆工艺良好，但是通过专业检测依然能够察觉出来。整体车架连接部分良好，焊点清晰，没有碰撞修复后的变形和弯曲迹象。驾驶舱内功能部件良好，位置正常，使用方便。发动机舱内线路经过了更换，左前侧悬架部分有修复的痕迹，左前车灯经过整体更换，发动机和变速器没有渗漏痕迹。底盘系统中，左前侧悬架有损伤修复痕迹，更换了新悬架，轮胎制动盘片磨损正常。

5. 动态检查

发动机自检中发动机故障代码显示有问题，起动后仍没有消除，悬架驱动系统也有报警，根据判断估计是车辆碰撞修复后没有进行故障清除和匹配。变速器接合动力正常，行驶过程中挡位变换比较正常，悬架调整需要进行适当处理，在高速过程中前轮有轻微的摆动，松开转向盘的过程中车辆偏向左侧，制动性能良好，轮胎噪声较大。

6. 综合评定

保时捷卡宴SUV在高端SUV中属于比较特殊的一款，一方面是保时捷的跑车风格；另一方面是卡宴的外形比较独特，并没有同档次车辆常用的“宽厚”，而依然是“流线风格”，相比较Q7、途锐等车型，这款车的价格还算不错，市场供需比较良好。

相对来讲，使用一年左右的二手车折旧率最高，出售的损失比较大，购买比较划算。评估的这款车属于事故类型的车辆，左前侧的碰撞比较明显，造成了悬架损伤和电脑系统的故障，修复工艺一般，需要进行适当的匹配和整备。这类车辆比正常的成交车辆价格要低一些，品牌价值较高。保时捷卡宴这款车需求量不错，但是供应量不足，这辆车的质量影响车辆的价格，尤其是事故的影响非常明显，事故损失比较大。根据当时的市场行情分析和判断，这款车的成交价格应该在520 000元左右。

复 习 题

一、简答题

1. 举例说明目前最畅销的二手车车型与销售价格。
2. 评估二手车时需要什么手续？
3. 简述现行市价评估法评估二手车的程序。
4. 简述二手车成新率的计算流程。
5. 简述利用重置成本法评估二手车的程序。
6. 某人于2004年7月花10万元购买捷达FV7160CIF轿车一辆，并于当月登记注册。该车技术状况较好，未发现有重大事故痕迹，外表有多处轻微划痕，需修理与涂漆，行驶里程为65 000 km。试评估该车辆的价格。
7. 现有2006年9月登记的上海通用别克GL8轿车一辆，已行驶90 000 km，自动挡，两侧滑动门，前门电动窗，前排座椅可调整。该车改装了一套DVD音响，右后组合灯损坏，需要更换。目前，二手车市场与评估对象几乎相同的GL8汽车的售价为18万元。试评估该车辆的价格。

二、选择题

1. 当被评估车辆的销售市场很活跃，并能提供参照物市场交易价格的可靠资料时，（　　）是最有效的评估方法之一。

A. 重置成本法　　B. 现行市价法
C. 收益现值法　　D. 清算价格法

2. 一汽大众公司旗下的汽车产品有（　　）。

A. 捷达、宝来、迈腾　　B. 奔腾、速腾、开迪
C. POLO、速腾、迈腾　　D. 朗逸、领驭、途安

3．广汽丰田旗下的汽车产品有（　　）。

A．威驰、花冠、卡罗拉　　B．雅力士、汉兰达

C．锐志、皇冠、思域　　D．卡罗拉、普拉多

4．北京现代旗下的汽车产品有（　　）。

A．福瑞迪、逍客、狮跑　　B．御翔、途胜、赛拉图

C．远舰、千里马、雅绅特　　D．雅绅特、悦动、领翔

第六章 二手车交易

学习目标

1. 了解二手车交易的手续与流程。
2. 熟悉常见的二手车网站。
3. 掌握从业人员的基本要求。
4. 掌握从事二手车营销、二手车价格评估的相关政策和法规。

第一节 二手车的收购与销售

价格是一个非常重要的因素，它直接影响企业产品的销售和利润，同时也是企业实现经营目标的主要手段和策略。

一、二手车的收购

1．车辆收购定价的影响因素

（1）车辆的总体价值。收购二手车要充分考虑车辆的总体价值，包括车辆实体的产品价值和各项手续的价值。

1）车辆实体的产品价值。车辆实体的产品价值一般用鉴定估价的方法评估，并根据经验结合目前市场行情综合评定。评定的主要项目如下：

①静态检查项目与动态检查项目。车身外观整齐程度、漆面质量等静态检查项目，发动机怠速声音、尾气排放情况等动态检查项目。

②配置、装饰、改装等项目。包括有无助力装置、真皮座椅、电动门窗、中控防盗锁、CD 音响等；有效的改装包括动力改装、悬架系统改装、音响改装、座椅及车内装饰改装等。

2）各项手续的价值。登记证、原始购车发票或交易过户票、行驶证、购置税完税证明、车船使用税证明、车辆保险合同等。如果收购车辆的证件和规费凭证不全，就会影响收购价格。

（2）二手车收购后应支出的费用。从收购到售出时限内需要支出的费用有保险费、日常维护费、停车费、收购支出的货币利息和其他管理费等。而最主要的支出费用是二手车的购置费。二手车的购置费用一般包括购车费、交易增值税，带保险交易的车辆根据情况还要付相应的保险费，翻新车辆则要交相应的保养费用。

1）购车费。以双方商定的价格付费，具体价格最好以专业评估为准。

2）交易增值税。国家规定车辆交易时收取二手车交易增值税，纳税范围是轿车、越野车、小客车（22 座以下的面包车）、摩托车，数额为评估价格的 2%。

3）保险费。保险也是直接关系到成交价格的主要因素。如果保险快到期了，在买车后就得准备花几千元钱上车险，无形中增大了支出预算。

4）保养翻新费用。买来二手车自然要进行保养或翻新，通常这项费用为几百至几千元不等。另外，如果距原车主上一次维护的时间已较久，应该立即去修理厂或维修站做保养检查，需要更换的零件应立即去更换。因为基本保养对于延长车辆使用寿命、减少维修费起着至关重要的作用。

（3）市场宏观环境的变化。二手车收购要注意国家宏观政策、国家和地方法规的变化因素等影响导致的车辆经济性贬值。例如，许多地区汽车尾气排放限制越来越严格，已经开始执行国Ⅳ和国Ⅴ排放标准，若车辆达不到相关标准，价格肯定要下跌。

（4）市场微观环境的变化。市场微观环境主要指新车价格的变动。目前，新车的价格时有波动，新车型的上市及其价格变化对二手车收购价格的影响很大。

（5）供求关系的变化。市场供求关系的变化同样是一条永远不变的规律，二手车经营者应根据库存车辆的多少提高或降低收购价格。二手车价格的上升（或下降）会引起需求量较大幅度减少（增加）。因此，在二手车的销售定价时，应该把价格定得低一些，应该采取薄利多销的手段。

（6）品牌知名度和维修服务条件。对不同品牌的二手车，由于其品牌知名度和售后服务的质量不同，也会影响到收购价格。例如，一汽、上汽、东风、广本等都是国内颇具实力的企业。

2. 二手车收购定价的方法

（1）以现行市价法、重置成本法确定收购价格。由现行市价法、重置成本法对二手车进行鉴定估算，产生客观价格，再根据快速变现原则，估定一个折扣率并以此确定二手车收购价格。如运用重置成本法估算某二手车价值为 10 万元，据市场销售情况调查，估定折扣率为 20% 可出售，则该车辆收购价格为 8 万元。

（2）以清算价格的方法确定收购价格。具体来说，主要根据二手车技术状况，运用现行市价法估算其正常价值，再根据处置情况和变现要求乘以一个折扣率，最后确定评估价格。

（3）以快速折旧的方法确定收购价格。根据机动车辆的价值，计算折旧额来确定收购价格。年折旧额的计算方法建议采用以下两种：

1）年份数求和法。计算公式为：

$$\text{机动车年折旧额} = (\text{机动车原值} - \text{机动车残值}) \times \frac{\text{规定折旧年限} + 1 - \text{使用期内某一确定年限}}{\dfrac{\text{规定折旧年限} \times (\text{规定折旧年限} + 1)}{2}} \qquad (6\text{—}1)$$

2）余额递减折旧法。计算公式为：

$$D_1 = K_0 \times a(1-a)^{t-1} \quad (6—2)$$

式中 D_1——机动车年折旧额；

K_0——机动车原值；

a——折旧率，$a = b \times \frac{1}{N}$，当 $b = 1$ 时，$a = \frac{1}{N}$ 为直线法的折旧率；当 $b = 2$ 时，$a = 2 \times \frac{1}{N}$ 称为双倍余额递减法；

N——机动车规定的折旧年限；

t——机动车在使用年限内某一确定年度。

常见年份数求和法、双倍余额递减法折旧率见表6—1。

表6—1　　常见年份数求和法、双倍余额递减法折旧率

	年份数求和法 $\frac{N+1-t}{\frac{N(N+1)}{2}}$			双倍余额递减法 $a = 2 \times \frac{1}{N}$		
N	15	10	8	15	10	8
$t=1$	15/120 = 12.5%	10/55 = 18.2%	8/36 = 22.2%	2×1/15 = 13.3%	2×1/10 = 20%	2×1/8 = 25%
$t=2$	14/120 = 11.7%	9/55 = 16.4%	7/36 = 19.4%	2×1/15 = 13.3%	2×1/10 = 20%	2×1/8 = 25%
$t=3$	13/120 = 10.8%	8/55 = 14.5%	6/36 = 16.7%	2×1/15 = 13.3%	2×1/10 = 20%	2×1/8 = 25%
$t=4$	12/120 = 10.0%	7/55 = 12.7%	5/36 = 13.9%	2×1/15 = 13.3%	2×1/10 = 20%	2×1/8 = 25%
$t=5$	11/120 = 9.17%	6/55 = 10.9%	4/36 = 11.1%	2×1/15 = 13.3%	2×1/10 = 20%	2×1/8 = 25%
$t=6$	10/120 = 8.33%	5/55 = 0.91%	3/36 = 0.83%	2×1/15 = 13.3%	2×1/10 = 20%	2×1/8 = 25%

（4）二手车收购价格的计算。二手车收购价格的确定是在被收购车辆手续齐全的前提下对车辆实体价格的确定。如果所缺失的手续能以货币支出补办，则收购价格应扣除补办手续的货币支出以及时间和精力的成本支出。

1）运用重置成本法。利用重置成本法对二手车进行鉴定估价，然后根据快速变现的原则给出一个折扣率，将被收购车辆的估算价格乘以折扣率即得收购价格，计算公式如下：

$$收购价格 = 评估价格 \times 折扣率 \quad (6—3)$$

2）运用现行市价法。利用现行市价法对二手车进行鉴定估价，计算公式同上。

3）运用快速折旧法。首先计算出二手车已使用年数累计折旧额，然后将重置成本全价减去累计折旧额，再减去车辆需要维修换件的总费用，即得二手车收购价格，计算公式如下：

$$收购价格 = 重置成本全价 - 累计折旧额 - 维修费 \quad (6—4)$$

式中，重置成本全价一律采用国内现行市场价格作为被收购车辆的重置成本全价；累计折旧额的计算方法如下：先用年份数求和法或余额递减折旧法计算出年折旧额后，再将已使用年限内各年的折旧额汇总累加，即得累计折旧额；维修费用是指车辆现时状态下某项功能完全丧失，需要维修和换件的费用总支出。

（5）二手车收购定价实例。某私家车车主于 2008 年 2 月急于转让一辆捷达牌汽油轿车，经与二手车交易中心洽谈，由该中心收购车辆。车辆初次登记日期为 2004 年 8 月，购置日期为 2004 年 7 月，累计行驶里程为 81 000 km，车况基本良好，没有发生过交通事故，但是离合器有打滑现象，变速器挂挡有异响，转向系统低速有摆振现象，转向不灵敏，需要维修。用快速折旧法计算收购价格。

解：根据二手车市场行情表得知，该型号的二手车价格为 120 000 元，规定使用年限为 15 年，残值忽略不计，现分别以年份数求和法和余额递减折旧法计算。这里 K_0 取机动车重置成本价 120 000 元，机动车规定折旧年限 $N=15$ 年，折旧率 a 按直线折旧率 $1/N$ 的 2 倍取值，即有 $a=2\times1/N=2\times1/15=13.3\%$，$t$ 从 2004 年 8 月到 2008 年 2 月共 4 个年度。

由于车辆已使用年限为 3 年 6 个月，用年份数求和法和双倍余额递减法计算折旧额分别为 48 000 元和 47 093 元。

根据技术状况鉴定，离合器有打滑现象，变速器挂挡有异响，需维修费 700 元；转向系统低速有摆振现象，转向不灵敏，需维修费 1 550 元；黄牌标识遗失，登报声明补办的费用为 100 元，上述费用合计为 700 + 1 550 + 100 = 2 350 元。

根据前述收购价格计算公式确定收购价格如下：

用年份数求和法计算收购价格为 120 000 − 48 000 − 2 350 = 69 650 元。

用双倍余额递减法计算收购价格为 120 000 − 47 093 − 2 350 = 70 557 元。

二、二手车的销售

1．二手车销售定价目标

二手车销售定价目标是指二手车流通企业通过制定价格水平，凭借价格产生的效用来达到预期目的。二手车销售定价目标主要包括以下几种：

（1）获取利润目标：

1）获取预期收益目标。预期收益目标是指二手车流通企业以预期利润（包括预交税金）为定价基点，并以利润加上二手车的完全成本构成价格出售二手车，从而获取预期收益的一种定价目标。预期收益目标有长期和短期之分，大多数企业都采用长期目标。预期收益高低的确定应当考虑二手车的质量与功能、同期的银行利率、消费者对价格的反应以及企业在同类企业中的地位和在市场竞争中的实力等因素。预期收益定得过高，企业会处于市场竞争的不利地位；预期收益定得过低，又会影响企业投资的回收。一般情况下，预期收益适中可获得长期稳定的收益。

2）获取最大利润目标。最大利润目标是指二手车流通企业在一定时期内综合考虑各种因素后，以总收入减去总成本的最大差额为基点来确定二手车的价格，以取得最大利润的一种定价目标。最大利润是企业在一定时期内可能并准备实现的最大利润总额，而不是单辆二手车的最高价格，最高价格不一定能获取最大利润。当企业在二手车市场上处于绝对有利地位时，往往采取这种定价目标，它能够使企业在短期内获得高额利润。最大利润一般应以长期的总利润为目标，在个别时期甚至允许以低于成本的价格出售，以便招徕顾客。

3）获取合理利润目标。合理利润目标是指二手车流通企业在补偿正常情况下的社会平均成本基础上，适当地加上一定量的利润作为二手车价格，以获取正常情况下合理利润的一种定价目标。企业在自身力量不足、不能实现最大利润目标或预期收益目标时，往往采取这一定价目标。这种定价目标以稳定市场价格、避免不必要的竞争、获取长期利润为前提，因而二手车价格适中，消费者乐于接受，政府积极鼓励。

（2）占领市场目标。以市场占有率为定价目标是一种志存高远的选择方式。市场占有率是指一定时期内某二手车流通企业的销售量占当地细分市场销售总量的份额。市场占有率高，意味着企业的竞争实力较强，说明企业对消费信息把握得较准确、充分。资料表明，企业利润与市场占有率正向相关。提高市场占有率是增加企业利润的有效途径。

由于企业所处的市场营销环境不同，自身条件与营销目标不同，企业定价目标也大相径庭。因此，二手车流通企业应在综合考虑市场环境、自身实力及经营目标的基础上，将利润目标和占领市场目标结合起来，兼顾企业的眼前利益与长远利益，以此确定适当的定价目标。

2. 二手车销售定价方法

定价方法是二手车流通企业为了在目标市场实现定价目标，给产品制定基本价格和浮动范围的技术思路。由于成本、需求和竞争是影响企业定价的最基本因素，产品成本决定了价格的最低限度，产品本身的特点决定了需求状况，从而确定了价格的最高限度，竞争者产品与价格又为定价提供了参考的基点，也因此形成了以成本、需求、竞争为导向的三大基本定价思路。

（1）成本导向定价法：

1）成本加成定价法。成本加成定价法又称加额定价法、标高定价法或成本基数法，是一种应用比较普遍的定价方法。它首先确定单位产品总成本（包括单位变动成本和平均分摊的固定成本），然后在单位产品总成本基础上加上一定比例的利润，从而形成产品的单位销售价格。该方法的计算公式为：

$$单位产品价格 = 单位产品总成本 \times (1 + 成本加成率) \quad (6—5)$$

由此可以看到，成本加成定价法的关键是成本加成率的确定。一般来说，加成率应与单位产品成本成反比，与资金周转率成反比，与需求价格弹性成反比。需求价格弹性不变时，加成率也应保持相对稳定。

2）目标收益定价法。目标收益定价法又称投资收益率定价法，是根据企业的投资总额、预期销量和投资回收期等因素来确定价格。在产品供不应求的条件下或产品需求的价格弹性很小的细分市场中，目标收益定价法具有一定的应用价值。

3）边际成本定价法。边际成本是指每增加或减少单位产品所引起的总成本增加或减少。采用边际成本定价法时，是以单位产品的边际成本作为定价依据和可接受价格的最低界限。在价格高于边际成本的情况下，企业出售产品的收入除完全补偿变动成本外，还可用来补偿一部分固定成本，甚至可能会提供利润。边际成本定价法在竞争激烈的市场条件下具有极大的定价灵活性，对于有效地应对竞争、开拓新市场、调节需求的季节差异、形成最优产品组合能发挥出巨大的作用。

（2）需求导向定价法。需求导向定价法又称顾客导向定价法，是二手车流通企业根据市场需求状况和消费者的不同反应分别确定产品价格的一种定价方式。其特点如下：平均成本相同的同一产品价格随需求变化而变化，一般以该产品的历史价格为基础，根据市场需求变化情况在一定的幅度内变动价格，以致同一商品可以按两种或两种以上价格销售。这种差价可以因顾客的购买能力、对产品的需求强度、产品的型号和式样、时间和地点等因素而采用不同的形式。

（3）竞争导向定价法。竞争导向定价法是以企业所处的行业地位和竞争定位而制定价格的一种方法，是二手车流通企业根据市场竞争状况而确定商品价格的一种定价方式。其特点如下：价格与成本和需求不发生直接关系，主要以竞争对手的价格为基础，与竞争品价格保持一定的比例。即竞争品价格未变，即使产品成本或市场需求变动了，也应维持原价；竞争品价格变动，即使产品成本和市场需求未变，也要相应调整价格。

在上述定价方法中，企业要考虑产品成本、市场需求和竞争形势，研究价格怎样适应这些因素。但在实际定价中，企业往往只能侧重于考虑某一类因素选择某种定价方法，并通过一定的定价政策对计算结果进行修订。

在二手车销售中，成本加成定价法深受企业界欢迎，主要原因如下：

1）定价工作简化。由于成本的不确定性一般比需求的不确定性小得多，定价着眼于成本，使得定价工作大大简化，不必随时依需求情况的变化而频繁地调整，因而大大简化了企业的定价工作。

2）可降低价格竞争程度。只要同行业企业都采用这种定价方法，那么在成本与加成率相似的情况下价格也大体相同，这样可以使价格竞争减至最低限度。

3）对买卖双方都较为公平。卖方不利用买方需求量增大的优势趁机哄抬物价，因而有利于买方，而固定的加成率也可以使卖方获得相当稳定的投资收益。因此，一般推荐用成本加成法对二手车销售进行定价。

3．二手车销售定价策略

（1）阶段定价策略。阶段定价策略指根据产品寿命周期各阶段不同的市场特征而采用不同的定价目标和对策。投入期以打开市场为主，成长期以获取目标利润为主，成熟期以保持市场份额、利润总量最大为主，衰退期以回笼资金为主。另外，还要兼顾不同时期的市场行情，相应修改销售价格。

（2）心理定价策略。不同的消费者有着不同的消费心理，有的注重经济实惠、物美价廉，有的注重品牌，有的追赶消费潮流。心理定价策略就是在补偿成本的基础上，按不同的需求心理确定价格水平和变价幅度。例如，尾数定价策略就是企业针对消费者的求廉心理，在二手车定价时有意定一个与整数有一定差额的价格。这是一种具有强烈刺激作用的心理定价策略。价格尾数的微小差别能够明显影响消费者的购买行为，会给消费者一种经过精确计算的、最低价格的心理感觉，如某品牌的二手车标价 69 998 元，给人以便宜的感觉，认为只要不到 7 万元就能买到一辆质地不错的品牌二手车。

（3）折扣定价策略。二手车流通企业在市场营销活动中一般按照确定的目录价格或标价出售商品。但随着企业内部和外部环境的变化，为了促进经销商及顾客更多地销售和购买本企业的产品，往往根据交易数量、付款方式等条件的不同，在价格上做出一定的减让，这种生产者给经销商或消费者的一定程度的价格减让就是折扣。灵活运用价格折扣策略，可以鼓励需求，刺激购买，有利于企业搞活经营，提高经济效益。

二手车流通企业通过以上程序制定的价格只是基本价格，只确定了价格的范围和变化的途径。为了实现定价目标，二手车流通企业还需要考虑国家的价格政策、用户的要求、产品的性价比、品牌价值及服务水平，应用各种灵活的定价方法对基本价格进行调整，同时将价格策略和其他营销策略结合起来，如针对不同消费心理的心理定价和让利促销的各种折扣定价等，以确定具体的最终价格。

技术提示

影响二手车定价因素

1. 品牌——热门车或冷门车依市场行情加价或减价。
2. 车况——外观、内饰、发动机、底盘、原漆五大要素均要考虑。
3. 保险——是否购买保险应计入车价。
4. 过户次数——次数越多，车况越难预料。
5. 颜色——特别不畅销的颜色或冷门的颜色可要求减价。
6. 配置——依加装配置价值及拆装难度决定加价多少。
7. 保养记录——有完整记录的车辆可知车主比较细心，对车辆基本情况也能做到心中有底。
8. 事故车——根据事故大小判断。
9. 新车调价、促销、改型——随时注意市场动向，做出价格调整。

三、二手车的交易

1. 二手车交易流程

由于二手车市场千差万别，各地的交易程序可能也会有差别，但是总的流程基本相同。具体交易流程如图 6—1 所示。

进行二手车交易，销车方须向二手车交易中心出具单位介绍信或证明信（属于个人卖车的须持居民身份证）、机动车行驶证、原始购车发票、成交发票、购置税完税证明、车船使用税“税讫”标志、保险费缴纳凭证等。

购车方须出具单位介绍信或个人身份证。工商行政管理部门凭二手车交易中心或有二手车经营权企业的交易凭证予以验证，车管部门凭此办理转籍过户手续。由于二手车交易的特殊情况，买车人尤应注意以下事项：

买车前，首先要仔细检查车辆的技术状况。一定要检查车辆出厂时间、进行使用的时间以及报废时间，必要时可请专业人士对车辆的使用价值和技术状况进行鉴定，也可请车辆评估鉴定人员或有一定经验的车辆维修人员进行上路试验，并做必要的部件检查，还要查看各种证件，查验年检、环保检测合格证明与单据，必要时与原车主同到相关部门逐一核实。

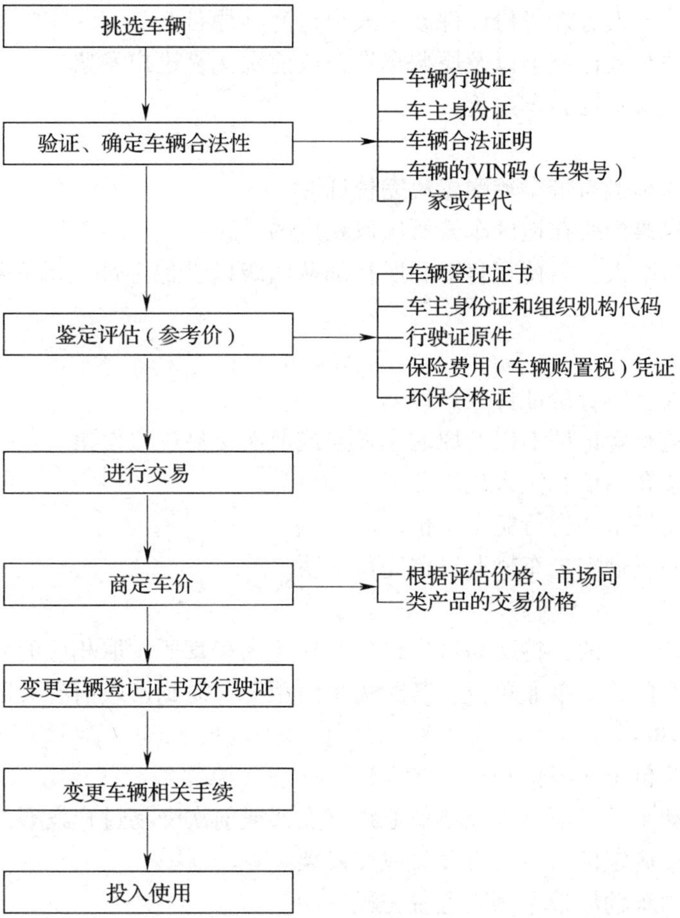

图 6—1　二手车交易流程

买车后，应及时到车管部门办理过户手续，否则买卖无效。如果车辆已确定购买，要同原车主一起到交管、运管、稽征、保险等部门办理各类证件过户手续，如果在此过程中出现问题，要等问题妥善解决好以后再给原车主全额付款。车辆保险也要办理过户手续。我国相关保险条例规定，除货物运输保险的保险单或保险凭证可由投保方转让而无须征得保险方同意外，其他保险标的过户、转让或出售事先应当面通知保险方，经保险方同意并将保险单或保险凭证批改后方为有效；否则，从保险标的过户、转让或出售时起，保险责任即行终止。此外，如果购买的是营运车辆，必须要求原车主将营运线路与停靠站牌等随车一并出售；如果是出租车，则必须有计价器、顶灯等，并且与证件上的编号相符；如果是定线营运客车，必须与运营部门发放的线路牌编号相符。

2. 二手车的过户

符合交易条件的二手车全额付款后就可以办理过户手续。下面介绍北京市场二手车交易过户手续的 4 种情况：

（1）个人对个人：

1）买卖双方持个人有效身份证件或个人户口簿（原件）。

2）卖方的机动车登记证书以及原购车发票或前次交易过户发票。

3）将车开到交易市场验车定价。

4）缴纳过户费。

5）迁往外地的车辆需带车辆购置税完税证明。

6）持交易过户票到所在地区车管所领取相应的号牌。

7）如果买方为军人，需持军官证和所在部队团级以上保卫部门的介绍信，证明此人居住地，并贴相片盖章。

（2）个人对单位：

1）卖方持个人有效身份证件或户口簿（原件）。

2）卖方持机动车登记证书以及原购车发票或前次交易过户发票。

3）买方持单位介绍信和法人代码证书（原件）。

4）将车开到交易市场进行验车定价。

5）迁往外地的车辆需带车辆购置税完税证明。

6）缴纳过户费。

7）买方属于郊区县的，持交易过户票到所在地区车管所领取相应的号牌。

8）买方为政府机关、事业单位，若购买生活用车，需到市政府有关部门办理批文。

（3）单位对单位：

1）买卖双方持单位介绍信和双方法人代码证书（原件）。

2）卖方持机动车登记证书以及单位原购车发票或前次交易过户发票。

3）根据交易市场定价后，卖方开具成交发票。

4）迁往外地的车辆需带车辆购置税完税证明。

5）缴纳过户费。

6）持交易过户票到所在地区车管所领取相应的号牌。

7）买方为政府机关、事业单位，若购买生活用车，需到市政府有关部门办理批文。

（4）单位对个人：

1）卖方持单位介绍信和法人代码证书（原件）。

2）买方持个人有效身份证件或户口簿（原件）。

3）卖方持机动车登记证书以及单位原购车发票或前次交易过户发票。

4）将车开到交易市场定价后，卖方开具成交发票。

5）迁往外地的车辆需带车辆购置税完税证明。

6）缴纳过户费。

7）持交易过户票到所在地区车管所领取相应的号牌。

8）如果买方为军人，需持军官证和所在部队团级以上保卫部门的介绍信，证明此人居住地，并贴相片盖章。

第二节　二手车电商

随着汽车消费大众化趋势逐渐加强，尤其在一、二线城市市场，居民汽车消费理念已经发生改变，选择车辆更加理性，二手车逐渐进入消费者购车选择范围。但传统的二手车行业由于车源分散，信息不透明，车况不统一等弊端，一直以来限制着二手车行业的发展。

自2014年起，在资本和汽车消费升级的推动下，我国二手车电子商务行业进入快速发展期。二手车电子商务的出现不仅解决了二手车行业信息不对称、价格不透明、交易流程复杂且周期长等诸多问题，同时丰富了用户车辆交易的渠道选择，二手车电商逐渐成为二手车交易市场重要的渠道之一。随着二手车整体市场价值和潜力的凸显，二手车电子商务行业巨大的商业价值也逐步凸显。

二手车电商交易包括B2B（Business to Business，企业对企业）竞拍模式、C2B（Customer to Business，个人对企业）竞拍模式、C2C（Customer to Customer，个人对个人）模式、B2C（Business to Customer，企业对个人）模式及二手车信息资讯模式，具体见表6—2。

表6—2　　　　二手车电商基本模式分类

分类	二手车电商类型	服务对象	代表企业
2B端	B2B竞拍模式	4S店、二手车车商	优信拍、汽车街、车易拍
	C2B竞拍模式	C端卖车用户、二手车批发商、二手车零售商	车置宝、天天拍车、车开新、车速拍、大搜车、淘车、迈迈车
2C端	C2C模式	C端卖车用户和C端买车用户	瓜子二手车、人人车、好车无忧
	B2C模式	二手车零售商和C端买车用户	优信二手车、淘车、车猫、99好车、澳康达、开心汽车、车王、优车诚品

随着二手车交易迎来快速增长，二手车电商的崛起以及国家的重视，二手车行业走向了发展快车道，在借鉴传统电子商务模式的基础上，根据行业特点不断探索符合行业发展的优质模式。目前，二手车电商有以二手车之家、第一车网、273家二手车交易网为代表的二手车交易资讯平台；以优信二手车、淘车为代表的零售平台；以瓜子二手车、人人车为代表的直卖平台；以优信拍、车易拍为代表的竞拍平台；以精真估、公平价为代表的第三方车辆鉴定平台等。各平台分别聚焦于二手车电商交易的资源对接、收车、流通、销售环节。二手车电商产业链如图6—2所示。

在传统的消费者购买二手车的过程中，主要从4S店、二手车市场、熟人等渠道获取车辆信息并进行对比筛选，并最终决定是否购买；车主传统的二手车处理方式则是4S店、二手车市场、熟人等渠道进行置换及售卖。随着互联网技术的发展与普及以及二手车电商平台的崛起，消费者及汽车用户获取信息渠道更多的来自于线上，包含汽车资讯网站、二手车电商平台在内的多种信息渠道提供专业详尽的二手车交易信息，辅助消费者选车、购车，帮助车主评估、售卖车辆，如图6—3所示。

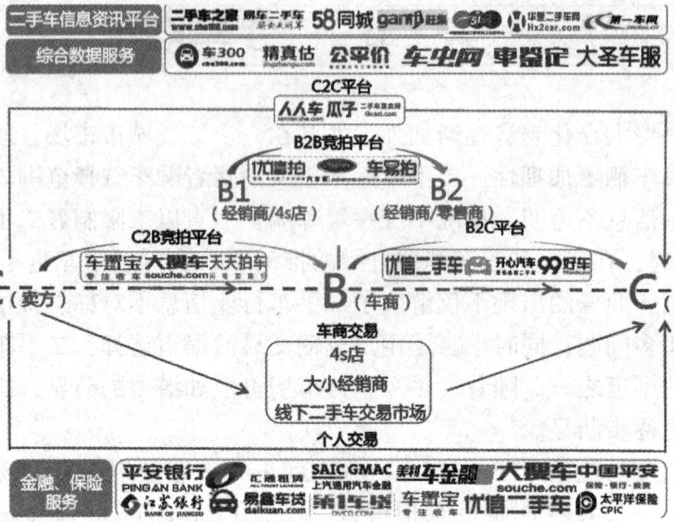

图 6—2　二手车电商产业链

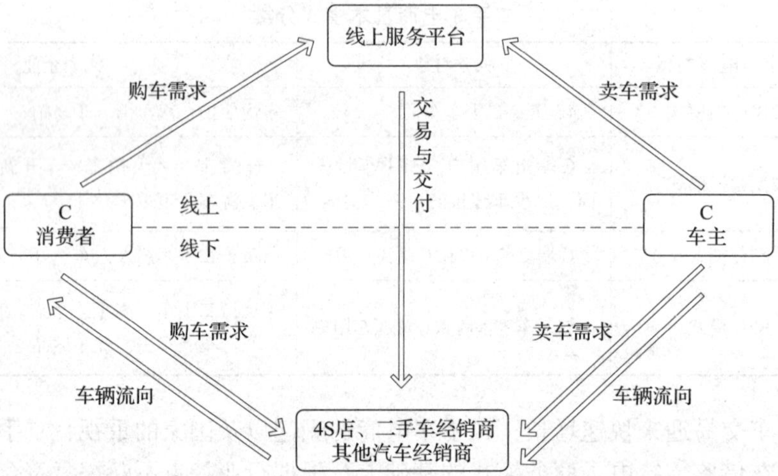

图 6—3　二手车交易流程的电商化

2017 年我国二手车交易量达 1 240. 1 万辆，预计 2022 年二手车交易量约为 2 960. 6 万辆，年复合增长率接近 19%；其中 2017 年二手车在线交易量高达 155. 1 万辆，预计 2022 年二手车在线交易量约为 827. 7 万辆，年复合增长率约为 39. 8%。二手车电商的入局为行业带来巨额用户流量，提高了二手车行业整体的市场认知及接受度。同时，行业整体发展反过来也为二手车电商平台业务开展提供了充分的车源供给及交易基础服务的支持，二手车电商行业成交量增速明显高于传统行业增速。

2017 年我国汽车消费者二手车购买意愿高达 33. 4%，消费者在购车行为中更加理性，二手车接受度较高。消费者购车时，更关注平台的诚信、车源的真实性、价格合理性以及售后服务等因素。统计数据显示，2017 年消费者二手车在线购买意愿高达 43. 7%，在消费者购买渠道选择意愿排名第一，连锁经销商及小型经销商位居第二及第三选择意愿。

第三节　二手车拍卖

1. 关于拍卖的相关知识

(1) 拍卖中涉及的概念：

1) 拍卖。拍卖是指以公开竞价的形式，将特定物品或者财产权利转让给最高应价者的买卖方式。

2) 拍卖人。拍卖人是指依照《中华人民共和国拍卖法》和《中华人民共和国公司法》设立的从事拍卖活动的企业法人——拍卖公司。其在法律关系中的地位是受委托人。其行为应符合合同法和拍卖法的规则。

3) 委托人。委托人是指委托拍卖人拍卖物品或者财产权利的公民、法人或者其他组织。

4) 竞买人。竞买人是指参加竞购标的的公民、法人或者其他组织。法律、行政法规对拍卖标的的买卖条件有规定，竞买人应当具备规定的条件——可以自行参加竞买，也可以委托其代理人参加竞买。竞买人有权了解拍卖标的的瑕疵，有权查验拍卖标的及查阅有关拍卖资料。竞买人一经应价，不得撤回，当其他竞买人有更高应价时，其应价即丧失约束力。竞买人之间、竞买人与拍卖人之间不得恶意串通，损害他人利益。

5) 买受人。买受人是指以最高应价购得拍卖标的的竞买人——应当按照约定支付拍卖标的的价款，未按照约定支付价款的，应当承担违约责任。买受人未能按照约定取得拍卖标的的，有权要求拍卖人或者委托人承担违约责任。买受人未按照约定受领拍卖标的的，应当支付由此产生的保管费用。

6) 底价。底价也称拍卖标的的保留价，指出卖拍卖标的最低价格，如果应价低于这一价格则拍卖标的不予出售。保留价应当由委托人提出。

7) 起拍价。起拍价是指拍卖时就某一标的的开始拍卖时第一次报出的价格。起拍价可能低于保留价，可以等于保留价，也可以高出保留价，因此，保留价与起拍价两者属于两种不同的价格现象。

(2) 参加拍卖各方当事人的权利和义务：

1) 拍卖人的权利。拍卖人有权要求委托人说明拍卖标的的来源和瑕疵。委托人、买受人可以与拍卖人约定佣金的比例，未做约定时拍卖成交的，拍卖人可以向委托人、买受人各收取不超过拍卖成交价 5% 的佣金。

2) 拍卖人的义务。拍卖人应当向竞买人说明拍卖标的的瑕疵。拍卖人对委托人交付拍卖的物品负有保管义务。拍卖人接受委托后，未经委托人同意，不得委托其他拍卖人拍卖。委托人、买受人要求对其身份保密的，拍卖人应当为其保密。拍卖人及其工作人员不得以竞买人的身份参与自己组织的拍卖活动，并不得委托他人代为竞买。拍卖人不得在自己组织的拍卖活动中拍卖自己的物品或者财产权利。拍卖人应于拍卖日 7 日前发布公告，拍卖人应在拍卖前展示拍卖车辆，并在车辆显著位置张贴《拍卖车辆信息》，车辆的展示时间不得少于 2 天。拍卖成交后，买受人和拍卖人应签署《二手车拍卖成交确认书》。拍卖成交后，拍卖人应当按照约定向委托人交付拍卖标的的价款，并按照约定将拍卖标的移交给买受人。

3）委托人的权利。委托人可以自行办理委托拍卖手续，也可以由其代理人代为办理委托拍卖手续。委托人有权确定拍卖标的的保留价并要求拍卖人保密。

4）委托人的义务。委托人委托拍卖物品或者财产权利，应当提供身份证明和拍卖人要求提供的拍卖标的的所有权证明，或者依法可以处分拍卖标的的证明及其他资料。委托人应当向拍卖人说明拍卖标的的来源和瑕疵。委托人撤回拍卖标的的，应当向拍卖人支付约定的费用；未做约定的，应当向拍卖人支付为拍卖支出的合理费用。委托人不得参与竞买，也不得委托他人代为竞买。按照约定由委托人移交拍卖标的的，拍卖成交后，委托人应当将拍卖标的移交给买受人。

5）竞买人的权利。竞买人是指参加竞购拍卖标的的公民、法人或者其他组织。竞买人可以自行参加竞买，也可以委托其代理人参加竞买。竞买人有权了解拍卖标的的瑕疵，有权查验拍卖标的和查阅有关拍卖资料。

6）竞买人的义务。法律、行政法规对拍卖标的的买卖条件有规定的，竞买人应当具备规定的条件。竞买人一经应价不得撤回，当其他竞买人有更高应价时，其应价即丧失约束力。拍卖成交后，买受人和拍卖人应当签署成交确认书。竞买人之间、竞买人与拍卖人之间不得恶意串通，损害他人利益。

7）买受人的权利。买受人是指以最高应价购得拍卖标的的竞买人。买受人未能按照约定取得拍卖标的的，有权要求拍卖人或者委托人承担违约责任。其他权利与竞买人的权利相同。

8）买受人的义务。买受人应当按照约定支付拍卖标的的价款；未按照约定支付价款的，应当承担违约责任，或者由拍卖人征得委托人的同意，将拍卖标的再行拍卖。拍卖标的再行拍卖的，原买受人应当支付第一次拍卖中本人及委托人应当支付的佣金。再行拍卖的价款低于原拍卖价款的，原买受人应当补足差额。买受人未按照约定受领拍卖标的的，应当支付由此产生的保管费用。

2. 二手车拍卖概述

二手车拍卖是指二手车拍卖企业以公开竞价的形式将二手车转让给最高应价者的经营活动。二手车拍卖的目的是提高二手车市场交易透明度，打造最专业的二手车流通平台；提高二手车交易双方的满意度，使二手车交易更规范；提高二手车成交率，为客户提供更多的成交机会。

二手车交易的类型依据交易双方行为和参与程度的差异分为二手车的经销、拍卖和直接交易。由此可见，二手车拍卖是二手车经营行为的一种。目前，二手车拍卖的方式是许多国家普遍采用的一种交易方式，拍卖具有公开、公正、公平的特点，由此产生的价格比较接近于市场价格。在美国、日本等发达国家大多数二手车交易都是通过拍卖的方式完成的。

二手车竞价拍卖以其直观、交易周期短、兑现快以及成交价最贴近市场真实价格等优势博得市场青睐。地区差异、核心能力差异及专业化分工使二手车在经营企业间通过拍卖方式实现流通；拍卖还是政府机关、大型团体、租赁公司等集团用户进行车辆更新换代的有效途径。二手车拍卖公司通过定期组织现场拍卖和网络竞价，将进一步提高二手车交易的速度，降低交易成本，可有效限制人为因素导致的不正常交易行为。因此，二手车拍卖市场潜力巨大。二手车拍卖必须在国家规定的二手车交易市场或其他经合法审批的交易场所进行。

3. 二手车拍卖的相关政策介绍

二手车拍卖所涉及的主要法律、法规有《二手车流通管理办法》《二手车交易规范》《中华人民共和国拍卖法》（以下简称《拍卖法》）和《拍卖管理办法》等。二手车拍卖应在符合上述一系列法律、法规的前提下进行。

（1）二手车流通管理办法：

1）《二手车流通管理办法》规定下列车辆禁止经销、买卖、拍卖和经纪：已报废或者达到国家强制报废标准的车辆；在抵押期间或者未经海关批准交易的海关监管车辆；在人民法院、人民检察院、行政执法部门依法查封、扣押期间的车辆；通过盗窃、抢劫、诈骗等违法犯罪手段获得的车辆；发动机号码、车辆识别代号或者车架号码与登记号码不相符，或者有凿改迹象的车辆；走私、非法拼（组）装的车辆；不具有第二十二条所列证明、凭证的车辆；在本行政辖区以外的公安机关交通管理部门注册登记的车辆；国家法律、行政法规禁止经营的车辆。

2）《二手车流通管理办法》规定，二手车经销企业销售、拍卖二手车时，应当按规定向买方开具税务机关监制的统一发票。

（2）二手车交易规范。依据《二手车流通管理办法》，为便于操作，《二手车交易规范》中对拍卖的操作规程做了细化。规定要求从事二手车拍卖及相关中介服务活动应按照《拍卖法》及《拍卖管理办法》的有关规定进行。

4. 二手车拍卖规则

对于二手车拍卖没有统一的标准，但是为了规范拍卖行为，维护拍卖秩序，保护在拍卖活动中各方当事人的合法权益，使拍卖顺利进行，二手车拍卖要严格按照《拍卖法》及国家的相关政策、法律、法规的指导进行。在拍卖规则中应包含下列内容：

（1）拍卖人、拍卖日期与场所。

（2）拍卖标的及保留价。

（3）拍卖标的的展示时间及场所。

（4）竞买人权利和义务。

（5）保证金缴纳约定。

（6）拍卖方式。

（7）买受人的权利和义务。

（8）拍卖标的清点移交。

（9）违约责任。

（10）其他。

5. 二手车拍卖所需资料

《二手车交易规范》规定，委托拍卖时，委托人应提供身份证明、车辆所有权或处置权证明及其他相关材料。具体材料如下：

（1）二手车委托拍卖所需材料。车辆行驶证、购置税完税证明、车船税证、车辆所有人证件（私人为身份证、户口本；企事业单位为企业代码证）。

（2）二手车参加竞买所需材料。竞买人身份证明（私人为身份证；企事业单位为企事业单位代码证书）和保证金（按拍卖会规定的标准交付）。拍卖人接受委托的，应与委托人签订委托拍卖合同。

委托人应提供车辆真实的技术状况，即《车辆信息表》（见表6—3），拍卖人应如实填写《拍卖车辆信息》（见表6—4）。如对车辆的技术状况存有异议，拍卖委托双方经商定可委托二手车鉴定评估机构对车辆进行鉴定评估。

表6—3　　　　车辆信息表

<table>
<tr><td colspan="2">质量保证类别</td><td colspan="5"></td></tr>
<tr><td colspan="2">车　牌　号</td><td colspan="5"></td></tr>
<tr><td colspan="2">经销企业名称</td><td colspan="5"></td></tr>
<tr><td colspan="2">营业执照号码</td><td></td><td>地　址</td><td colspan="3"></td></tr>
<tr><td rowspan="8">车辆基本信息</td><td>车辆价格</td><td>¥　　元</td><td>品牌型号</td><td></td><td>车身颜色</td><td></td></tr>
<tr><td>初次登记</td><td>年　月　日</td><td>行驶里程</td><td>km</td><td>燃　料</td><td></td></tr>
<tr><td>发动机号</td><td></td><td>车架号码</td><td></td><td>生产厂家</td><td></td></tr>
<tr><td>出厂日期</td><td>年　月</td><td>年检到期</td><td>年　月</td><td>排放等级</td><td></td></tr>
<tr><td>结构特点</td><td colspan="5">□自动挡　□手动挡　□ABS　□其他______</td></tr>
<tr><td>使用性质</td><td colspan="5">□营运　□出租车　□非营运　□营转非　□出租营转非　□教练车　□其他______</td></tr>
<tr><td>交通事故记录
次数/类别/程度</td><td colspan="5"></td></tr>
<tr><td>重大维修记录
时间/部件</td><td colspan="5"></td></tr>
<tr><td colspan="2">法定证明、凭证</td><td colspan="5">□号牌　□行驶证　□登记证　□年检证明　□车辆购置税完税证明
□养路费缴付证明　□车船使用税完税证明　□保险单　□其他</td></tr>
<tr><td>车辆技术状况</td><td colspan="6"></td></tr>
<tr><td>质量保证</td><td colspan="6"></td></tr>
</table>

续表

声明	本车辆符合《二手车流通管理办法》有关规定，属合法车辆

买方（签章）　　　　　　　　　　　经销企业（签章）

经 办 人（签章）

年　月　日

备注	1. 本表由经销企业负责填写 2. 本表一式三份，一份用于车辆展示，其余作为销售合同附件

填表说明

1. 质量保证类别。车辆使用年限在 3 年以内或行驶里程在 60 000 km 以内（以先到者为准，营运车除外），填写“本车属于质量保证车辆”。

如果超出质量保证范围，则在质量保证类别栏中填写“本车不属于质量保证车辆”，质量保证栏填写“本公司无质量担保责任”。

2. 经销企业名称、营业执照号码及地址应按照企业营业执照所登记的内容填写。

3. 车辆基本信息按车辆登记证书所载信息填写。

1）行驶里程按实际行驶里程填写。如果更换过仪表，应注明更换之前行驶里程；如果不能确定实际行驶里程，则应予以注明。

2）年检到期日以车辆最近一次年检证明所列日期为准。

3）车辆价格按二手车经销企业拟卖出价格填写，可以不是最终销售价。

4）其他信息根据车辆具体情况，符合项在□中划“√”。

5）使用性质按表中所列分类，符合项在□中划“√”。

6）交通事故记录次数/类别/程度，应根据可查记录或原车主的描述以及在对车辆进行技术状况检测过程中发现的，填写对车辆有重大损害的交通事故次数、类别及程度。未发生过重大交通事故填写“无”。

7）重大维修记录应根据可查记录或原车主的描述以及在车辆检测过程中发现的更换或维修车辆重要部件部分（如发动机大、中修等）填写有关内容。车辆未经过大、中修填写“无”。

4. 法定证明、凭证等按表中所列项目，符合项在□中划“√”。

5. 车辆技术状况是指车辆在展示前，二手车经销企业对车辆技术状况及排放状况进行检测，检测项目及检测方式根据企业具体情况实施，并将检测结果在表中填写。同时，检验员应在表中相应位置签字。

6. 属于质量保证车辆的，经销企业根据交易车辆的实际情况，填写质量保证部件、里程和时间。一般情况下，质量保证可按以下内容填写：

1）质量保证范围：从车辆售出之日起 3 个月或行驶 5 000 km，以先到为准。

2）公司在车辆销售之前或之后质量保证期内，保证车辆安全技术性能。

3）质量保证不包括：轮胎、电瓶、内饰和车身漆面，也不包括因车辆碰撞、车辆用于赛车或拉力赛等非正常使用造成的质量问题。

经销企业也可根据实际情况适当延长质量保证期限，放宽对使用年限和行驶里程的限制。

7. 当车辆实现销售时，由经销企业及其经办人和买方分别在签章栏中签章。

表 6—4　　拍卖车辆信息表

<table>
<tr><td colspan="2">拍卖企业名称</td><td colspan="5"></td></tr>
<tr><td colspan="2">营业执照号码</td><td></td><td>地　址</td><td colspan="3"></td></tr>
<tr><td colspan="2">拍卖时间</td><td>年　月　日</td><td>拍卖地点</td><td colspan="3"></td></tr>
<tr><td rowspan="10">车辆基本信息</td><td>车 牌 号</td><td></td><td>厂牌型号</td><td></td><td>车身颜色</td><td></td></tr>
<tr><td>初次登记日期</td><td>年　月　日</td><td>行驶里程</td><td>km</td><td>燃　料</td><td></td></tr>
<tr><td>发动机号</td><td colspan="2"></td><td>车架号</td><td colspan="2"></td></tr>
<tr><td>出厂日期</td><td>年　月</td><td></td><td>发动机排量</td><td></td><td></td></tr>
<tr><td>年检到期日</td><td>年　月</td><td></td><td>生产厂家</td><td></td><td></td></tr>
<tr><td>结构特点</td><td colspan="5">□自动挡　□手动挡　□ABS　□其他____</td></tr>
<tr><td>使用性质</td><td colspan="5">□营运　□出租车　□非营运　□营转非　□出租营转非　□教练车　□其他____</td></tr>
<tr><td>交通事故记录
次数/类别/程度</td><td colspan="5"></td></tr>
<tr><td>重大维修记录</td><td colspan="5"></td></tr>
<tr><td>其他提示</td><td colspan="5"></td></tr>
<tr><td colspan="2">法定证明、凭证等</td><td colspan="5">□号牌　□行驶证　□登记证　□年检证明　□车辆购置税完税证明
□养路费缴付证明　□车船使用税完税证明　□保险单　□其他____</td></tr>
<tr><td rowspan="2">车辆技术状况</td><td colspan="6"></td></tr>
<tr><td colspan="2">检测日期</td><td></td><td>检测人</td><td colspan="2"></td></tr>
<tr><td>质量保证</td><td colspan="6"></td></tr>
<tr><td>声明</td><td colspan="6">本车辆符合《二手车流通管理办法》有关规定，属合法车辆</td></tr>
</table>

续表

其他载明事项	
	拍卖人（签章）：
备注	1．本表由拍卖人填写 2．本表一式三份，一份用于车辆展示，其余作为拍卖成交确认书附件

填表说明

1．拍卖企业名称、营业执照号码及地址应按照企业营业执照所登记的内容填写。

2．拍卖时间、地点填写拍卖会举办的时间和地点。

3．车辆基本信息按车辆登记证书所载信息填写。

1）行驶里程按实际行驶里程填写。如果更换过仪表，应注明更换之前行驶里程；如果不能确定实际行驶里程，则应予以注明。

2）年检到期日以车辆最近一次年检证明所列日期为准。

3）其他信息根据车辆具体情况，符合项在□中划“√”。

4）使用性质按表中所列分类，符合项在□中划“√”。

5）交通事故记录次数/类别/程度，应根据可查记录或委托方的描述以及在对车辆进行技术状况检测过程中发现的，填写对车辆有重大损害的交通事故次数、类别及程度。确定未发生过重大交通事故填写“无”。

6）重大维修记录应根据可查记录或委托方的描述以及在车辆检测过程中发现的更换或维修车辆重要部件部分（如发动机大、中修等）填写有关内容。确定未经过大、中修填写“无”。

7）拍卖企业应在其他提示栏中指出车辆存在的质量缺陷、未排除的故障等方面的瑕疵。

4．法定证明、凭证等按表中所列项目，符合项在□中划“√”。

5．车辆技术状况是指车辆在展示前，拍卖企业对车辆技术状况及排放状况进行检测，检测项目及检测方式根据企业具体情况实施，并将检测结果在表中填写。同时，检验员应在表中相应位置签字。

6．有能力的拍卖企业可为拍卖车辆提供质量保证，质量保证范围可参照经销企业的《车辆信息表》有关要求。质量保证部件、里程和时间可根据实际情况由企业自行掌握。

7．其他载明事项是拍卖企业需要对车辆进行特殊说明的事项。

8．当车辆拍卖成交时，拍卖人在签章栏中签章。

6．二手车拍卖流程

对于二手车拍卖流程没有统一的标准，但拍卖业务团队应由拍卖师、估价师和有关业务人员组成，才能够从事拍卖业务活动。二手车拍卖流程如下：

（1）接受委托：

1）审查车辆来源的合法性。对委托拍卖车辆的行驶证、产权证、销售发票、企业代码或身份证等有关证件资料进行真伪鉴别，并对这些证件资料逐一登记，填写《拍卖车辆信息表》，以便进一步核实。

2）审查车辆的处置权。在接受委托拍卖前，必须对车辆的处置权进行审核，审查委托人是否对委托拍卖的机动车具有处置权。

3）审查车辆的手续、证照及缴纳的各种税费是否齐全。对委托拍卖车辆的各种手续要审查是否齐备，特别是进口车和罚没车要审查是否带有海关进口证明书、检验证书、罚没证明、法院的有关裁决书及有关批文等；另外还要检查车辆的附加费、养路费、保险等是否齐全；落实要取得行驶权需要办理哪些手续、缴纳哪些税费以及税费数额。

4）对车辆进行静态和动态检查。对委托拍卖的车辆要进行详细的静态和动态检查，并对每项检查做好登记记录，填写《车辆信息表》，主管人员要签字审核。

5）确定委托保留价（即拍卖底价）。在对车辆手续和车辆检查完毕及确定符合拍卖条件后，由评估师、拍卖师和委托人三方根据当前市场行情确定拍卖底价，但是底价不作为成交价。

（2）签订《机动车委托拍卖合同》。检查工作完成后，拍卖人如果决定接受委托人的拍卖委托，应与委托人签署《机动车委托拍卖合同》，一式两份，需要补充说明的应提前声明，一经确认不得毁改。

（3）机动车拍卖公告的发布。《二手车交易规范》规定拍卖人应于拍卖日 7 日前发布公告。

拍卖公告应通过报纸或者其他新闻媒体发布，并载明下列事项：

1）拍卖的时间、地点。

2）拍卖的车型及数量。

3）车辆的展示时间、地点。

4）参加拍卖会办理竞买的手续。

5）需要公告的其他事项，如号牌号码、初次登记时间、拍卖咨询电话和联系人等，并详细告之。

（4）车辆展示：

1）在机动车拍卖前必须进行至少 2 日的公开展示，并在车辆显著位置张贴《拍卖车辆信息表》。在展示期间必须有专业人员在现场进行解答，并做好宣传工作。

2）如有意参加拍卖会，经审核符合竞买人要求，则必须提前办理入场手续，如交验竞买人的个人资料，填写竞买登记表，领取拍卖手册、入场号牌等。

（5）拍卖实施。在拍卖实施当天，竞买人经工作人员审查确认后，提前 30 min 进入会场。拍卖方法可根据车辆情况及竞买人到场情况，以有声增价拍卖的方式进行，但最后的成交价不得低于委托人的保留价。拍卖成交后，以拍卖人的“成交确认书”作为交易市场开具交易发票的价格依据。

（6）收费：

1）拍卖成交后，收取委托方和买受方一定的佣金（收费标准按成交价的百分比确定）并开具拍卖发票。

2）拍卖车辆在整个拍卖活动中发生的相关费用由委托人和买受人双方分别承担（以成交确认作为界定，成交前由委托人承担，成交后由买受人承担）。

（7）车辆移交：

1）机动车拍卖成交后，买受人和拍卖人应签署《二手车拍卖成交确认书》，在买受人付清全部货款后，方可办理车辆移交手续。二手车拍卖成交确认书如图 6—4 所示。

二手车拍卖成交确认书

拍卖人：

买受人：

签订地点：

签订时间：

经审核本拍卖标的手续齐全，符合国家有关规定，属于合法车辆。

拍卖人于_____年___月___日在________举行拍卖会上，竞标号码为__________的竞买人__________，经过公开竞价，成功竞得__________。拍卖标的物的详情见附件《拍卖车辆信息表》。依照《二手车流通管理办法》《拍卖法》及有关法律、行政法规的规定，双方签订拍卖成交确认书如下：

一、成交拍卖标的：拍卖编号为__________________的二手机动车，车牌号码为________________。

二、成交价款及佣金：标的成交价款为人民币大写__________元（¥____________），佣金比例为成交总额的_____%，佣金为人民币大写__________元（¥____________），合计大写__________元（¥__________）。

三、付款方式：拍卖标的已经拍定，其买受人在付足全款后方可领取该车。

四、交接：拍卖人在买受人付足全款后，应将拍出的车辆移交给买受人，并向买受人提供车辆转移登记所需的号牌、《机动车登记证书》《机动车行驶证》、有效的机动车安全技术检验合格标志、车辆购置税完税证明、车船使用税缴付凭证、车辆保险单等法定证明、凭证。

五、转移登记：买受人应自领取车辆及法定证明、凭证之日起30日内，向公安机关交通管理部门申办转移登记手续。

六、质量保证：______________________________。

七、声明：买受人已充分了解拍卖标的全部情况，承认并且愿意遵守《拍卖法》和国家有关法律、行政法规的各项条款。

八、其他约定事项：

____

____

____

____

买受人（签章）：　　　　　　　　　拍卖人（签章）：

法定代表人：　　　　　　　　　　　法定代表人：

图6—4　二手车拍卖成交确认书

2）车辆移交时，应填写《机动车拍卖车辆移交清单》。

3）车辆移交方式（含办理过户、转出、转入等相关手续）由委托人、买受人和拍卖人具体商议而定。

根据《二手车交易规范》规定，拍卖人应如实填写《拍卖车辆信息表》。

7. 二手车拍卖注意问题

（1）拍卖现场注意事项。竞买人在拍卖公告规定的咨询、展示期限内，有权了解拍卖车辆的有关情况，有权实地查看拍卖车辆。进入拍卖会场表明已熟知竞买车辆的所有情况。拍卖车辆时，拍卖师不再回答竞买人提出的任何问题。

竞买人应按拍卖公告规定的时间、地点准时出席拍卖会。拍卖会凭竞投号牌和入场券进场，一个竞投号牌只允许一人参加拍卖会，并在会场指定的区域对号就座。同时，还应遵守拍卖会场秩序，不得恶意串通或以其他方式干扰拍卖会的正常进行，否则，将取消竞买资格，并视情节追究其责任。

拍卖成交后，买受人当场与拍卖行签订《二手车拍卖成交确认书》，竞投号牌被收回，买受人保证金自动转为定金。

（2）了解汽车报废时限和价格方法。作为二手车拍卖者首先要了解两个基本问题，一个是报废时限，另一个是价格计算方法。

《汽车报废标准》明确制定了各类汽车行驶里程和使用年限的报废标准。

由于对二手车行驶里程较难确定，一般二手车交易价格多以使用时间作为依据。对于买主来说应对汽车有一个初步的底价，一般可以采用以下简便的折旧计算方法：以一辆普通轿车10年使用年限计算，将1~10年累加等于55，则第一年折旧率是10/55，第二年折旧率是9/55，以此类推，第10年折旧率是1/55。如果轿车使用4年，计算方法是现价=原价-（10/55+9/55+8/55+7/55）×原价。假设轿车原价为20万元，按此计算方式现价约为7.64万元。当然，这是指轿车现时的抽象价格，没有考虑轿车的质量和代理人的收益，具体操作还要视汽车的性能状态和市场行情而做相应的调整。

（3）二手车检查。拍卖二手车，现场检查非常重要。要仔细查看车辆的技术状况，做到心中有数。

8. 二手车网上拍卖

随着互联网的广泛应用，二手车网上拍卖将成为一种全新的二手车流通方式。二手车网上拍卖是指二手车拍卖公司利用互联网发布拍卖信息，公布拍卖车辆的技术参数和直观图片，通过网上竞价、网下交接，将二手车转让给超过保留价的最高应价者的经营活动。

（1）二手车网上拍卖介绍：

1）二手车网上拍卖由市场组织进行。每一位打算卖掉自己汽车的车主都希望自己的车能卖一个好价钱，但是由于缺乏一个行之有效的卖出渠道。

网上拍卖平台绝非一般意义上的网上拍卖，而是由市场组织的针对目标竞拍者的一种拍卖形式，车主在对车进行一定时间的展示后，由市场方面对车进行拍照、评估，然后面向本地及全国的其他二手车市场进行拍卖。一辆手续齐全的汽车，车主给出拍卖底价后，这辆车的欲售信息被放到拍卖网上，等到规定的拍卖时间进行拍卖。

2）网上拍卖加速二手车交易。在日本、美国等一些二手车交易活跃的国家，利用网络由市场组织二手车拍卖是一种惯用的交易方式。如在日本，分布在全国的六七个二手车拍卖场每周大约要组织十几场拍卖会，每个拍卖场每天大约要向本国及东南亚市场拍卖一万多辆二手车。这些被拍卖的车辆不仅有二手车经纪公司的二手车，也有车主委托交易的二手车。如果这些二手车拍卖成功，拍卖方是要收取一定手续费的。

据统计，2005 年上半年北京的二手车大约有 75% 销往全国各地。但是传统的二手车交易方式阻碍了二手车流通，每一辆销售出去的二手车要几易其手，经济性和高效性无法保证，给车主造成了损失。由北京二手车市场组织的二手车网上拍卖，加速了国内二手车交易速度，满足车主对自用车出售价格最大限度的需求。

一辆各种手续齐全的二手车，一般会有两天时间在市场进行展示，同时网上也开始公布评估资料（包含图片），第三天开始针对目标竞拍者正式拍卖。如果拍卖成功，车主在一周后就可以拿到车款，车辆的所有手续由市场代为办理，车主不承担任何风险。

为了保证拍卖的高效运行，所有参与竞拍的单位及个人都需要在市场进行注册，并交纳一定数量的储备金，然后由市场分配竞买账户，利用互联网或现场，随时随地参加竞买活动。

车主可以拨打竞卖热线电话，也可以携带自己的车辆手续驾车到二手车市场拍卖部进行车辆拍卖委托，市场专业的评估师对车辆进行评估和拍卖底价制定。评估师常年从事二手车行业分析和数据统计，因此，对车辆状况、手续以及价格都有很专业，能够帮助车主科学地了解自己车辆的价格。

（2）二手车网上拍卖规则。为鼓励二手车网上拍卖的健康发展，《二手车交易规范》明确了网上拍卖的有关程序，并规定从事网上拍卖必须具有拍卖人资质，严格遵守《拍卖法》的各项规定，保证委托人和买受人的合法权益。

二手车网上拍卖需遵守以下规则：

1）委托人必须向拍卖方保证其对该车辆拥有绝对的所有权，在车辆上没有设定任何债权，车辆证件齐全、合法，规费有效。如果车辆的实际所有权人或声明拥有所有权的任何第三人提出索赔的诉讼，则委托人应负责赔偿买受人因此而遭受的一切损失，承担因此而发生的一切费用。

2）必须经过二手车质量认证。

3）车辆成交后由评估师统一办理交易手续。

网上拍卖过程及手续应与现场拍卖相同。网上拍卖组织者应根据《拍卖法》及《拍卖管理办法》有关条款制定网上拍卖规则，竞买人则需要办理网上拍卖竞买手续。

拍卖结束后，拍卖车辆的评估师会与出价前三名的参与者联系，而非严格意义上的传统物品拍卖，对参与竞拍者没有任何约束。竞拍者无须交纳竞买保证金，竞拍价只作为一个参考，二手车最终成交价以竞拍者与车主协商价为准，竞拍价排名前三位以后的参与者也可以与该评估师主动联系以获得与车主协商的机会。

（3）二手车网上拍卖流程。以北京市二手车网上拍卖为例，图 6—5 所示为北京网上拍卖委托业务流程，图 6—6 所示为北京网上拍卖业务流程。

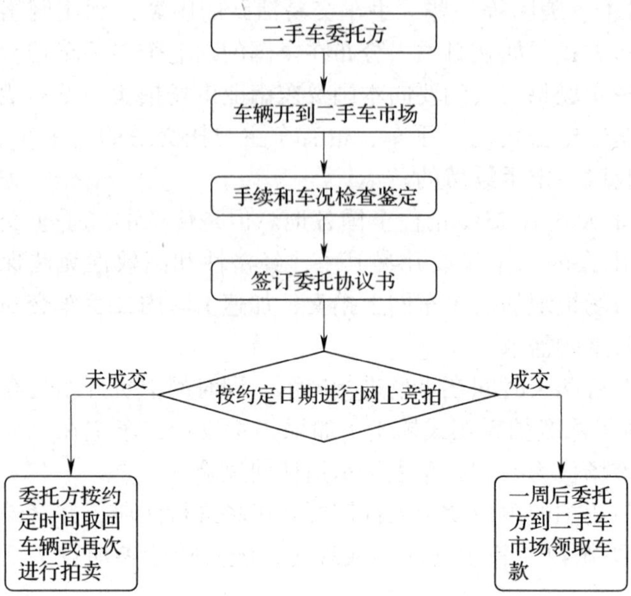

图 6—5　二手车网上拍卖委托业务流程

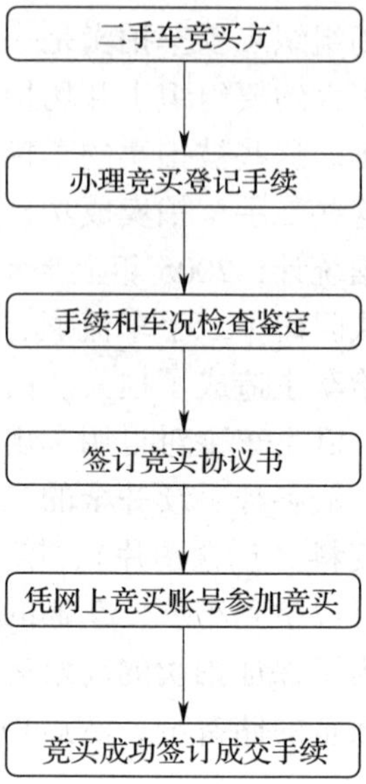

图 6—6　二手车网上拍卖业务流程

（4）网上拍卖二手车所需资料。需要提供的资料包括机动车行驶证、机动车登记证书、车主证件（组织机构代码证书或身份证）、原始发票或过户发票、车辆购置税完税证明、车船使用税和保险费等。

9．二手车拍卖后相关手续的办理

（1）二手车过户手续办理：

1）车辆登记证书一定要办理。车辆交易后车辆登记证书会详细记载原车主和现车主的详细信息，确保交易双方和车辆管理部门了解车辆产权变更情况。目前，在一些规模较大、服务比较规范的二手车交易市场（如北京市二手车交易市场）内一般都设有车辆登记证书办理窗口，消费者可以就近办理。

2）车辆行驶证书一定要变更。车辆行驶证书是仅次于车辆登记证书的重要文件，消费者在交易二手车时车辆行驶证书也要变更。需要注意的是，车辆行驶证书的车辆照片也要与车辆相符。车辆要按照规定年检合格才允许办理行驶证书变更。

3）车主身份证、单位代码证书要真实有效。车辆进行产权变更时必须出示交易双方的身份证明，单位需要出示单位的代码证书。身份证明过期、代码证书没有年检等情况经常发生，需要交易双方办理妥当。还有一种情况就是身份证或者代码证书的地址和名称与原来车辆的登记证书或者行驶证不相符，这也需要交易双方到车辆管理所变更。

4）车辆购置税、车船使用税须合法、有效。在车辆产权变更中，需要对车辆的购置附加税、车船使用税进行查验，车辆的购置税必须缴纳，车船使用税必须缴纳至车辆交易的当年。

5）签订车辆交易合同，相关内容要填写清楚。在车辆购买过程中，买卖双方应该签订买卖合同，在合同中交易双方应明确填写车辆的有关数据、车辆的状况、费用负担以及出现问题的解决方法等，避免以后出现问题没有依据。

6）及时办理各种相关手续的变更。在二手车交易中，买卖双方在二手车交易市场变更车辆产权后还需要到附加税征稽处办理购置税变更，到保险公司办理保险手续变更。

（2）拍卖服务费用支付。根据《二手车交易规范》规定：拍卖成交后，买受人和拍卖人应签署《二手车拍卖成交确认书》。委托人、买受人可与拍卖人约定佣金比例。委托人、买受人与拍卖人对拍卖佣金比例未做约定的，依据《拍卖法》及《拍卖管理办法》有关规定收取佣金。拍卖未成交的，拍卖人可按委托拍卖合同的约定向委托人收取服务费用。

复　习　题

一、简答题

1. 简述二手车收购定价的影响因素。
2. 二手车收购定价的方法有哪些?
3. 如何运用二手车销售定价的策略?
4. 说明二手车交易的流程。
5. 通过浏览二手车网站，说明如何利用这些网络资源。
6. 个人对个人办理二手车的过户手续时，需要什么手续?
7. 简要说明《二手车流通管理办法》《二手车交易规范》中与二手车有关的条款内容。

二、选择题

1. 二手车交易的类型有（　　）。

A. 二手车经销、拍卖、直接交易、置换　　B. 二手车经销、拍卖、抵债、直接交易

C. 二手车转卖、抵债　　D. 二手车经销、拍卖、直接交易

2. 二手车是指从办理完注册登记手续到达到（　　）进行交易并转移所有权的汽车（包括三轮汽车、低速载货汽车等）、挂车和摩托车。

A. 国家强制报废标准之前　　B. 国家强制报废标准之后

C. 汽车紧急使用寿命之前　　D. 汽车技术使用寿命之前

3. 二手车经营行为是指二手车（　　）等。

A. 鉴定、评估、拍卖　　B. 经销、拍卖、经纪、鉴定评估

C. 租赁、鉴定、经纪　　D. 交易、拍卖、抵押

4. 二手车鉴定评估机构具备的首要条件是（　　）。

A. 独立的中介机构　　B. 独立的公证机构

C. 私立的评估机构　　D. 盈利的中介机构

5. 二手车鉴定评估机构应当遵循客观、真实、公正和公开原则，依据国家法律法规开展二手车鉴定评估业务，出具车辆鉴定评估报告；并对鉴定评估报告中车辆的技术状况包括是否属事故车辆等评估内容负（　　）。

A. 民事责任　　B. 刑事责任

C. 法律责任　　D. 行政责任

6. 二手车评估实施（　　）。除涉及国有资产的车辆外，二手车的交易价格由买卖双方商定，当事人可以自愿委托具有资格的二手车鉴定评估机构进行评估，供交易时参考。

A. 强制评估制度　　B. 自愿评估制度

C. 委托评估制度　　D. 协商评估制度

参考文献

1. 李天江，明平顺. 旧机动车鉴定估价［M］. 北京：人民交通出版社，2006.

2. 张克明. 汽车评估［M］. 北京：机械工业出版社，2000.

3. 虞晓芬，汪初牧. 资产评估［M］. 北京：清华大学出版社，2004.

4. 鲁植雄主编. 二手车鉴定评估实用手册［M］. 南京：江苏科技出版社，2007.

5. 戴冠军. 汽车维修工程［M］. 北京：人民交通出版社，1999.

6. 陈涣江. 汽车检测与诊断［M］. 北京：机械工业出版社，2001.

7. 余志生. 汽车理论（第2版）［M］. 北京：机械工业出版社，1996.

8. 王永盛. 车险理赔查勘与定损［M］. 北京：机械工业出版社，2006.

9. 陈家瑞. 汽车构造（第3版）［M］. 北京：人民交通出版社，1999.

10. 上官文斌. 二手车经纪人［M］. 北京：北京理工大学出版社，2007.

11. 姜正根. 二手车鉴定评估实用技术［M］. 北京：中国劳动社会保障出版社，2007.

12. 庞昌乐. 二手车评估与交易实务［M］. 北京：北京理工大学出版社，2007.

13. 张克明. 汽车评估［M］. 北京：机械工业出版社，2002.

14. 陈高翔. 二手车交易实用手册［M］. 北京：机械工业出版社，2008.

15. 上官文赋. 二手车经纪人［M］. 北京：北京理工大学出版社，2007.

16. 杨晓晨. 精明之选：二手车买卖实战技巧与案例分析［M］. 北京：机械工业出版社，2009.

17. 范小乐. 轻松选购二手车［M］. 北京：机械工业出版社，2009.

18. 耿莉敏，杜建，边耀璋. 旧机动车综合成新率计算方法［J］. 长安大学学报：自然科学版. 2006（11）：95.

19. 冯秀荣，王斌，影响二手车价值的因子分析［J］. 商业研究. 2008（2）：102－104.

20. 胡宁，陈志恒，吴训成. 二手车价格评估中的车型分类方法研究［J］. 上海工程技术大学学报. 2004（9）：195－198.

21. 耿丽娟. 旧机动车鉴定估价方法及信息系统的研究［D］. 西安：长安大学，2004：18－23.

22. 阿里·古巴提. 也门二手车鉴定评估方法研究［D］. 西安：长安大学，2006：41－43.

23. 张延民. 一汽—大众公司开辟AUDI二手车市场的可行性研究报告［D］. 长春：吉林大学硕士学位论文. 2003：4－9.

24. 中国二手车网［EB/OL］. http：//www. zg2sc. cn.

25. 51汽车—二手车［EB/OL］. http：//www. 51AUTO. com.

26. 驰昊资讯网［EB/OL］. http：//autolist. ucar. cn.

27. 中国二手车城网［EB/OL］. http：//www. cn2che. com/.

28. 中国汽车流通协会［EB/OL］. http：//www. cada. cn/.

29. 中华人民共和国公安部. GA 468—2004 机动车安全检验项目和方法解释说明（宣贯讲义）［S］. 2004.

30. 屠卫星. 汽车文化（第三版）［M］. 北京：人民交通出版社，2014.

31. 赵清，赵晓光. 事故车辆部件损坏修复与更换标准及工时定额［M］. 北京：人民交通出版社，2012.

32. 屠卫星. 二手车置换与品牌二手车的探究［J］. 技术与市场，2013（3）.

33. 屠卫星. 服务型市场条件下的二手车营销策略综论［J］. 江苏商论，2013（10）.

34. 陆慧泉，吴丽. 汽车也玩大数据，但毕竟不是电商［J］. 商业周刊，2013（13）.

35. 屠卫星.《二手车鉴定评估技术规范》中的评估方法分析解读［J］. 新智慧·财经，2014（1）.

36. 中国汽车流通协会. GB/T 30323—2014《二手车鉴定评估技术规范》实施指南［M］. 北京：中国质检出版社，中国标准出版社，2014.

37. 刘军. 二手车置换全程通［M］. 北京：化学工业出版社，2015.

38. 赵培全，周稼铭. 二手车鉴定·评估·交易全程通［M］. 北京：化学工业出版社，2016.

39. 国家质量技术监督局. GB 7258—2017 机动车运行安全技术条件［S］. 2017.